JOANNA CHMIELEWSKA

PAFNUCY

KOBRA

WARSZAWA 2001

Redakcja wydania: **Julita Jaske, Anna Pawłowicz**
Projekt okładki i ilustracje: **Włodzimierz Kukliński**
Typografia: **Piotr Sztandar-Sztanderski**

© Copyright for text by **Joanna Chmielewska**,
Warszawa 2001
© Copyright for cover and illustrations by **Włodzimierz Kukliński**,
Warszawa 2001
© Copyright for the Polish edition by **Kobra Media Sp. z o.o.**,
Warszawa 2001

ISBN 83-88791-16-8

Wydawca:
Kobra Media Sp. z o.o.
UP Warszawa 48, al. Niepodległości 121
02-588 Warszawa, skr. poczt. 13

Dystrybucja:
L&L Sp. z o.o. 80-445 Gdańsk, ul. Kościuszki 38/3
tel. (58) 520 35 57/58, fax (58) 344 13 38
(również sprzedaż wysyłkowa)
Awatar 02-796 Warszawa, ul. Migdałowa 1
tel. (22) 648 58 51

Druk i oprawa
Łódzka Drukarnia Dziełowa SA

1. Skarb w lesie

W wielkim, pięknym, zielonym lesie żył sobie niedźwiadek imieniem Pafnucy. Był bardzo łagodny, dobry i sympatyczny. Lubił jadać ryby, korzonki, grzyby i miód, uwielbiał dalekie spacery i zawieranie nowych znajomości. Żył w zgodzie ze wszystkimi i cieszył się powszechną życzliwością.

Przez las płynęła rzeka, która w jednym miejscu tworzyła małe jeziorko. W jeziorku mieszkała największa przyjaciółka Pafnucego, wydra Marianna. Umiała doskonale łowić ryby i łowiła je dla swego przyjaciela, a on powtarzał jej wszystkie plotki, jakich się nasłuchał, spacerując po lesie. Musiał opowiadać dokładnie i szczegółowo, ponieważ Marianna była z natury bardzo ciekawa.

Pewnego letniego dnia Pafnucy powędrował dalej niż zwykle i dotarł aż do skraju lasu. Za ostatnimi drzewami ujrzał ogromną łąkę, na której pasły się krowy. Ucieszył się i pomyślał sobie, że teraz będzie zwiedzał nie tylko las, ale także jego okolice. Poza tym znał już wszystkie leśne zwierzęta, więc chyba najwyższy czas zaprzyjaźnić się z kimś nowym. Wyszedł z lasu i podszedł do najbliższej krowy.

Krowa ujrzała nagle przed sobą prawdziwego, żywego niedźwiedzia i przeraziła się tak śmiertelnie, że nawet zapomniała zaryczeć. Wybałuszyła oczy na Pafnucego i z przerażenia przestała przeżuwać.

— Nie bój się — powiedział Pafnucy łagodnie. — Ja jestem dobry niedźwiedź i nie zrobię ci nic złego. Chciałem zobaczyć, co tu słychać, i zaprzyjaźnić się z wami.

Usiadł grzecznie na trawie i czekał, aż krowa wróci do równowagi. Krowa była dosyć tępa i musiała długo myśleć, żeby zrozumieć, co Pafnucy powiedział. Wreszcie do niej dotarło.

— Ale przecież ty jesteś dziki — powiedziała podejrzliwie.

— Nic podobnego — zaprotestował Pafnucy stanowczo. — Wcale nie jestem dziki. Jestem pod ochroną.

— No dobrze — zgodziła się krowa po następnym długim namyśle. — Siedź tam, gdzie siedzisz, i nie zbliżaj się do mnie za bardzo. Zapomniałam, czego chciałeś.

Pafnucy miał mnóstwo czasu i mnóstwo cierpliwości.

— Niczego nadzwyczajnego nie chciałem — wyjaśnił. — Chciałem trochę porozmawiać i poznać kogoś nowego.

Krowa zgodziła się porozmawiać. Powiedziała Pafnucemu, gdzie mieszka i co robi, pokazała mu inne krowy, a także owce, które pasły się nieco dalej. Pafnucy popatrzył z wielkim zainteresowaniem.

— Czy mogę obejrzeć je z bliska? — zapytał.

— Nie wiem — odparła krowa. — One mogą się wystraszyć i uciec. W końcu jesteś przecież niedźwiedziem.

— Ale przecież sama widzisz, że jestem dobrym niedźwiedziem, i już się mnie wcale nie boisz — powiedział Pafnucy.

— To prawda — przyznała krowa. — Ale ja jestem bardzo inteligentna i już się do ciebie przyzwyczaiłam. Owce są głupie i pewnie ucieknął, zanim zdążysz się do nich odezwać.

Pafnucy zmartwił się, bo bardzo chciał poznać także i owce.

— A może ty byś mogła iść do nich i powiedzieć, że wcale nie muszą się bać i uciekać? — zaproponował. — A ja bym przyszedł trochę później?

— Nie wiem — powiedziała krowa niepewnie. — Może byłoby lepiej, gdyby załatwił to Pucek.

— Kto to jest Pucek? — zaciekawił się Pafnucy.

— To jest pies, który nas pilnuje — odparła krowa z szacunkiem. — On utrzymuje osobiste kontakty także z owcami. Może im dużo wyjaśnić.

— Bardzo dobrze! — ucieszył się Pafnucy. — Niech będzie Pucek. A gdzie on jest?

— Nie wiem — powiedziała krowa i zaczęła przeżuwać na nowo. — Mogę go zawołać.

Zaryczała przeraźliwie jak syrena okrętowa trzy razy z rzędu i już po chwili Pafnucy ujrzał, jak po łące pędzi ku nim jakieś białe zwierzę, mniejsze od krowy, ale znacznie większe od wydry. Podobne było do wilka, tylko grubsze i o wiele bardziej kudłate. Pafnucy siedział spokojnie, ponieważ nie bał się niczego na świecie.

Pies Pucek pędził tak szybko, że nie zdążył zwęszyć niedźwiedzia. Dopadł krowy, chciał szczeknąć i nagle zobaczył Pafnucego. Zatrzymał się jak wryty, sierść zjeżyła mu się na grzbiecie, na wszelki wypadek wyszczerzył zęby i wydał z siebie groźny warkot. Nigdy przedtem nie widział niedźwiedzia i nie był pewien, co należy z nim zrobić.

— Dzień dobry — powiedział grzecznie Pafnucy.

Pucek zdziwił się ogromnie i warknął nieco łagodniej.

— Jestem dobry niedźwiedź i nazywam się Pafnucy — powiedział Pafnucy przyjaźnie. — Czy mogę się z tobą zapoznać? Masz bardzo ładne imię.

Pucek popatrzył na krowę i widząc, że przeżuwa spokojnie i nie okazuje żadnego przestrachu, zdziwił się tak bezgranicznie, że zupełnie przestał warczeć. Przyjrzał się uważnie Pafnucemu.

— Oczywiście, możemy się zapoznać — powiedział z namysłem. — Ale musiałbym cię przedtem obwąchać. Nie masz nic przeciwko temu?

— Proszę cię bardzo, wąchaj, ile sobie życzysz — pozwolił uprzejmie Pafnucy.

Pucek obwąchał go dokładnie. Od razu zrozumiał, że jest to rzeczywiście dobry i łagodny niedźwiedź, ponieważ psy zawsze potrafią rozpoznać węchem, z kim mają do czynienia. Pafnucy mu się spodobał.

Po krótkim czasie sprawa zawierania nowych znajomości została załatwiona. Wszystkie krowy i owce, przekonane przez Pucka, zrozumiały, że mogą nie bać się niedźwiedzia, i wróciły do skubania trawy. Pafnucy był nadzwyczajnie zadowolony.

— Czy jest ktoś jeszcze, kogo można by poznać? — spytał Pucka.

— Są konie — odparł Pucek. — Ale z nimi musiałbym przedtem porozmawiać o tobie, bo one są nerwowe. Pokażę ci je następnym razem. No i są ludzie. To już w ogóle ciężka sprawa i nie radzę ci zapoznawać się z nimi.

— Dlaczego? — zdziwił się Pafnucy. — Ja znam jednego człowieka. Chodzi po lesie i w zimie przynosi jedzenie zwierzętom. Opowiadały mi o tym sarny i jelenie, bo ja w zimie spałem.

— I nie boi się ciebie? — zdziwił się Pucek.

— Dlaczego miałby się bać? — zdziwił się Pafnucy. — On mnie zna doskonale.

Obaj przez chwilę byli niezmiernie zdziwieni. Wreszcie Pucek pokręcił głową.

— To jakiś wyjątkowy człowiek — zawyrokował. — Pewnie leśniczy. Cała reszta ludzi jest do niczego, w ogóle nie rozumieją, co się do nich mówi. Czasem jeszcze mój pan coś rozumie, a poza tym nikt.

— Szkoda — zmartwił się Pafnucy.

— Nie masz czego żałować — powiedział Pucek stanowczo. — A teraz przepraszam cię bardzo, ale muszę się zająć owcami, bo widzę, że się za bardzo rozlazły. Przychodź tu częściej, to sobie jeszcze porozmawiamy.

Pafnucy pożegnał się grzecznie i poszedł z powrotem do lasu.

Marianna wyłowiła już mnóstwo ryb na kolację i niecierpliwie czekała na swojego przyjaciela. Słońce zachodziło, kiedy nadbiegł Pafnucy, zasapany i bardzo głodny. Śpieszył się do Marianny uszczęśliwiony, że ma tyle nowych, interesujących wiadomości. Od razu zaczął równocześnie jeść i opowiadać.

— Ygałem łowy — powiedział. — Ałgo yłe.

— Może jednak najpierw przełknij — poradziła Marianna. — Po pierwsze, możesz się zakrztusić, a po drugie, ja i tak nie rozumiem, co mówisz. Czy to jakiś obcy język?

Pafnucy szybko przełknął czwartą rybę.

— Nie — powiedział znacznie wyraźniej. — Chciałem ci powiedzieć, że poznałem krowy. Bardzo miłe.

Wepchnął do ust piątą rybę i dodał:

— Y ohe y ha ukka.

— Przestań gadać, dopóki nie zjesz! — zdenerwowała się Marianna. — Nie mam nastroju do zgadywania, co to jest ohe yha ukka!

— I owce, i psa Pucka — wyjaśnił Pafnucy. Po czym posłusznie zamilkł i milczał aż do końca kolacji, a Marianna posykiwała niecierpliwie.

Skończył wreszcie jeść i opowiedział o swoich wszystkich nowych znajomościach. Marianna słuchała z wielkim zainteresowaniem.

— Bardzo mnie ciekawią te nerwowe konie — powiedziała. — Koniecznie musisz je poznać osobiście i wszystko mi o nich opowiedzieć. Słyszałam o koniach, ale nigdy nie widziałam ich z bliska. Liczę na ciebie, bo tylko ty dobrze i dokładnie opowiadasz. Od innych niczego nie można się dowiedzieć. Był tutaj Kikuś, wiesz, ten jelonek, synek sarenki Klementyny. To po prostu jakiś sowizdrzał. Przybiegł i powiedział, że tam, z drugiej strony lasu, jest takie coś, że ho, ho! Okropność. „Ach, jak wstrętnie cuchnie", powiedział. I uciekł. I co ja z tego wiem?

— A co to jest, ta okropność i wstrętnie cuchnie? — zaciekawił się Pafnucy.

— No przecież ci mówię, że nie wiem — odparła oburzona Marianna. — Nic więcej nie powiedział. Będziesz musiał iść i obejrzeć to coś.

Pafnucy był z natury bardzo systematyczny i zrównoważony.

— Doskonale — powiedział. — Chętnie pójdę i obejrzę, ale najpierw chyba poznam konie? Nie mogę przecież iść w dwie strony równocześnie?

Marianna popatrzyła na Pafnucego i pożałowała, że nie można podzielić go na dwie części. Jedna część poszłaby na łąkę, a druga do okropności, i wszystkie informacje przybyłyby razem. Westchnęła i zadecydowała dać pierwszeństwo koniom.

Kiedy nazajutrz Pafnucy wyszedł na łąkę, Pucek już na niego czekał. Od razu zawiadomił go, że rozmawiał z końmi. Właśnie na drugim końcu łąki pasą się dwa, które dzisiaj są zwolnione z pracy. Zgodziły się poznać osobiście niedźwiedzia pod warunkiem jednak, iż zachowa się odpowiednio. Będzie się do nich zbliżał bardzo powoli, pozwoli się obwąchać, a w czasie wąchania będzie siedział zupełnie nieruchomo. Potem zdecydują, co dalej.

Pafnucy oczywiście zgodził się na wszystkie warunki i obaj z Puckiem popędzili na drugą stronę wielkiej łąki. Po drodze Pafnucy kłaniał się znajomym krowom i owcom, zachwyconym, że są tak uprzejmie traktowane.

Konie czekały, trochę niespokojne i zdenerwowane. Z daleka dostrzegły Pucka z Pafnucym, przestały skubać trawę i stanęły obok siebie, wąchając z wyciągniętymi szyjami. Pafnucy i Pucek przestali pędzić i zaczęli iść bardzo wolno.

— Ten jeden koń jest klaczą i nazywa się Sasanka — poinformował Pucek. — A ten drugi jest koniem i nazywa się Zuchelek. Zatrzymaj się, Pafnucy. Może lepiej będzie, jak ty tu zaczekasz, a ja pójdę i powiem im, żeby same do ciebie podeszły. Nie będą się czepiać, że zbliżasz się za szybko.

Pafnucy zgodził się na takie rozwiązanie sprawy. Usiadł na trawie i czekał cierpliwie, a Pucek podbiegł do koni.

— Proszę bardzo, widzicie, że on jest spokojny! — zawołał. — Możecie podejść do niego, on się wcale nie rusza.

— Za to ty się miotasz! — prychnęła gniewnie Sasanka. — Przestań nas poganiać!

— Sami wiemy, co robić — dodał stanowczo Zuchelek. — Może podejdziemy, jeszcze nie wiem. Nie podoba mi się jego zapach.

— Mnie też się w pierwszej chwili nie podobał — przyznał Pucek i również usiadł, żeby nie denerwować koni. — Ale jak dobrze powąchać, to widać, że on jest dobry i łagodny.

Sasanka i Zuchelek zastanawiali się jeszcze przez chwilę, a potem powoli, z wyciągniętymi szyjami, podeszli do Pafnucego. Pafnucy przyglądał się im z nadzwyczajnym zainteresowaniem i tak bardzo chciał się nie ruszać, że nawet przestał mrugać oczami. Sasanka już prawie przysunęła do niego swój prześliczny, aksamitny pysk, wciągnęła nosem powietrze i nagle odskoczyła w bok wszystkimi czterema nogami równocześnie. Zuchelek przestraszył się i także odskoczył w drugą stronę. Pafnucy siedział nieruchomo jak głaz, ale miał w sobie zapach dzikiego lasu i dzikich zwierząt, a dla koni był to zapach obcy

i nie mogły się z nim tak od razu pogodzić. Zatrzymały się i znów zaczęły zbliżać do niedźwiedzia wąchające pyski.

Pafnucy był tak spokojny i tak cierpliwy, że konie wreszcie to wywęszyły. Zaczęły go obwąchiwać jeszcze gorliwiej niż Pucek, bo konie również mają doskonały węch. Pchały swoje miękkie chrapy Pafnucemu pod brodę i do uszu, aż go łaskotało i z wysiłkiem powstrzymywał się od chichotania. Wreszcie pozbyły się niepewności i uznały go za miłego, porządnego i nieszkodliwego niedźwiedzia. Pafnucy odgadł to, zanim zdążyły się odezwać.

— Czy mogę się już poruszyć i coś powiedzieć? — spytał grzecznie.

— Możesz — pozwoliła Sasanka. — Tylko niezbyt gwałtownie. Muszę przyznać, że mi się nawet dość podobasz.

— Nie musieć bać się niedźwiedzia, to coś nowego — zauważył Zuchelek. — Mogę się z tobą zaprzyjaźnić.

Pafnucy ucieszył się niezmiernie. Wyjawił koniom, że wydają mu się trochę podobne do jeleni, tylko są większe i nie mają rogów. Ale skakać potrafią prawie tak samo, tylko trochę inaczej. Konie zaciekawiły te porównania i Pafnucy spróbował pokazać im, jak skaczą jelenie, ale wyszło mu to nie najlepiej, wobec czego konie same przystąpiły do pokazywania swoich umiejętności. Uczyniły to z wielkim zapałem, bo miały ochotę do zabawy.

Najpierw Sasanka, a za nią Zuchelek rozpędzały się i przeskakiwały przez Pafnucego, potem Pafnucy udawał, że ucieka, a one goniły go i znów przeskakiwały, następnie same uciekały, a Pafnucy je gonił. Pucek również brał udział w zabawie, szczekając z uciechy, goniąc i skacząc. Pafnucy do skakania nie miał wielkich zdolności, za to pędził wspaniale. Konie i Pucek zdziwiły się, że potrafi tak szybko biegać, bo wcale na to nie wyglądał.

— Oczywiście, że niedźwiedzie potrafią szybko biegać — powiedział dumnie Pafnucy. — Ale nigdy nie biegają dla przyjemności. Wyłącznie w razie potrzeby.

— My biegamy dla przyjemności — powiedziały konie. — Lubimy biegać! Lubimy ruch! Lubimy nawet się zmęczyć!

Stanęły na przednich nogach, wierzgnęły tylnymi i zabawa zaczęła się od nowa. Skakały tak zręcznie i tak delikatnie, że ani razu nie musnęły kopytem najmniejszego nawet włoska na kudłatym niedźwiedziu. Pafnucy pokochał je wprost bezgranicznie, a one również poczuły do niego wielką sympatię.

W czasie tej przepięknej zabawy wyszedł na łąkę właściciel koni, pan Jasio. Na widok tego, co ujrzał, stanął jak wryty i przetarł oczy. Jego konie, najwyraźniej w świecie pędziły za niedźwiedziem. Dogoniły go, przeskoczyły i zaczęły uciekać, a niedźwiedź biegł za nimi. Panu Jasiowi zrobiło się gorąco i pomyślał, że chyba mu się to śni. Znów przetarł oczy, wytrzeszczył je i zo-

baczył, że teraz niedźwiedź turla się po trawie, a konie i pies skaczą wokół niego. Krzyknął zdławionym głosem, zawrócił i pognał do domu po jakieś narzędzie do obrony, święcie przekonany, że niedźwiedź napadł na konie i chce je pożreć.

Pucek zauważył pana Jasia.

— Hej, koniec zabawy! — zawołał ostrzegawczo. — Pan Jasio nas widział. Pafnucy, schowaj się!

Pafnucy spełnił polecenie. Kiedy pan Jasio wybiegł na łąkę po raz drugi, żadnego niedźwiedzia nie zobaczył, ujrzał natomiast swoje konie, pasące się spokojnie. Dla odmiany oblał się zimnym potem i pomyślał, że chyba ma jakieś straszne przywidzenia. Możliwe było wprawdzie, że z lasu wyszedł niedźwiedź, ale zupełnie niemożliwe, żeby konie przy tym nie oszalały ze strachu. Pan Jasio postał, popatrzył, podrapał się w głowę i, nic nie rozumiejąc, zawrócił do domu.

Marianna znów czekała niecierpliwie nad stosem nałowionych ryb.

— Konie są czarujące! — powiedział do niej zachwycony Pafnucy. — Zaraz ci opowiem wszystko szczegółowo. Po prostu niesłychanie przepiękne!

Mariannie opowiadanie spodobało się tak bardzo, że kazała je powtarzać trzy razy, a potem fiknęła koziołka i chlupnęła do wody. Złowiła jeszcze jedną rybę, wyszła na brzeg, oddała rybę Pafnucemu, a sama rozciągnęła się na trawie.

— Będę musiała kiedyś zobaczyć te konie — powiedziała. — Chociaż bardzo nie lubię chodzić tam, gdzie nie ma wody. A teraz przypominam ci, że musisz iść w drugą stronę i zobaczyć tę cuchnącą okropność. Kikuś znów był tu dzisiaj i powiedział, że to strasznie straszy. Okropnie jestem ciekawa, co to może być.

— Pójdę jutro — obiecał Pafnucy, również zainteresowany. — Konie będą zajęte, więc i tak nie mógłbym się z nimi spotkać. Trochę odpocznę i pójdę.

Wyruszył wcześnie rano i szedł bardzo długo, bo las był ogromny, a Pafnucy po drodze jadł śniadanie. Zatrzymał się przy jagodach, wygrzebał z ziemi kilka pięknych bulw i korzeni, znalazł trochę grzybów, po czym napotkał mrowisko. Niedźwiedzie bardzo lubią jajeczka mrówek i Pafnucy nie wytrzymał. Wepchnął pysk w mrowisko i zaczął zjadać jajeczka.

Mrówki oburzyły się śmiertelnie.

— Chyba oszalałeś! — wykrzyknęły cienkimi głosami. — Wynoś się stąd! Cóż ty sobie myślisz? Nasze jajeczka nie są do zjedzenia! Z nich mają być nowe mrówki! Wynoś się! Barbarzyńca!

Pafnucy zawstydził się trochę i wyjął głowę z mrowiska.

— Bardzo was przepraszam, ale wasze jajeczka to taki wspaniały przysmak! — powiedział z zakłopotaniem. — Czy nie macie jakichś wybrakowanych?

— Od tego trzeba było zacząć! — zawołały rozgniewane mrówki. — Wybrakowane jajeczka leżą z boku, możesz je sobie zjeść. A tych dobrych nie waż się ruszać!

Pafnucy zjadł wybrakowane jajeczka, przeprosił jeszcze raz i poszedł dalej.

Po bardzo długim czasie zaczął się zbliżać do drugiej strony lasu. Już z daleka usłyszał jakiś dziwny, nieprzyjemny hałas, który trwał krótko i po chwili ucichł. Potem znów się rozległ i znów ucichł. Równocześnie Pafnucy poczuł, że coś cuchnie, rzeczywiście obrzydliwie. Coraz bardziej zaciekawiony przeszedł jeszcze kilka kroków i za drzewami ujrzał szosę.

Pafnucy nigdy w życiu nie widział szosy, bo był bardzo młodym niedźwiedziem i dotychczas nie zdążył jeszcze zwiedzić tego kawałka lasu. Zdumiony usiadł za krzakiem i zaczął się przyglądać z wielkim zainteresowaniem.

Późną nocą pojawiła się sowa. Podfrunęła bezszelestnie i usiadła na gałęzi nad głową Pafnucego.

— Witaj, Pafnucy — powiedziała cichym głosem. — Co tu robisz w tym ohydnie zapaskudzonym miejscu?

— Witaj — powiedział Pafnucy, trochę wytrącony z równowagi tym, co zobaczył. — Czy możesz mi powiedzieć, co to jest?

— Oczywiście, że mogę — odparła sowa. — Wiem doskonale. To jest ludzki wynalazek.

Wyjaśniła Pafnucemu, do czego służy szosa i pędzące po niej samochody, po czym pożegnała go i odfrunęła do innej części lasu. Pafnucy siedział za krzakiem prawie całą noc, chociaż zgłodniał okropnie, a samochody zaczęły przejeżdżać znacznie rzadziej. Pomimo wstrętnego zapachu nawet mu się dość podobały.

Jeden samochód zatrzymał się i ktoś z niego wysiadł. Księżyc świecił jasno i Pafnucy wszystko doskonale widział. Przyjrzał się dokładnie temu, co się działo, i następnego dnia po południu opowiedział to Mariannie z najdrobniejszymi szczegółami i ogromnym przejęciem.

— To są takie wielkie potwory, które pędzą drogą przez las. Cuchną obrzydliwie, hałasują strasznie i mkną szybciej niż jeleń. Jedne są większe, a drugie mniejsze. One się nazywają samochody, sowa tak powiedziała. Ludzie sobie to wymyślili, bo nie potrafią szybko biegać, więc te potwory za nich pędzą, a oni siedzą w środku, w brzuchu.

— Skąd wiesz? — zaciekawiła się Marianna.

— Widziałem, jak wyłazili — opowiadał Pafnucy tajemniczo — i włazili z powrotem do tego brzucha. Z jednego mniejszego potwora wydostało się dwóch ludzi, weszli do lasu i zakopali coś pod drzewem. Jakąś rzecz. To nie było do jedzenia, bo potem to wąchałem.

— A co to było? — spytała Marianna.

— Nie wiem — odparł Pafnucy. — Nie umiałem rozpoznać. To było takie duże jak pół mojej głowy. Zakopali to, wepchnęli się z powrotem do swojego potwora i popędzili dalej.

— Ja chcę wiedzieć, co to było, to coś zakopane — powiedziała Marianna. — Chcę to zobaczyć.

— Ja też bym chciał to zobaczyć — przyznał Pafnucy. — Więc co mam zrobić?

— Wykop to i przynieś tutaj — rozkazała Marianna. — Obejrzymy sobie razem. Okropnie jestem ciekawa, co to może być, to coś, co ludzie zakopują pod drzewem.

Pafnucy zgodził się bardzo chętnie. Zjadł wszystkie ryby, które wyłowiła Marianna, a na deser najadł się jagód. Marianna przyjrzała mu się, po czym chlupnęła do wody i wyłowiła jeszcze kilka ryb. Namówiła Pafnucego, żeby zjadł je na drugi deser, uważała bowiem, że musi mieć dużo siły, kiedy pójdzie po tajemniczą ludzką rzecz.

Odnalezienie drzewa i wykopanie tego czegoś, co ludzie zakopali, było dla Pafnucego najłatwiejsze w świecie. Znacznie więcej kłopotu przysporzyło mu przyniesienie tego, bo nie mógł przecież wziąć paczki do ręki. Trochę niósł ją w zębach, a trochę turlał, popychając przed sobą tam, gdzie była równiejsza ścieżka. W końcu doniósł nad jezioro do Marianny.

Marianna była zaciekawiona tak, że wręcz nie mogła usiedzieć spokojnie. Pafnucy jadł kolację, a ona oglądała pakunek ze wszystkich stron, usiłowała przewracać go łapkami i próbowała nadgryzać. Przewracanie nie udawało się, bo tajemnicza ludzka rzecz była dla niej za ciężka, ale nadgryźć ją mogła bez trudu.

— No i co to jest? — spytała zdenerwowana. — Z wierzchu jest miękkie, ale w środku ma coś twardego. Pośpiesz się, skończ już to jedzenie i pomóż mi! Ciągle nie wiem, co to jest!

Pafnucy pośpiesznie przełknął kawałek kłącza tataraku i przystąpił do oglądania zdobyczy. Pociągnął pazurami i to coś miękkiego na wierzchu od razu się podarło. Po chwili oboje z Marianną siedzieli nad kompletnie poszarpanym opakowaniem i szczelnie zamkniętą, dużą, żelazną puszką.

— No wiesz! — powiedziała Marianna z oburzeniem. — Czy to jest to, czy jeszcze jest coś w środku? Ja w dalszym ciągu nie wiem, co to jest!

Pafnucy z zakłopotaniem podrapał się w głowę i przewrócił puszkę łapami.

— Ja też nie wiem — powiedział. — Nie znam się na tym, co ludzie robią.

Obydwoje byli tak zajęci, że wcale nie zauważyli lisa, który zbliżył się i usiadł za krzakiem, obserwując ich uważnie. Był to lis bardzo mądry i bardzo doświadczony. Znał oczy-

wiście Mariannę i Pafnucego, ale widywał ich rzadko, bo mieszkał dość daleko, na innym końcu lasu. Miał na imię Remigiusz.

— Ci, ci — powiedział półgłosem.

Marianna i Pafnucy usłyszeli i natychmiast odwrócili się ku niemu.

— O, Remigiusz! — zawołała Marianna. — A ty co tu robisz?

— Przyszedłem się wykąpać, bo byłem okropnie zakurzony — powiedział Remigiusz. — A teraz przyglądam się waszej dziwnej zabawie. Co to za przedstawienie?

Marianna i Pafnucy wyjaśnili mu, co robią i skąd wzięli puszkę. Remigiusz wyszedł zza krzaka i obejrzał ją uważnie.

— No, jeżeli to jest ludzkie — powiedział — a jest ludzkie, bo czuję zapach ludzi..., to ja wam gwarantuję, że ma coś w środku. Znam ludzi doskonale, widuję ich ciągle. Oni bardzo lubią takie rzeczy, większe i mniejsze, twarde na wierzchu okropnie i nie do ugryzienia. Przeważnie chowają w środku coś bardzo dobrego.

— Do jedzenia? — zainteresował się Pafnucy.

— Do jedzenia — potwierdził Remigiusz. — Doskonałe rzeczy.

— To nie jest do jedzenia — powiedziała stanowczo Marianna, obwąchując puszkę.

— Nie szkodzi — powiedział Remigiusz. — Przecież nie jesteście głodni. Coś tam jest z pewnością.

— Róbcie, co chcecie, ale ja to muszę zobaczyć! — zawołała Marianna.

— Te rzeczy się otwierają — powiedział Remigiusz. — Spróbuj to zgnieść.

Pafnucy ścisnął puszkę łapami i zgniótł ją kompletnie. Pomimo to ciągle była cała i nie chciała się otworzyć. Wszyscy troje robili z nią różne rzeczy: gnietli, przewracali, próbowali gryźć, aż wreszcie Remigiusz, najbardziej doświadczony, poradził, żeby uderzyć ją czymś bardzo twardym. Pafnucy przyniósł wielki kamień i walnął nim w pogniecione żelazo. I wtedy wreszcie puszka się rozleciała.

W środku znajdowały się nadzwyczaj dziwne przedmioty, twarde, świecące i kolorowe. Były małe, było ich dużo i rozsypały się na trawie dookoła zniszczonego opakowania.

Mariannie spodobały się ogromnie i od razu zaczęła się nimi bawić. Brała je do pyszczka, przewracała łapkami, podrzucała do góry, wrzucała do wody, nurkowała za nimi i wynosiła z powrotem na brzeg.

— No, jestem zadowolona — rzekła z satysfakcją. — Nareszcie zobaczyłam, co ludzie zakopują pod drzewami. Ładne to, chociaż do niczego się nie nadaje.

Remigiusz siedział nad znaleziskiem i zastanawiał się głęboko, a Pafnucy patrzył na Remigiusza i czekał, co powie.

— Chyba to jest skarb — powiedział lis. — W każdym razie ludzie to tak nazywają.

— To co to znaczy? — spytała Marianna.

— Ludzie to sobie mają i chowają — wyjaśnił Remigiusz. — Lubią to mieć, dają to jedni drugim i dostają za to różne inne rzeczy. Czasem przyczepiają to na sobie. Ten ktoś, kto zakopał, pewnie wszystko ukradł.

— Dlaczego ukradł? — zdziwił się Pafnucy. — Skąd wiesz?

— Z doświadczenia — powiedział Remigiusz złośliwie. — W kradzieżach mam duże doświadczenie. Jeżeli ktoś coś chowa tak, żeby nikt tego nie widział, z pewnością jest to ukradzione.

— Sroka też kradnie i chowa — zauważyła po namyśle Marianna.

— Co do ludzi, to z pewnością najwięcej mógłby powiedzieć Pucek — powiedział Pafnucy trochę niepewnie.

Marianna natychmiast się z nim zgodziła. Remigiusz zainteresował się, kto to jest Pucek, i dowiedziawszy się, że pies, skrzywił się z niechęcią.

— Nie przepadam za psami — oznajmił. — Ale masz rację, o ludziach wiedzą najwięcej. Możecie się z nim skontaktować, jeżeli macie ochotę.

— Doskonale, jutro pójdziesz do Pucka, opowiesz mu wszystko i zapytasz, co o tym myśli — zadecydowała Marianna.

Nazajutrz rano Pafnucy wyszedł na znajomą łąkę. Pucek czekał na niego niecierpliwie, kręcąc się pod lasem, bo miał sensacyjne nowiny. Zaczął od razu, zanim Pafnucy zdążył się odezwać.

— Nie masz pojęcia, co się tu dzieje! — zawołał żywo. — Mówiłem ci, że z ludźmi są ciągle same kłopoty, i proszę! Co oni tu sobie narobili, to ho, ho, ho!

— A co takiego? — zaciekawił się Pafnucy.

— Zamieszanie jest okropne i przyjechała policja...

— Co to jest policja? — przerwał Pafnucy.

Pucek pośpiesznie wyjaśnił mu, że policja jest to specjalny rodzaj ludzi, którzy pilnują porządku i łapią przestępców i złodziei. Potem musiał mu wytłumaczyć, co to są przestępcy. Następnie opowiedział jeszcze o straży pożarnej, o weterynarzach i lekarzach, a także o nauczycielach i szkole. Pafnucy wszystko doskonale zrozumiał, więc Pucek mógł wrócić do opowiadania o zamieszaniu we wsi.

— Właśnie złapali jednego złodzieja, który strasznie dużo ukradł — powiedział, bardzo przejęty. — Ten złodziej miał wspólnika, to znaczy, że było dwóch złodziei. Jednego złapali, a drugi im uciekł.

— Ten wspólnik uciekł? — upewnił się Pafnucy.

— Tak, ten wspólnik. I okazuje się, że wszystko, co ukradli, zakopali gdzieś w naszym lesie, ale złodziej nie chce powiedzieć gdzie. Policja się boi, że ten wspólnik, który uciekł, sam to zdąży wykopać i zabrać, więc będą szukać wszędzie. Mają takie specjalne narzędzia, które im pokazują, czy jest w ziemi takie coś, co zakopali, i z tymi narzędziami będą przeszukiwać cały las. Chciałem ci to powiedzieć, żebyś się nie zdenerwował, jak po lesie zacznie biegać taki okropny tłum ludzi. Nikt z was nie będzie miał chwili spokoju.

— A co to jest, to coś, co ukradli i zakopali? — spytał Pafnucy, również bardzo przejęty.

— To są takie małe, twarde rzeczy — odparł Pucek. — Świecące. Niejadalne. Dla nas do niczego, ale ludzie to lubią.

— Ach! — zawołał Pafnucy. — Remigiusz miał rację!

Chciał natychmiast powiedzieć Puckowi, że nikt nie musi szukać tego po całym lesie, bo on doskonale wie, gdzie to jest, nie zdążył jednak wymówić ani słowa. Z daleka rozległo się gwałtowne wołanie i gwizdanie i Pucek poderwał się z miejsca.

— Mój pan mnie woła! — krzyknął. — Muszę lecieć, cześć! Później pogadamy.

Popędził przez łąkę ku wsi, a Pafnucy został, zaskoczony, strapiony i niezmiernie zakłopotany. Gapił się przez chwilę bezradnie. Pucek znikł mu z oczu, więc widział już tylko pustą łąkę, za którą usłyszał takie same hurkoty i warkoty, jakie rozlegały się na szosie, po drugiej stronie lasu.

Wrócił czym prędzej do Marianny i powtórzył jej to, co powiedział mu Pucek. Marianna zdenerwowała się okropnie.

— Wcale nie chcę, żeby mi się tu pętały wielkie tłumy ludzi! — zawołała z gniewem. — To potworne! Ja tu mieszkam po to, żeby mieć spokój! Nie życzę sobie żadnych ludzi i żadnych narzędzi!

U Marianny była właśnie z wizytą matka Kikusia, sarenka Klementyna. Wysłuchała opowiadania Pafnucego i przeraziła się śmiertelnie. Bardzo gwałtownie poparła Mariannę.

— Ależ to będzie nie do zniesienia! — wykrzyknęła z rozpaczą. — Zniszczą nam las! Dostaniemy wszyscy rozstroju nerwowego! Ludzie są niebezpieczni! Ja nie chcę! Ja się boję!

— Nikt nie chce — powiedział z irytacją stary, tłusty borsuk, który wylazł z krzaków. — Pafnucy, coś ty narobił! Wszystko słyszałem i wszystko widziałem. Widziałem, co tu wyprawialiście z tym ludzkim skarbem, i nie chciałem się wtrącać, ale teraz muszę. Trzeba było tego nie ruszać! To ty jesteś winna — dodał gniewnie, zwracając się do Marianny. — Cała ta heca przez twoją ciekawość, doskonale słyszałem, jak go namawiałaś, żeby ci to przyniósł!

Marianna zirytowała się w najwyższym stopniu. Ze zdenerwowania dała nurka i ochlapała wszystkich wodą. Potem wyskoczyła na brzeg i porozrzucała owe małe, twarde, świecące przedmioty, które narobiły tyle kłopotu.

— Coś trzeba zrobić! — zawołała zdenerwowana do szaleństwa. — Trzeba było powiedzieć Puckowi, że my wiemy, gdzie to jest!

— Pucek uciekł — przypomniał zmartwiony Pafnucy.

— No więc idź jeszcze raz i powiedz mu to — rozkazał ponuro borsuk. — Może on się jakoś dogada z tymi ludźmi. Niech tu przyjdą, niech to sobie zabiorą i niech idą precz.

— Ja nie chcę, żeby oni tu przychodzili! — wrzasnęła Marianna.

— O Boże! — krzyknęła Klementyna. — Ja z tym nie chcę mieć nic wspólnego! Uciekajmy!

Odbiła się wszystkimi czterema nogami naraz, skoczyła do lasu i zniknęła w mgnieniu oka. Z góry sfrunął nagle dzięcioł, który przedtem siedział wysoko na drzewie. Usiadł na najniższej gałęzi.

— Wszystko słyszałem — powiedział. — Nieszczęście! Marianna ma rację, nie wolno dopuścić, żeby oni tu przyszli. Pozbierajcie to i przenieście gdzie indziej!

— Ja nie umiem tego pozbierać — powiedział ze skruchą Pafnucy, coraz bardziej zmartwiony. — I nie mam w co. To twarde z wierzchu rozleciało się całkiem.

— Trzeba było tego nie rozwalać! — fuknął z gniewem borsuk.

— Remigiusz nas namówił! — jęknęła żałośnie Marianna.

— On zawsze kogoś namówi do czegoś głupiego — powiedział dzięcioł. — Trzeba go było nie słuchać. Ale, ostatecznie, można to przenieść po jednej sztuce.

Sfrunął niżej, chwycił do dzioba jeden mały, świecący kawałek, podniósł i upuścił obok.

— Proszę, jakie to łatwe — dodał. — Trzeba to wynieść ze środka lasu. Byle gdzie, na koniec.

— Dla ciebie może i łatwe, ale on na skraj lasu idzie pół dnia — prychnęła z rozgoryczeniem Marianna, wskazując na Pafnucego. — Ile czasu będzie to nosił? Aż do zimy?

— Mogę biegać szybciej — zaofiarował się cichutko Pafnucy.

— Wszystko jedno, za długo to będzie trwało — zawyrokował borsuk. — Albo nam pomogą ptaki, albo nie damy sobie rady. Trzeba zawiadomić cały las i podnieść alarm.

— Noc zapada — zauważył dzięcioł. — Pomożemy wam oczywiście, ale dopiero rano, jak się zrobi widno. Zastanówcie się przez ten czas, gdzie to należy zanieść. Znajdźcie jakieś rozsądne miejsce. Ja się zajmę rozgłaszaniem całej sprawy.

W pół godziny później wszyscy w lesie wiedzieli już o grożącym niebezpieczeństwie. Ptaki i zwierzęta informowały się wzajemnie z błyskawiczną szybkością i przerażenie ogarnęło wszystkich. Pafnucy, Marianna i borsuk nerwowo naradzali się nad wyborem miejsca, w którym należy ulokować świecące przedmioty. Uświadomili sobie w końcu, że nie ustalą tego bez Pucka, i nad ranem Pafnucy znów wyruszył w drogę.

Dotarł na łąkę o wschodzie słońca. Rozejrzał się, ale Pucka nigdzie nie było. Siedział zatem pod lasem, zatroskany i bezradny, zupełnie nie wiedział, co zrobić, i martwił się aż do chwili, kiedy daleko na końcu łąki pojawiły się dwa konie. Rozpoznał Sasankę i Zuchelka i popędził do nich czym prędzej.

Konie oczywiście wiedziały o wszystkim i kiedy Pafnucy opisał im przerażenie leśnych zwierząt, przejęły się bardzo.

— Istna rozpacz — powiedziała Sasanka. — Doskonale was rozumiem. Ale Pucka nie ma i chyba dziś nie będzie, bo pojechał ze swoim panem daleko, aż na tamten najostatniejszy koniec lasu, tam, gdzie las jest taki wąski i bardzo długi. Zebrali tam wszystkie psy.

— To co zrobić? — spytał zgnębiony Pafnucy.

— Czekać nie możecie, bo ludzie już zaczynają — powiedział Zuchelek, pełen współczucia. — A bez Pucka rzeczywiście nie dacie rady. Tylko on może zrobić coś z ludźmi. Trzeba go zawiadomić.

— To może ja tam pobiegnę? — ożywił się Pafnucy.

— Bez sensu — skrytykowała Sasanka. — Umiesz biegać, ale to nie jest zajęcie dla niedźwiedzia. To już lepiej my.

Zuchelek zgodził się z nią natychmiast i kiwnął głową.

— Pomożemy wam — rzekł wspaniałomyślnie. — Popędzimy do Pucka i powiemy mu, że nie trzeba przeszukiwać lasu. A wy przez ten czas przenieście to w jakieś bezpieczne miejsce.

— Kiedy właśnie nie wiemy, gdzie jest to bezpieczne miejsce — zmartwił się na nowo Pafnucy.

— Byle gdzie — powiedziała Sasanka. — Pucek potrafi doprowadzić ludzi wszędzie. I porozumie się z innymi psami. Tylko musimy to ustalić, żeby mu od razu powiedzieć.

Zastanawiali się przez długą chwilę, aż konie dokonały wyboru. Znały drogę pod lasem znacznie lepiej niż Pafnucy, była to bowiem droga, po której chodziły i biegały prawie codziennie. Ustaliły, że najlepszy będzie duży dół pod starym dębem, rosnącym tuż przy owej drodze, na samym skraju lasu. Stary dąb był znany wszystkim. Pafnucy już chciał ruszyć z powrotem, ale Sasanka go zatrzymała.

— Czekaj, jeszcze jedna sprawa — powiedziała nerwowo. — To jest bardzo blisko drogi, a ty nie wiesz, do czego zdolni są ludzie. Ktoś musi tego pilnować, bo mogą znów ukraść.

Pafnucy czuł się coraz bardziej zdenerwowany.

— Kto ma pilnować? — spytał znękanym głosem.

— Najlepsze byłyby psy — powiedział Zuchelek. — Ale psa w okolicy nie ma ani jednego, wszystkie zajęte. Ktoś podobny do psa, może wilki?

Sasanka wzdrygnęła się lekko, ale przyznała, że istotnie, z braku psów wilki byłyby najlepsze. Pafnucy aż jęknął.

— Jest u nas jedna rodzina wilków — powiedział rozpaczliwie. — Ale mieszkają akurat w drugim końcu lasu, to znaczy nie na końcu, tylko w środku. W drugim środku lasu, okropnie daleko stąd.

— Trudno, musisz ich zawiadomić i też poprosić o pomoc — powiedziała stanowczo Sasanka. — My do wilków nie pójdziemy za żadne skarby świata. Za to możemy uprzedzić Pucka, że tam będą wilki, żeby nie był zaskoczony.

— No, dosyć tego gadania! — zniecierpliwił się Zuchelek. — Jak mamy lecieć, to już! Kawał drogi przed nami! A ty też ruszaj, nie trać czasu!

— Naprzód! — zawołała Sasanka i oba konie galopem skoczyły przed siebie, aż cała łąka zagrzmiała tętentem.

Pafnucy też ruszył galopem, ale zanim dobiegł do skraju lasu, koni nie było już widać, a odgłos ich kopyt zamierał w oddali.

Kiedy zziajany i zdyszany Pafnucy dotarł nad jezioro, ptaki z całego lasu siedziały na okolicznych drzewach, zajmując wszystkie konary i gałązki. Hałas panował taki, że trzeba było do siebie krzyczeć, aby coś usłyszeć. Do szaleństwa zdenerwowana Marianna, nie mogąc usiedzieć w bezruchu, bezustannie wskakiwała do wody i wyciągała jedną rybę po drugiej. Pafnucemu na ten widok aż zaświeciły się oczy, bo nie jadł przecież śniadania i po tych galopach czuł się przeraźliwie głodny.

— No i co? — krzyknęli do niego wszyscy równocześnie.

Pafnucy chwycił rybę i błyskawicznie wepchnął sobie do pyszczka.

— Po bębę pfy goge! — odkrzyknął.

— Ja z nim zwariuję! — wrzasnęła Marianna. — Znów mówi z pełną gębą!

Pafnucy przełknął pośpiesznie i chwycił drugą rybę.

— Pod starym dębem przy drodze! — zawołał i znów zabrał się do jedzenia. Równocześnie jednak przypomniał sobie, że powinien powiedzieć o pilnowaniu i o wilkach, i o tym, że ptaki nie mogą przenosić skarbu, dopóki ta sprawa nie zostanie załatwiona. Żeby je zatem powstrzymać, czym prędzej usiadł na porozrzucanych świecących przedmiotach. Sfruwające już ptaki przyhamowały i trzepotały się dookoła niego. Marianna wpadła w istny szał.

— Wszystkie ryby wrzucę z powrotem do wody! — wrzeszczała. — Nie złowię ci ani jednej! Czyś ty oszalał? Co to znaczy? Czy mamy cię z tego zepchnąć?!

Pafnucy nie mógł chwycić trzeciej ryby, bo siedział za daleko, więc nic mu już nie przeszkadzało mówić. Prawie jąkając się z pośpiechu, wyjaśnił sprawę pilnowania. Trzeba się było naradzić. Ptaki usiadły z powrotem na drzewach.

Bardzo szybko ustalono, jak należy postąpić. Pafnucy pobiegnie do wilków, ale ktoś musi go wyprzedzić, bo mógłby wilków nie zastać w domu. Pofrunie zatem przed nim któryś z ptaków. Wybór od razu i bez żadnego wahania padł na srokę.

Ze sroką był wielki kłopot. Od samego początku zastanawiano się, czy nie odsunąć jej od całego przedsięwzięcia. Szczerze bowiem wyznała, iż zaniesienie błyszczącego przedmiotu gdzie indziej niż do gniazda przekracza jej siły. Wszystkie zwierzęta i ptaki prosiły, żeby spróbowała się opanować, ale sroka nie mogła tego obiecać.

— Chciałabym bardzo zachować się przyzwoicie w tak wyjątkowej sytuacji — powiedziała żałośnie. — Ale to jest silniejsze ode mnie. Wiecie, jeżeli widzę coś świecącego, coś mnie tak pcha, tak pcha, tak okropnie pcha, że po prostu skrzydła mi nie chcą inaczej się poruszać. Niosą mnie prosto do gniazda i w żaden sposób nie mogę skręcić.

Doskonale się zatem złożyło, że można będzie nie narażać jej na pokusy. Nie będzie nosiła błyszczących przedmiotów, tylko poleci do wilków. Zgodziła się chętnie, zadowolona, że uniknie rozterki.

Pafnucy przez ten czas zdążył zjeść połowę ryb i odzyskał siły. Westchnął ciężko i podniósł się, otrzepując z futra przedmioty, które się do niego przyczepiły.

— W życiu się tyle nie nabiegałem co ostatnio — powiedział smętnie. — Stanowczo wolałbym skromniejsze tempo. No trudno, w drogę!

Sroka pofrunęła, Pafnucy popędził, a ptaki zaczęły chwytać do dziobów lśniące błyskotki.

Sroka oczywiście dotarła do wilków na długo przed niedźwiedziem. Wilki, prowadzące na ogół nocne życie, przed południem spały spokojnie w domu. Rodzina składała się ze starego wilka, wilczycy i trzech wilcząt. Sroka wyrwała je ze snu przeraźliwym wrzaskiem.

— A cóż tam się znowu stało? — powiedziała z niezadowoleniem wilczyca, ziewając i przecierając oczy. — Pożaru nie czuję, ludzi też nie. O co jej chodzi?

— Obudźcie się! — skrzeczała przenikliwie sroka. — Obudźcie się! Pędzi tu do was Pafnucy! Obudźcie się! Znacie przecież Pafnucego? Obudźcie się!

— Wszyscy go znają — ziewnął stary wilk. — Pędzi do nas? A po co? Co się stało?

— Potrzebna jest wasza pomoc! — wrzeszczała sroka, podskakując na gałęzi. — Las dotknęło nieszczęście! Ludzie chcą tu przyjść, trzeba im w tym przeszkodzić! Pędźcie do Pafnucego, on wam wszystko opowie. To bardzo skomplikowana sprawa! Trzeba się śpieszyć, śpieszyć, śpieszyć!

Wilki nie powiedziały już ani słowa. Powąchały tylko wiatr, żeby się zorientować, z której strony biegnie Pafnucy. Ruszyły mu naprzeciw całym pędem, przy czym pierwszy mknął stary wilk, za nim wilczyca, a na końcu wilczęta. Wilczyca doskonale wiedziała, że jej dzieciom nie grozi żadne niebezpieczeństwo, nawet jeśli zostaną w tyle, i wcale się nimi nie przejmowała. Wilczęta pędziły co sił w nogach, okropnie ciekawe, co będzie dalej.

W połowie drogi spotkali Pafnucego. Pafnucy na widok starego wilka natychmiast zawrócił i zaczął galopować z powrotem, zasapany i zziajany straszliwie. Wilk dogonił go z łatwością.

— Zwolnij trochę, bo się udusisz — powiedział. — I mów, co się stało?

Sapiąc i dysząc, przerywanym głosem Pafnucy opowiedział o wszystkim. Zanim skończył mówić, dogoniła ich nie tylko wilczyca, ale także wilczęta, nadstawiające z zaciekawieniem uszu. Na wiadomość, że ma zastępować psa, wilk się trochę skrzywił.

— Mam nadzieję, że nikt z tych ludzi nie będzie trzymał niczego do strzelania — powiedział z niechęcią. — Gdybym był tego pewien, straszyłbym ich z przyjemnością. Ale niech będzie, zaryzykujemy. Rozumiem, że trzeba ratować las.

— Wielki tłum ludzi to gorsze niż koniec świata — mruknęła posępnie wilczyca.

— Nie czekajcie na mnie! — wysapał Pafnucy. — Pędźcie prosto do starego dębu. Tam już z pewnością ptaki zaczęły to przynosić. Ja jeszcze po drodze skoczę nad jezioro. Strasznie schudnę przez te gonitwy.

— Nic nie szkodzi, zdążysz się jeszcze utuczyć przed zimą! — zawołała pocieszająco wilczyca, mijając go w pędzie.

Kiedy Pafnucy dotarł z powrotem nad jezioro, ptaki zabierały właśnie ostatnie świecące przedmioty. Wykonywać tę pracę mogły tylko większe, małe towarzyszyły im z ciekawości. Dla ich maleńkich dziobków przedmioty były za ciężkie.

Marianna nałowiła ryb i czekała niecierpliwie.

— Odetchnij trochę i zjedz coś — powiedziała, znacznie już spokojniejsza. — Potem razem pójdziemy do starego dębu.

— A ko, ky kech kukech? — zdziwił się Pafnucy z pyszczkiem pełnym ryb.

— Jestem pewna, że pytasz, czy ja też pójdę — powiedziała Marianna z irytacją. — Chociaż zrozumieć cię absolutnie nie można. Ile razy mam ci powtarzać, że to niegrzecznie mówić i jeść równocześnie? Ale już trudno, jedz prędzej. Owszem, ja też pójdę, bo mam nadzieję, że przy okazji zobaczę konie. Załatwisz mi to.

Pafnucy kiwnął głową, nic już nie mówiąc, bo cały czas jadł w wielkim pośpiechu. Po chwili wyraźnie poczuł, że odzyskuje wszystkie siły, otrząsnął się, sapnął i wstał z trawy, gotów do drogi.

Dookoła starego dębu zgromadziły się wszystkie zwierzęta i ptaki, starannie poukrywane w krzakach i zaroślach. Wcale nie chciały pokazywać się nikomu, chciały tylko zobaczyć na własne oczy, jak to wszystko się skończy. Najbardziej zaś pragnęły upewnić się, że ludzie znajdą swój skarb i zrezygnują z przeszukiwania lasu. Były też bardzo ciekawe, jak to się odbędzie. Marianna nie przestawała przypominać Pafnucemu, że ma jej pokazać konie. Wilk i wilczyca leżały w trawie pod dębem, a wilczęta bawiły się na środku drogi.

Daleko, na krańcu lasu, gdzie zgromadziło się mnóstwo ludzi i psów, pan Jasio, właściciel Sasanki i Zuchelka, ze śmiertelnym zdumieniem ujrzał nagle swoje konie, nadbiegające w galopie, zgrzane i z rozwianymi grzywami. Pucek ujrzał je także. Pan Jasio osłupiał doszczętnie, ale Pucek nie zdziwił się wcale. Od razu zgadł, że przybiegły nie bez powodu. Porzucił na chwilę tropienie, do którego został zaangażowany, i szybko podbiegł do nich. Konie, widząc Pucka, pozwoliły panu Jasiowi złapać się i zdyszane, spienione, zmęczone, ale bardzo zadowolone, stały spokojnie.

Zwierzęta potrafią rozmawiać ze sobą takim głosem, którego ludzie w ogóle nie słyszą. Nic więc nie stało na przeszkodzie, żeby się porozumieć.

— Co się stało? — spytał Pucek. — Macie jakieś wiadomości?

— No pewnie — powiedział Zuchelek. — Bardzo ważne wiadomości od Pafnucego.

— Przestań się wygłupiać z tym węszeniem po lesie — powiedziała niecierpliwie Sasanka. — Pafnucy znalazł ludzki skarb i ma go umieścić pod starym dębem przy drodze. Zaprowadź ich tam wszystkich.

— O kurczę! — zawołał przerażony Pucek. — Przy drodze! Jeszcze go kto ukradnie!

— Nikt nie ukradnie, bo wilki pilnują — powiedział Zuchelek. — Wszystko jest zorganizowane, cały las bierze w tym udział. Oni nie chcą u siebie tego tłumu ludzi.

— Wcale im się nie dziwię — powiedział ze zrozumieniem uspokojony Pucek. — Tu, gdzie przeszli, już wszystko zadeptane. Trzeba ich poprowadzić nie przez las, tylko brzegiem. Zaraz to załatwię z innymi psami.

Zostawił konie i pognał do przodu, gdzie węszyły psy policyjne. Zaledwie kilku minut potrzebował, żeby im wszystko wytłumaczyć. Zdumieni przewodnicy i właściciele psów ujrzeli nagle, jak wszystkie psy skręcają i pchają się ku brzegowi lasu, przyśpieszając tempo. Zawiadomione przez Pucka, doskonale wiedziały, dokąd mają zaprowadzić całe towarzystwo, i udawały tylko, że węszą i tropią. Ludzie ledwo mogli za nimi nadążyć.

Pan Jasio też chciał koniecznie brać udział w poszukiwaniach. Nie mógł zostawić koni, które mu się nagle przyplątały, i podążał za psami, prowadząc je ze sobą. Sasanka i Zuchelek szły za nim chętnie, bo również były ciekawe, jak się to wszystko zakończy. Nabiegały się już dosyć dla przyjemności i teraz mogły iść wolniej.

Cały tłum, z psami na czele, dotarł do skraju lasu i ruszył drogą, na której zrobiło się przerażająco ciasno. Pierwszy pędził Pucek, bo policyjne psy nie znały tak dobrze tego lasu i nie wiedziały dokładnie, gdzie rośnie stary dąb. Na końcu zaś kłusowały konie razem z panem Jasiem. Zgromadzone pod dębem zwierzęta już z daleka usłyszały wielki hałas, tupoty i krzyki. Wilczęta przestały się bawić i nadstawiły uszu.

— A cóż się tam dzieje? — spytała Marianna. — Czy to ludzie? Coś okropnego, czy oni się biją?

— Coś ty — powiedział Remigiusz. — Ludzie to są stworzenia potwornie hałaśliwe. W ogóle nie potrafią zachowywać się cicho. Oni tylko tu idą.

— Czy już mamy przestać pilnować? — spytali wilk i wilczyca, podnosząc się z trawy.

— Poczekajcie jeszcze chwileczkę, dopóki nie zobaczymy Pucka — poprosił Pafnucy.

Wilczęta uciekły ze środka drogi i, schowane za drzewem, wytrzeszczały oczy. Klementyna, gotowa do natychmiastowej ucieczki, pilnowała Kikusia, który zazdrościł bawiącym się wilczętom i ciągle próbował wyskakiwać na drogę. Pafnucy sapał obok schowanej pod korzeniem Marianny. Siedzące na drzewach ptaki umilkły, żeby nie zwracać na siebie zbytniej uwagi. Wszyscy wpatrywali się w drogę.

Wreszcie, po długiej chwili, ujrzeli w oddali Pucka, pędzącego najszybciej, jak potrafił. Zostawił za sobą wszystkie inne psy i kazał im trochę zwolnić, bo chciał zyskać odrobinę czasu na porozumienie się z Pafnucym.

— Jest Pucek! — zawołał Pafnucy do wilków.

W mgnieniu oka wilki zniknęły spod dębu. Pucek nadbiegł. Doskonale wyczuł obecność mnóstwa dzikich zwierząt, ale żadnego z nich nie zobaczył, tak dobrze były poukrywane. Wywęszył Pafnucego i podbiegł do niego.

— Wszystko w porządku! — zawołał radośnie Pafnucy. — Mamy tu cały ludzki skarb! Cieszę się bardzo, że cię widzę!

— Wspaniale załatwiona sprawa — pochwalił Pucek. — Zaraz przyleci cała reszta. Mam nadzieję, że nic nie zgubiliście? Jest wszystko?

— Zupełnie wszystko — zapewnił go Pafnucy. — Marianna wyłowiła także i te, które powpadały do wody. Jedną taką błyszczącą rzecz chciał zjeść szczupak, ale mu nie pozwoliła. Jest cały skarb.

— Spytaj go, czy są konie! — wysyczała do Pafnucego Marianna.

Pucek usłyszał pytanie i domyślił się, że to Marianna, o której mu Pafnucy dużo opowiadał.

— Są, są! — zawołał uspokajająco. — Idą na końcu z panem Jasiem.

— Ja chcę zobaczyć, jak one skaczą — zażądała Marianna.

— Czy jeszcze mało było kłopotu z tym twoim zobaczeniem? — fuknął z gniewem borsuk. — Czy ty nigdy nie przestaniesz być taka ciekawa?

— Wcale nie jestem ciekawa! — zaprotestowała urażona Marianna. — A konie muszę zobaczyć koniecznie! Tylko po to tu przyszłam! Załatwcie mi to!

— Zrobi się — obiecał Pucek. — Jak ludzie tu przyjdą, wyjdźcie na łąkę pod las. Konie idą na końcu i też tam dotrą. No, teraz muszę się zająć pracą.

Na drodze ukazały się pozostałe psy, a za nimi ludzie. Pucek skoczył pod dąb i głośno zaszczekał. Już po chwili cały wielki tłum kłębił się wokół dołu przy starym dębie i gapił się na świecącą, kolorową kupkę, ładnie ułożoną na dnie. Nikt z ludzi nie mógł zrozumieć, dlaczego złoczyńca tak dziwnie umieścił skradziony skarb, który przecież powinien być zakopany w ziemi, i jakim cudem nikt go ponownie nie ukradł. Wszystkie zagrabione pierścionki, kolczyki, bransoletki, naszyjniki, broszki i wisiorki znalazły się i żadnego nie brakowało.

Pan Jasio pchał się ze wszystkimi i tak bardzo chciał zobaczyć ułożone w dole klejnoty, że zapomniał o koniach i przestał je trzymać. Pucek wykorzystał to natychmiast.

— Chodźcie na łąkę! — zawołał zachęcająco. — Tam czekają znajomi. Wyłaźcie z tego zbiegowiska, nikt nie zwróci uwagi.

Sasanka i Zuchelek bardzo chętnie wycofały się z tłoku i wybiegły na pustą łąkę. Odpoczęły już po poprzednim galopie i mogły się znów pobawić. Ukryta w trawie na skraju lasu, Marianna przyglądała się z prawdziwym zachwytem, jak Sasanka i Zuchelek przeskakują przez Pafnucego i galopują dookoła. Nikt się nimi nie interesował i mogły to robić tak długo, aż się znowu zmęczyły. Nawet stary borsuk przyznał, że była to cudownie piękna zabawa.

Noc już zapadła i świecił księżyc, kiedy zaspany Pafnucy przyczłapał za Marianną nad jezioro.

— Ufff! — powiedział. — Aleś mnie przegoniła! Chyba wystarczy nam rozrywek na cały rok. Teraz będę musiał jeść i jeść, i jeść, żeby odzyskać mój cały utracony tłuszcz. Przed zimą muszę sobie zrobić porządny zapas.

— Nic się nie martw — powiedziała Marianna. — Będziesz miał więcej ryb niż zdołasz zjeść. Należą ci się ode mnie za te konie. To była czarująca zabawa i konie są też zachwycające! Jestem uszczęśliwiona, że mi je pokazałeś.

Od tej chwili Pafnucy odpoczywał po wszystkich przeżyciach i jadł, jadł, jadł. Spacerował bez pośpiechu po całym pięknym, cichym, uratowanym lesie, bywał na łące i wszędzie spotykał mnóstwo serdecznych przyjaciół. A kiedy nadeszła jesień, a za nią zima, był już wspaniale najedzony i tłusty. Pożegnał się z Marianną i zagrzebał pod stosem liści w ogromnym dole wśród korzeni drzewa. Zapadając w swój zimowy sen, pomyślał jeszcze, że doprawdy w tym roku ma po czym odpoczywać. Westchnął sobie błogo, zamknął oczy i zasnął.

2. Wielkie sprzątanie

Pewnego pięknego dnia, wczesną wiosną, niedźwiedź Pafnucy obudził się ze swego zimowego snu.

Nie była to jeszcze dla niego właściwa pora. Pozostawiony w spokoju, spałby zapewne dłużej, dwa tygodnie albo nawet dwa i pół, ale nie pozwolił na to zupełnie nieznośny hałas. Na drzewie, pod którym miał swoją jamę, siedziała sroka ze swoim mężem, razem to były dwie sroki i obie darły się przeraźliwie.

— Pafnucy, obudź się! — krzyczały chórem. — Pafnucy, wstawaj! Pafnucy, już jest wiosna, lato, jesień! Pafnucy, otwórz oczy! Pafnucy, obudź się, obudź się, obudź się! Wstawaj, wstawaj, wstawaj!

Pafnucy musiałby być kompletnie głuchy, żeby wytrzymać te okropne wrzaski. Nie był głuchy, obudził się zatem, przetarł oczy i, pomrukując z niezadowoleniem, usiadł na swoim legowisku. Przez chwilę otrząsał z siebie suche liście, którymi był przykryty, po czym spojrzał w górę i zobaczył podskakujące na gałęzi sroki.

— Dzień dobry — powiedział grzecznie i ziewnął. — Czy mogę wiedzieć, dlaczego mnie budzicie? Czy to nie jest za wcześnie?

— Marianna kazała! — wrzasnęła sroka. — Powiedziała, że dłużej nie wytrzyma! Kazała cię natychmiast obudzić, ma bardzo ważny interes do ciebie! Idź do niej zaraz, nałowiła mnóstwo ryb i czeka, czeka, czeka!

Na wieść o rybach Pafnucy ożywił się od razu. Przez całą zimę nic nie jadł, wychudł ogromnie i czuł się straszliwie głodny. Jego przyjaciółka, wydra Marianna, bez wątpienia rozumiała to doskonale. Miała interes, ale zaczęła od zaproszenia na obiad. Ryby! To było coś, co wydawało się niezbędne właśnie na początku wiosny.

— Dziękuję bardzo — powiedział. — Możecie lecieć do niej i powiedzieć, że zaraz przyjdę.

Wygramolił się z dołu, przeciągnął, ziewnął jeszcze trzy razy i pomaszerował do Marianny.

Wydra Marianna mieszkała nad jeziorkiem, niezbyt dużym, ale pełnym ryb. Wiedziała, że sroki obudzą Pafnucego, i przygotowała się na jego przyjęcie. Kiedy z sapaniem pojawił się wśród krzaków, fiknęła z radości i plusnęła do wody, wyławiając z niej jeszcze jedną, ostatnią rybę.

Pafnucemu na widok wspaniałego stosu tłustych, srebrzystych ryb aż zaświeciły się oczy. Ledwo zdążył zawołać: ,,Jak się masz, Marianno!" i już pierwszy wiosenny posiłek zaczął znikać w jego wnętrzu.

— Ile w końcu można spać — powiedziała Marianna. — Musiałam cię obudzić, bo dzieją się jakieś takie rzeczy, których nie rozumiem i chciałabym, żebyś wszystko obejrzał i powiedział mi, co to znaczy. Możesz jeść, a ja ci przez ten czas wytłumaczę, o co chodzi.

Pafnucy miał pełne usta, więc tylko kiwnął głową, a Marianna opowiadała:

— To Kikuś, znasz go przecież, synek sarenki Klementyny, w zeszłym roku był dzieckiem, ale teraz już jest starszy, a Klementyna ma malutką córeczkę i dała jej na imię Perełka, a Kikuś oczywiście nie potrafi usiedzieć na miejscu i jest go pełno w całym lesie, no więc Kikusiowi przytrafiło się coś okropnego. Wyobraź sobie, zjadł świństwo.

Pafnucy właśnie jadł i nie było to żadne świństwo, tylko apetyczne, doskonałe ryby, poczuł więc gwałtowne współczucie dla Kikusia i na chwilę aż znieruchomiał. Marianna, pełna zgrozy i oburzenia, tupnęła przednimi łapkami.

— Z łakomstwa zjadł, ale, ostatecznie, trudno mu się dziwić, po zimowym sianie, kiedy pokazała się pierwsza trawa, miał prawo być trochę łakomy. Myślał, że je tylko trawę, ale okazało się, że w tej trawie była straszna rzecz. Pokaleczyła mu całe usta i zęby i całe szczęście, że jej nie połknął, bo pewnie by umarł od tego, ale udało mu się wypluć i po pierwsze, nie wiemy, co to jest, a po drugie, nie wiemy, skąd się wzięło. Trzeba koniecznie, żeby ktoś się tym zajął, i uważam, że nikt nie uczyni tego lepiej niż ty!

Pafnucy poczuł się tak dumny i wzruszony, że o mało nie zakrztusił się kolejną rybą. Nie zjadł jeszcze wszystkich, więc nie mógł rozmawiać. Przyśpieszył tempo jedzenia.

Marianna przyjrzała mu się, trochę rozczarowana, bo myślała, że coś powie. Westchnęła i mówiła dalej:

— Było to w tamtej stronie lasu, gdzie jest ta rzecz, taka hałaśliwa i cuchnąca, blisko miejsca, gdzie znalazłeś ludzki skarb. Pamiętam, mówiłeś, że to się nazywa szosa.

— O ne ja ugyłem — sprostował Pafnucy z pełnymi ustami.

— O howa.

Marianna już chciała prychnąć gniewnie, ale zastanowiła się i odgadła.

— Rozumiem. To nie ty mówiłeś, tylko sowa. Wszystko jedno. W każdym razie w tamtej stronie Kikuś trafił na to obrzydlistwo i będziesz musiał tam pójść, znaleźć to i powiedzieć mi, co to jest. Wszystkim powiedzieć, bo nikt nie wie. Co do jedzenia, możesz się nie martwić, ja wiem, że jesteś wygłodniały, i obiady masz zapewnione. Albo kolacje, co wolisz.

Pafnucy uporał się wreszcie z ostatnią rybą i przestał czuć nieprzyjemną pustkę w żołądku.

— Wolę kolacje — powiedział. — Skoro mam chodzić bardzo daleko, na obiad mógłbym nie zdążyć. Jeśli nie masz nic przeciwko temu, zacznę od jutra, a dzisiaj spróbuję jeszcze znaleźć kilka drobiazgów na deser.

— Drobiazgi na deser rosną po tamtej stronie jeziora, blisko rzeczki — powiedziała Marianna. — Widziałam je, jak nurkowałam. Wspaniałe kłącza tataraku!

— Ach! — zawołał zachwycony Pafnucy i ruszył wzdłuż brzegu.

Po tamtej stronie lasu Pafnucy znalazł się zaraz po południu. Śniadanie zjadł u Marianny, wędrując zaś w kierunku szosy, pożywiał się wszystkim, co mu wpadło pod rękę, bo po zimowym śnie był naprawdę niezmiernie wygłodniały. Był już blisko szosy, kiedy dogonił go Kikuś.

— Witaj, Pafnucy! — zawołał. — Dzięcioł powiedział, że Marianna kazała, żebym tu przyszedł i pokazał ci, gdzie to było, ta wstrętna pułapka. Okropność! Do tej pory nie mogę spokojnie jeść trawy!

Pafnucy na widok Kikusia ucieszył się bardzo. Nie miał pojęcia, czego ma szukać i w którym miejscu, a teraz jego zadanie od razu stało się łatwiejsze. Ruszył za Kikusiem, a ponieważ był najedzony i zaczynał na nowo nabierać sił, pobiegł szybciej.

Przyszli na śliczną polankę, odgrodzoną od szosy krzakami i drzewkami tak, że samochodów wcale nie było widać. Dobiegał tylko nieprzyjemny hałas i czasami napływała obrzydliwa woń. Za każdym warkotem Kikuś wzdrygał się i podrywał do ucieczki.

— Tu! — pokazał Pafnucemu. — Widzisz, jaka piękna trawa? Tu rośnie najwcześniej, bo to dla niej doskonałe miejsce. Słońce świeci i roztapia śnieg i specjalnie przyszedłem, żeby zjeść coś świeżego. I proszę!

Pafnucy rozglądał się pilnie dookoła. Trawę widział, ale obrzydliwej rzeczy nie mógł dostrzec.

— Gdzie to jest, to wstrętne? — spytał Kikusia.

Kikuś pokazał kopytkiem.

— Tam. W tej kępie. Ja się tego boję!

Odskoczył aż na skraj lasu i przyglądał się Pafnucemu, nerwowo przytupując.

Pafnucy obejrzał kępę trawy. Rzeczywiście, leżało w niej coś małego. Wygrzebał to łapą, przypatrzył się dokładnie i pomacał. Było twarde, ciemne i z jednej strony ostre, wyglądało jak kawałek drewna i rzeczywiście można to było przez pomyłkę zjeść. Wziął to ostrożnie do ust. Smak miało obrzydliwy, więc czym prędzej wypluł.

— Nie wiem, co to jest — powiedział. — I nie wiem, jak to zanieść Mariannie.

Kikuś zbliżył się do niego, wyciągnął szyję i nagle odskoczył w bok z okrzykiem przerażenia.

— Co się stało? — zaniepokoił się Pafnucy.

— Drugie takie samo! — zawołał Kikuś ze zgrozą. — Patrz! To rośnie z ziemi!

Nie wytrzymał i rzucił się do ucieczki.

— Czekaj, stój! — wrzasnął za nim Pafnucy. — To się nie rusza! Chwileczkę!

Kikuś zatrzymał się w pewnym oddaleniu i obejrzał za siebie.

— Jeśli już musisz uciekać, to niech będzie — zgodził się Pafnucy. — Ale gdybyś spotkał dzięcioła albo srokę, albo innego dużego ptaka, powiedz, żeby tu przyleciały, ja zaczekam. Tylko ptaki mogą to zanieść Mariannie.

Kikuś kiwnął głową i popędził w las.

Już po paru minutach przyleciał dzięcioł, a zaraz za nim dwie sroki. Pafnucy siedział na polance, zmartwiony i zakłopotany.

— Cześć, Pafnucy — powiedział dzięcioł. — O co chodzi? Ten postrzeleniec oderwał mnie od obiadu. Podobno trzeba coś nosić.

— Czy to świeci? — zainteresowała się sroka.

— Nie — powiedział Pafnucy. — Wcale nie świeci, ale chyba rzeczywiście rośnie. Było jedno, a teraz już widzę takie trzy. Więcej nie ma, sprawdziłem. Może urosną jutro.

— I co chcesz z tym zrobić? — spytał dzięcioł.

— Zanieść do Marianny — odparł Pafnucy. — A potem się zastanowimy. Mam nadzieję, że mi pomożecie, bo ja nie mam dzioba.

Wszystkie trzy ptaki skrzywiły się nieco, ale bardzo lubiły Pafnucego, więc spełniły jego życzenie. Chwyciły do dziobów obrzydliwe małe przedmioty i pofrunęły przez las.

Kiedy zasapany nieco i na nowo głodny Pafnucy wrócił nad jezioro, Marianna już na niego czekała ze świeżym zapasem ryb. Trzy wstrętne przedmioty leżały pod krzakiem.

— Rzeczywiście, ohyda — powiedziała. — Można się skaleczyć od samego oglądania. Nie wiesz, co to jest?

Pafnucy pokręcił głową.

— Sroki mówią, że to jest ludzkie — powiedziała Marianna. — Co ty na to?

Pafnucy nie mógł jej odpowiedzieć, bo oczywiście usta miał pełne ryb. Zastąpił go borsuk. Wylazł zza drzewa, zaspany i ziewający.

— Obudzili mnie — powiedział. — Wszystko wrzeszczy, Kikuś lata jak nakręcony, Klementyna i jej siostra, Matylda, pokłóciły się, która ma ładniejsze dziecko, akurat nad moją głową. Nie do wytrzymania. Ale wiosna będzie wczesna, więc, ostatecznie, mogę wstać. Widzę, że znów macie tu jakieś świństwo?

— No właśnie — powiedziała nerwowo Marianna. — Kikuś o mało się tym nie udławił. Popatrz i powiedz, co to jest.

Borsuk zbliżył się do przedmiotów, obejrzał je i ostrożnie obwąchał.

— Sroki mają rację — rzekł stanowczo. — Takie coś, to może być tylko ludzkie. Pafnucy ma jakieś znajomości z ludźmi, niech pójdzie do nich i niech się dowie.

— No proszę! — ucieszyła się Marianna. — Wiedziałam, że Pafnucy jest koniecznie potrzebny! Pafnucy, sam rozumiesz...?

Pafnucy rozumiał doskonale. Już wiedział, że wiosna zaczęła się dla niego pracowicie, ale nawet był z tego zadowolony. Miał wielką chęć odnowić znajomości z poprzedniego roku, ponieważ wcale nie przestał być ogromnie towarzyski. Zjadł już ryby, porządnie wytarł usta trawą, po czym zjadł także i trawę.

— Doskonale — powiedział. — Jutro rano pójdę na łąkę, ale muszę poprosić jakiegoś ptaka, żeby mi tam zaniósł chociaż jedno takie. Ja wiem, że to obrzydliwe, ale ptaki latają bardzo szybko i będą to trzymały w dziobie krótko, a ja musiałbym mieć to na języku długi czas i ciągle bym bał... to znaczy, bam był... był bym...

— Wiemy, co masz na myśli — przerwał borsuk. — Miałbyś obawy. Taki przestrach. Że co?

— Że to połknę — powiedział z ulgą Pafnucy.

Z gałęzi sfrunęła nagle zięba.

— Mogę ci pomóc, Pafnucy — powiedziała. — Moje gniazdo jest gotowe, wcale się nie zniszczyło przez zimę, trochę je trzeba było odnowić i już to jest załatwione. Spróbuję, czy to podniosę...

Chwyciła do dzioba jeden obrzydliwy przedmiot, uniosła i wypuściła.

— W porządku, dam radę. Gdzie ci to zanieść?

Pafnucy ucieszył się nadzwyczajnie.

— Do tego miejsca, gdzie wychodzi z lasu ścieżka dzików — powiedział czym prędzej. — Wiesz przecież, gdzie to jest?

— Dziwne byłoby, gdybym nie wiedziała — obraziła się zięba. — Mam przecież oczy w głowie!

— No właśnie. Więc na samym końcu ścieżki, już na łące, tylko tak trochę obok. Ale nie dziś, bardzo cię proszę. Jutro rano.

— Słusznie — pochwalił borsuk. — W nocy mógłby ktoś ukraść. Nie mam zaufania do ludzi.

— Najlepiej idźcie razem — poradziła Marianna. — Pafnucy wyruszy po śniadaniu, więc przyleć tu i chwilę na niego poczekaj. Przedtem zdążysz dać śniadanie twojej żonie, bo ona chyba już siedzi na jajkach?

— Owszem, właśnie zaczęła. Zatem jesteśmy umówieni. Do jutra, cześć!

Zięba odleciała, a Marianna z namysłem popatrzyła na Pafnucego.

— Teraz kolacja, rano śniadanie! — westchnęła. — Widzę, że będę miała pełne ręce roboty...

Nie było jeszcze południa, kiedy Pafnucy znalazł się na łące. Zięba pokazała mu, gdzie położyła twardy przedmiocik i odfrunęła na najbliższą gałąź. Pafnucy odsapnął i rozejrzał się dookoła.

Krów w pobliżu nie było, pasły się bardzo daleko. Jeszcze dalej znajdowały się owce i Pafnucy nie miał wątpliwości, że w pobliżu owiec przebywa jego przyjaciel, pies Pucek. Nie mógł go jednakże dostrzec, obejrzał się zatem na ziębę.

— Czy mogłabyś polecieć tam i znaleźć Pucka? — poprosił. — I powiedzieć mu, że ja tu czekam na niego?

Zięba również była zaciekawiona małym, wstrętnym przedmiocikiem, kiwnęła główką i poleciała. Pafnucy usiadł i czekał spokojnie.

Pies Pucek leżał blisko owiec, na jedno oko spał, a drugim pilnował swojego stada. Kiedy nadleciała zięba, obudził się od razu.

— Pafnucy na ciebie czeka! — zawołała zięba, przelatując mu nad głową. — Siedzi na końcu dziczej ścieżki i ma coś, ma coś, ma coś! Coś, coś, coś!

Pucek zerwał się na równe nogi. Chciał zapytać, co to jest to coś, ale nie zdążył, bo zięba odfrunęła. Na wszelki wypadek szczeknął, obiegł dookoła owce i popędził w kierunku lasu.

— Jak się masz! — zawołał z daleka uradowany Pafnucy.

— Cześć, Pafnucy! — odkrzyknął Pucek. — Coś takiego, już wstałeś? Myślałem, że jeszcze śpisz! Jak ci się żyje?

— Doskonale — powiedział Pafnucy. — Zacząłem wiosnę od wspaniałego śniadania! Ale rzeczywiście obudzono mnie trochę wcześniej, bo zdarzyło się coś takiego, czego nikt nie rozumie, i specjalnie tu przyszedłem, bo może ty będziesz wiedział.

Opowiedział Puckowi o okropnym wypadku Kikusia i pokazał mały przedmiot. Pucek zaledwie rzucił okiem, nawet nie musiał wąchać.

— No wiesz! — powiedział ze zdumieniem. — Naprawdę tego nie znacie? To się poniewiera absolutnie wszędzie!

— A co to jest? — spytał zaciekawiony Pafnucy.

— Kapsel od piwa — odparł Pucek.

— Proszę...? — zdziwił się Pafnucy.

— Jak to? Nie wiesz, co to jest kapsel od piwa?!

— Nie — powiedział Pafnucy ze skruchą. — Nigdy w życiu o czymś takim nie słyszałem.

Pucek usiadł, podrapał się za uchem i rozpoczął objaśnienia. Musiał powiedzieć Pafnucemu, co to jest piwo, co to jest butelka i jak ta butelka jest zatkana kapslem. Spróbował także wytłumaczyć, jak ludzie zdejmują te kapsle, ale to już okazało się za trudne, sposobów bowiem było mnóstwo.

— W każdym razie wyrzucają je byle gdzie — powiedział. — Wcale nie zwracają na to uwagi. Nic ich nie obchodzi, że ktoś mógłby je zjeść albo wejść na nie, i nawet sami sobie robią tę głupotę. Wiesz, chodzą boso, włażą na to i kaleczą sobie nogi. Dużo tam tego macie?

— Więc one nie rosną w ziemi? — upewnił się Pafnucy.

— No coś ty? Ludzie to robią i ludzie wyrzucają.

— W takim razie znalazłem trzy. Ten jeden i jeszcze dwa takie same.

— Stare są. Zardzewiałe. Pewnie leżały przez całą zimę. Gdzie to było?

— Blisko jednego końca lasu, tam, gdzie ryczy i cuchnie to takie długie, nazywa się szosa.

— Szosa! — wykrzyknął Pucek. — No oczywiście, ludzie lubią sobie posiedzieć w lesie blisko szosy. Jedzą i piją, i zostawiają wszystkie śmieci. Dziwię się, że dopiero teraz znalazłeś coś takiego. Puszek nie było?

— Jakich puszek? — zainteresował się Pafnucy.

Pucek wyjaśnił, że ludzie miewają jedzenie w puszkach, twardych, metalowych naczyniach, znacznie większych od tego kapsla, otwierają je, wyjadają zawartość, a resztę również wyrzucają gdziekolwiek. Rzucają także torby, papiery i różne opakowania. Najgorsze są foliowe, nie rozpuszczają się i nie niszczą, mogą tak leżeć całe lata i w żadnym wypadku nie wolno próbować ich zjeść, bo są ogromnie szkodliwe.

— Ja to wszystko wiem dlatego, że już raz udławiła się krowa — powiedział. — Byłem przy tym. Na łąkę też rzucają, i w ogóle wszędzie, i nie mogę tego zrozumieć, bo nad tą udławioną krową strasznie rozpaczali i wzywali do niej weterynarza. A przecież sami ją udławili!

Pafnucy również nie mógł tego zrozumieć. Obaj z Puckiem siedzieli nad zardzewiałym kapslem od piwa i rozważali sprawę ludzkiej głupoty. Nawet nie zauważyli, że zięba pofrunęła do lasu.

— U nas do tej pory nie było ludzi — powiedział Pafnucy. — Tylko leśniczy, ale on nic nie rzuca.

— Ciesz się, że nie wiedzą o waszym jeziorku — powiedział Pucek. — I o tym, że są w nim ryby. Zaraz by przylecieli i wszystko zniszczyli.

— Nie powiesz im chyba? — zaniepokoił się Pafnucy.

— No pewnie, że nie. Połażą najwyżej blisko szosy i naśmiecą tam, gdzie jest jakieś ładne miejsce. Głowę daję, że znalazłeś te kapsle w jakimś ładnym miejscu!

— Tak — przyznał Pafnucy. — Na bardzo pięknej leśnej polanie. Jak wyglądają te foliowe rzeczy, które udławiły krowę?

— A, o tak — powiedział Pucek i pokazał mu podartą foliową torbę, którą wiosenny wiatr niósł po skraju lasu. Dopędził ją, chwycił w zęby i przyniósł Pafnucemu.

— I do tego jeszcze gubią różne naczynia i narzędzia, twarde to, nie da się ani pogryźć, ani rozmoczyć, no mówię ci, coś okropnego! Gorsze niż sidła i pułapki!

Pafnucy zmartwił się bardzo. Pucek miał złe przeczucia, ponieważ szosa przez las istniała od niedawna. Kiedyś jej nie było, nikt tędy nie jeździł, wszyscy musieli objeżdżać las dookoła. Szosa, na której są ludzie, może spowodować okropne straty.

Z najbliższego drzewa rozległy się nagle głośne okrzyki. Obaj się obejrzeli. Na gałęziach siedziało mnóstwo ptaków, zięba, obie sroki, dzięcioł i jeszcze wiele innych.

— Hej, Pafnucy! — zawołał dzięcioł. — Zięba mówi straszne rzeczy! Czy to prawda, że te wstrętne małe przedmioty niedługo zasypią cały las?

— I żelaza! — wrzasnęły sroki. — I puszki! I torrrby, torrrby, torrrby! I ludzie!

— Powiedziałam im wszystko! — zaświergotała przeraźliwie zięba. — Przestraszyli się! Cały las trzęsie się ze strachu!

— Cicho bądźcie! — zawołał dzięcioł. — Pafnucy, zapytaj go, czy jest na to jakaś rada! Może jeszcze uda nam się uratować! Zapytaj go!

Pafnucy o nic nie musiał pytać, ponieważ Pucek wszystko doskonale słyszał.

— Nie będę się darł, bo one mnie i tak zagłuszą — powiedział do Pafnucego. — Oczywiście, że jest rada. Po pierwsze, ten ptak przesadził, do takiego zaśmiecenia lasu potrzebne są wycieczki...

— Co to są wycieczki? — przerwał Pafnucy, a ptaki umilkły i też zaczęły słuchać.

— Wycieczki — powiedział Pucek — to są takie strasznie wielkie stada ludzi, które przyjeżdżają do lasu i pchają się wszędzie, depczą wszystko, wyrywają i łamią. Gorzej niż dziki i woły. Ryczą i wrzeszczą, i zostawiają po sobie tyle śmieci, że tego nawet nie można sobie wyobrazić. Wycieczki to jest nieszczęście.

Ptaki milczały, Pafnucy też, bo z przerażenia stracił głos.

— Ale nie muszą tu przyjeżdżać — ciągnął Pucek. — Wasz las się dla nich nie nadaje, całe szczęście. Wasz las jest dziki i trudno po nim chodzić, wycieczki wolą lasy równe i udeptane. Więc może do was nie przyjadą. A co do zaradzenia, to ja wiem, jak to się robi.

Pafnucy odetchnął z ulgą, ptaki cichutko zaświergotały.

— Powiedz nam, jak! — zażądał dzięcioł. — Borsuk kazał o to zapytać i dowiedzieć się porządnie! Mało wiemy o ludziach!

— Może mi nie wierzycie, ale są ludzie, którzy nie śmiecą wcale — mówił Pucek. — Mogą mieszkać w lesie przez całe lato i żadnego śladu po sobie nie zostawiają. To są porządni ludzie, jest ich mało, ale są. I oni robią tak, że wszystkie szkodliwe i obrzydliwe rzeczy albo palą w ogniu...

— No, no! — przerwał zaniepokojony dzięcioł. — Tylko nie ogień!

— Oni palą mały ogień — uspokoił go Pucek. — I bardzo uważają, żeby się nic więcej nie zapaliło. Więc palą w ogniu, a resztę, to wszystko co się nie pali, zakopują w ziemi. Tak głęboko, że to już nikomu nie zaszkodzi.

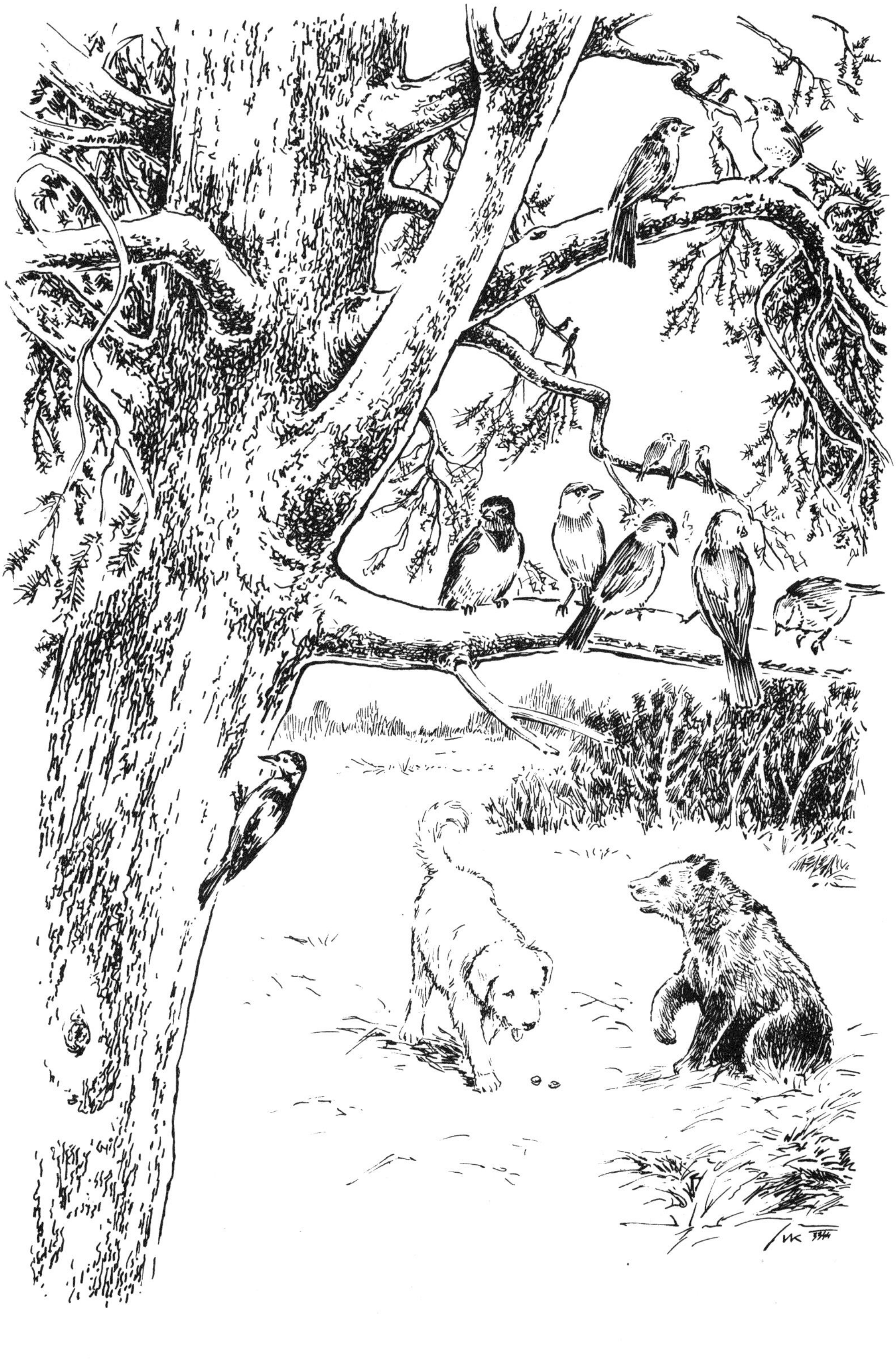

Pafnucy popatrzył na zardzewiały kapsel.

— Ogień to nie jest nasza sprawa — powiedział stanowczo. — Ogień robi się sam wtedy, kiedy jest wielka burza, leci z nieba i my się go bardzo boimy. Ale kopać w ziemi prawie każdy potrafi. Myślisz, że byłoby dobrze, gdyby się wszystkie takie ludzkie rzeczy zakopało głęboko do ziemi?

— Byłoby najlepiej — potwierdził Pucek. — Nic nie zostawiać na wierzchu, wszystko głęboko do ziemi, a ziemia już jakoś sobie da radę. Wiem, że to najlepszy sposób.

— Dziękuję ci bardzo — powiedział uroczyście Pafnucy. — Już rozumiem. Trzeba pilnować tych miejsc, gdzie pokazują się ludzie, i wszystko zakopywać do ziemi. Załatwię to.

— A najbardziej przy szosie! — zawołał Pucek i popędził przez łąkę, bo z daleka słychać było gwizdanie jego pana.

Dzięcioł chwycił do dzioba zardzewiały kapsel i razem zawrócili do lasu.

Zięba naplotkowała trochę przesadnie i zdążyła śmiertelnie przerazić wszystkie zwierzęta. Kiedy Pafnucy dotarł nad jeziorko, znajdowała się tam już Klementyna ze swoją siostrą i z dziećmi, borsuk z żoną, lis Remigiusz, który nadbiegł ze skraju lasu, dwa dziki i jedno młode wilczątko, wydelegowane przez rodzinę. Wszyscy z niepokojem czekali na dalsze wiadomości.

Pierwsze nadleciały sroki i, przekrzykując się wzajemnie, bardzo niewyraźnie powtórzyły to, co usłyszały od Pucka. Potem przyfrunął dzięcioł, upuścił pod krzakiem stary kapsel i powiedział wszystko nieco porządniej. Ostatni pojawił się Pafnucy i słowa Pucka zostały wreszcie przekazane z największą dokładnością.

— No tak — powiedział borsuk z irytacją. — Już widzę, na kogo spadnie cała robota! Najlepiej umieją kopać borsuki!

— Lisy też potrafią! — zawołała Marianna, zachęcająco spoglądając na Remigiusza.

— Wilki też — wyrwało się wilczątku, któremu przykazano nie odzywać się ani słowem i tylko słuchać.

— Ja także mogę pokopać — zaofiarował się Pafnucy. — A dziki to co? Wszyscy wiemy, jak wspaniale ryją.

— Ale nie głęboko — zastrzegły się dziki.

— Nic nie szkodzi, pogłębić wasz dół może każdy — powiedziała pocieszająco Marianna. — Ja też umiem kopać, ale wolałabym pod wodą. Nie wiem tylko, jak to zrobić, żeby przypilnować ludzi. Nie możemy przecież wszyscy zamieszkać przy szosie i bez przerwy patrzeć, co oni robią!

— Sarny się nie nadają do kopania — wypomniał borsuk. — Więc powinny chociaż poczatować na te ludzkie śmieci!

— Och! — powiedziała przestraszona Klementyna.

— Ależ moja droga, możecie czatować z daleka! — zawołała Marianna. — Wcale się im nie musicie pokazywać. Wystarczy, jeśli czasem popatrzycie zza drzewa!

— Najlepiej załatwią to ptaki — zawyrokował dzięcioł. — Kopać z pewnością nie będziemy, za to z góry dużo widać. I możemy przenosić w dziobie jakieś rzeczy, tak jak to.

Chwycił do dzioba jeden kapsel i z pluskiem upuścił go do wody.

— No wiesz...! — oburzyła się Marianna. Chlupnęła do jeziorka i wyłowiła kapsel.

— Wszyscy będą czatować — powiedziała siedząca na gałęzi kuna. — Każdy po prostu będzie zwracał uwagę i w razie czego zawiadomi pierwszego ptaka, jakiego napotka. A doły powinniśmy mieć wykopane na wszelki wypadek.

Całe towarzystwo popatrzyło na nią, troszeczkę zaskoczone.

— Ona ma rację — przyznał niechętnie Remigiusz. — Widzę, że już stykała się z ludźmi. W paru miejscach przy szosie te doły na śmieci powinniśmy mieć gotowe, a w razie potrzeby wykopie się jeszcze. Ludzi nie można lekceważyć. Poświęcę się i osobiście wykopię jeden, niech ktoś idzie ze mną i zapamięta miejsce.

— A to? — zawołała Marianna, pokazując stare kapsle.

— To się zakopie od razu kawałek dalej — zadecydował borsuk. — No? Kto tam najmłodszy?

Wilczątko, któremu rodzina zabroniła się odzywać, nie powiedziało ani słowa, tylko natychmiast przystąpiło do roboty z takim zapałem, że po pięciu minutach w wykopanym dole można było schować tysiąc kapsli. Ptaki wrzuciły do środka te trzy spod krzaka, a wilczątko zaczęło je zasypywać. Okazało się jednak, że jest to jakiś inny rodzaj pracy, który mu się udaje nie najlepiej. Kopać było łatwiej niż zasypywać.

— To my — powiedziały dziki.

Zbliżyły się razem i, ryjąc potężnie, przesunęły do dziury całą wyrzuconą ziemię. Pafnucy im dopomógł i po krótkiej chwili po śmieciach nie zostało ani śladu.

— Rzeczywiście — przyznał borsuk. — Wygląda na to, że sposób jest naprawdę niezły. No dobrze, w takim razie idziemy oboje z żoną kopać te doły na wszelki wypadek. Remigiusz, ty gdzie zaczynasz? Ustawimy się kawałek dalej.

— Następny dół wykopią razem dziki i Pafnucy! — zarządziła radośnie Marianna. — A jeszcze następny wilki!

— Sądząc z tego, co nam tu zostało pokazane, wilki wykopią dwadzieścia dołów — mruknął złośliwie Remigiusz i ruszył w las, kierując się ku szosie.

Przez kilka następnych dni padał deszcz i w lesie panował spokój. Pafnucy do spółki z dzikami wykopał wielki, szeroki dół i całą resztę czasu poświęcił na jedzenie. Kiedy chmury odeszły i zaświeciło wesołe, wiosenne słońce, był już doskonale odżywionym, silnym, grubym i bardzo zadowolonym niedźwiedziem.

Siedział właśnie nad jeziorkiem razem z Marianną i pogryzał na poobiedni deser młode gałązki, kiedy z góry sfrunęła sroka.

— Siedzą! — wrzasnęła strasznym głosem.

Pafnucy wzdrygnął się tak, że upuścił swoją gałązkę. Marianna zerwała się z trawy i wpadła do wody.

— Czyś oszalała? — spytała z gniewem, wychylając głowę. — Co to ma znaczyć? Co siedzi?

— Ludzie! — skrzeknęła sroka. — Siedzą przy szosie! Kikuś ich widział z daleka! Mam zawiadomić cały las!

Odfrunęła w pośpiechu, zanim zdążyli zapytać ją o coś więcej. Marianna wyskoczyła z wody.

— Pędź tam natychmiast! — zawołała do Pafnucego. — Nie wiem, gdzie to jest, ale dowiesz się po drodze! Potem mi wszystko opowiesz! No, już, prędzej!

Pafnucy nie odezwał się ani słowem, tylko otrząsnął z siebie drobne wiórki i popędził.

Dogoniła go Klementyna, śmiertelnie zaniepokojona, razem ze swoją córeczką, Perełką. Klementyna nie miała najmniejszej ochoty zdążyć do tych siedzących ludzi pierwsza, zwolniła zatem i poszła razem z Pafnucym, wzywając do siebie skaczącą przed nimi Perełkę. Wkrótce spotkali sześć dzików, które dążyły ku szosie stadem. Nad ich głowami zaświergotała zięba.

— Za leszczynami! — zawołała. — Za polanką! Tam, gdzie ta szosa zakręca i jest kawałek wyrąbanego lasu. Tam siedzą!

Wszyscy doskonale wiedzieli, gdzie znajduje się kawałek wyrąbanego lasu. Byli już blisko, kiedy za nimi pojawił się Remigiusz, a przed sobą ujrzeli Kikusia.

— Co tam jest? — spytała nerwowo Klementyna. — Co się tam dzieje?

— Okropne! — odparł Kikuś. — Siedzą na pieńkach, jedzą i rzucają dookoła jakieś rzeczy. Dwa straszne potwory stoją obok, wyszli im z brzucha! Widziałem to na własne oczy!

— Czy jest tam blisko jakiś dół? — wysapał Pafnucy.

— Jest, jeden z tych, które wykopały wilki. Wilki też są, z drugiej strony. Sroka je zawołała, były blisko, ja tam nie idę!

— Nie wygłupiaj się! — skarcił go Remigiusz. — Wobec niebezpieczeństwa ludzi wszyscy musimy być zgodni. Chodź z nami, pokażesz nam najlepsze miejsce do podglądania.

Kiedy dotarli do wyrąbanego kawałka lasu, odezwał się do nich dzięcioł, który siedział na drzewie.

— Tu możecie wyjrzeć — powiedział. — Nie zobaczą was. Niech te dziki nie robią takiego hałasu.

Klementyna spojrzała tylko raz i natychmiast odskoczyła w głąb lasu, zabierając ze sobą Perełkę. Pafnucy i Remigiusz wyjrzeli zza krzaków.

Ludzie rzeczywiście siedzieli na pieńkach po ściętych drzewach. Jedli i pili, to było widać. Pafnucy próbował policzyć, ilu ich jest, ale rachunek ciągle mu się mylił. W końcu dopomógł w tym Remigiusz.

— Razem siedem sztuk — powiedział. — Wyleźli z tych tam... samochodów.

— Ach, jakie piękne! — skrzeknęła nad ich głowami sroka. — Świecące! Ja posprzątam to świecące, proszę was, ja!

— Wariatka — powiedział borsuk, który przyczłapał ostatni. — Zabierze to sobie do gniazda.

— A niech zabiera, ważne, żeby nie leżało w lesie — mruknął Remigiusz.

Mogli rozmawiać swobodnie, bo ludzie robili jakiś dziwny hałas, który wychodził nie tylko z nich, ale także z małej skrzyneczki, ustawionej na jednym pieńku. Pafnucy był tak przejęty, że nie odzywał się wcale. Pierwszy raz widział z bliska tylu ludzi. Sroka miała rację, rzucali czasem w trawę coś małego, co błyskało w słońcu.

Podnieśli się w końcu z pieńków, pozbierali swoje rzeczy, zabrali hałasującą skrzyneczkę i poszli do samochodów. Rów pomiędzy drogą a lasem był w tym miejscu płytki, łagodny, łatwy do przejścia i pewnie dlatego wybrali sobie polankę na zjedzenie obiadu.

Ledwie samochody ruszyły, cała poręba zaroiła się od zwierząt. Sroka jak szalona rzuciła się na błyskotki, chwyciła jedną, jej mąż chwycił drugą, odfrunęli oboje w największym pośpiechu. Dziki znalazły jakieś rzeczy jadalne, były to skórki od pomarańczy i bananów, dziki wcale o tym nie wiedziały, ale skórki smakowały im ogromnie. Remigiusz obwąchiwał coś twardego.

— To jest puszka! — zawołał. — Przyjrzyjcie się, będziecie wiedzieli! Coś owocowego w niej było, obrzydliwość!

— Do dołu! — zarządził borsuk surowo. — Wszystko niejadalne przenosić do dołu. Natychmiast!

Dzięcioł sfrunął z drzewa, chwycił dziobem małe, pogniecione, kartonowe pudełko i w trzy sekundy wrzucił je do wykopanego przez wilki dołu. Wilczęta, bawiąc się, łapały w zęby porozrzucane papiery i pędziły do dołu na wyścigi. Pafnucy, przystępując do sprzątania, znalazł jeszcze jedną małą, błyszczącą rzecz, taką samą, jak te, na które rzuciły się sroki, i obejrzał ją dokładnie. Wiedział doskonale, że Marianna będzie pytała, co to jest. Po krótkim namyśle odgadł, iż jest to taki sam kapsel, jak te pierwsze, już zakopane, tylko nowy, niezardzewiały i lśniący. Pokaleczyć się nim można było tak samo. Zostawił go srokom i wziął do pyska coś, co leżało obok. Były to dwa kawałki, miękkie, jednakowe, i musiał użyć trochę wysiłku, żeby zebrać je razem. Remigiusz znalazł się przy nim i obwąchał kawałki.

— Znam takie rzeczy — mruknął. — Oni to pchają na ręce.

— Obrzybływie chuchnie — powiedział niewyraźnie Pafnucy i popędził do dołu, żeby jak najszybciej usunąć z zębów samochodowe rękawiczki.

W ciągu dwóch minut nie było na porębie ani jednego śmietka, bo sroki zdążyły przylecieć i porwać pozostałe kapsle. Klementyna przeglądała kolejno wszystkie kępki trawy, dmuchając w nie dla sprawdzenia, czy nie zawierają w sobie czegoś szkodliwego.

I nagle jeden samochód wrócił.

Zwierzęta usłyszały go z daleka, dzięcioł frunął w górę, spojrzał na szosę i wydał ostrzegawczy okrzyk. W mgnieniu oka wszyscy znikli z poręby.

Z samochodu wysiadł człowiek, wszedł pomiędzy pieńki i zaczął czegoś szukać. Po chwili przyłączył się do niego drugi. Obaj chodzili po całej porębie, patrzyli w ziemię, zaglądali za krzaczki i rozgarniali trawę. Coś mówili.

— Co oni mówią? — zaciekawił się Pafnucy. — Czy ktoś to rozumie?

— Remigiusz rozumie — powiedziała z drzewa kuna.

Remigiusz zachichotał.

— Owszem, rozumiem. Mogę wam przetłumaczyć. Szukają czegoś, co się nazywa „rękawiczki", jeden z nich to zostawił. Nie mogą zrozumieć, gdzie się wszystko podziało, te śmieci, które porozrzucali, i te rękawiczki. Mówią, że nie było ich ledwie chwilę, od razu wrócili, i jakim cudem ktoś to zdążył ukraść. Mówią, że... zaraz.

Ludzie zatrzymali się nagle na środku poręby i niespokojnie rozejrzeli dookoła. Remigiusz znów zachichotał.

— Mówią, że to może leśniczy. Wleźli do lasu, naśmiecili, boją się teraz, że leśniczy ich widział. Posprzątał po nich, ale jak ich złapie, zostaną ukarani. O, proszę!

Dwaj ludzie zaniechali poszukiwań, pobiegli do samochodu i odjechali. Remigiusz chichotał cały czas.

— Wystraszyli się. Poświęcili te jakieś rękawiczki, bo wcale nie chcą spotkać leśniczego. Pafnucy, to ty je wrzuciłeś do dołu? Pierwszorzędny pomysł!

— Doskonale wyszło — powiedział zadowolony borsuk. — Na drugi raz nie przyjadą, a las jest czysty. Tak trzeba robić. Pafnucy, ten twój Pucek to bardzo mądry pies. Możemy wracać do domu.

Po powrocie nad jeziorko Pafnucy oczywiście wszystko opowiedział Mariannie. Marianna była zachwycona. Plusnęła do wody i wyłowiła trzy dodatkowe ryby.

— Zgaduję, że teraz najporządniej będą pilnowały tej szosy dziki i sroki — powiedziała. — Dziki są łakome, a sroki czatują na świecidełka. Świetny pomysł! Czy zakopaliście dół?

— Oczywiście — odparł Pafnucy pomiędzy jedną rybą a drugą. — Dziki i ja. Nam to się udaje najlepiej…

Następny alarm podniosła wilga. Gwiżdżąc przeraźliwie, przeleciała przez cały las i już wszyscy wiedzieli, że obok szosy znów pojawili się ludzie. Tym razem wleźli na śliczną polankę, tę właśnie, na której Kikuś o mało nie zjadł starego kapsla.

Trzy dziki przybyły tam jako pierwsze, bo akurat pożywiały się niedaleko. Stanęły w krzakach i patrzyły, a nad ich głowami siedział dzięcioł. Potem wspólnymi siłami opowiedziały, co udało im się zobaczyć, bo nikt inny nie zdążył przed odjazdem ludzi.

— Nic nie jedli — powiedziały dziki z oburzeniem. — Chodzili, chodzili i chodzili w kółko, a jeden kawałek człowieka zostawił pod krzakiem coś takiego, że nawet się do tego zbliżyć nie można. Wielkie i wstrętne.

— Śmieci rzucali, owszem — powiedział dzięcioł. — Chodzili i stawali naprzeciwko siebie...

Zanim zdążył powiedzieć więcej, nadleciała zdyszana sroka, okrążyła polankę i porwała do dzioba zgniecione sreberko, w jakie pakuje się klisze fotograficzne.

— O, właśnie — powiedział dzięcioł. — To rzucili. I jeszcze inne.

Przefrunął kawałek, złapał puste opakowanie po papierosach i zaniósł je do dołu borsuka. Wrócił i oczyścił sobie dziób.

— Wyjątkowa obrzydliwość — oznajmił.

Obecni już byli prawie wszyscy, Pafnucy, borsuk, Klementyna, Kikuś i jedno wilczątko. Dziki uczyniły kilka kroków i z daleka pokazały to wielkie i wstrętne pod krzakiem.

Miały zupełną rację. Przedmiot był większy niż głowa Pafnucego i wydzielał z siebie woń wprost dławiącą. Nikt nie był w stanie nie tylko go dotknąć, ale nawet powąchać z bliska. Nikt też nie wiedział, czy jest to ciężkie, czy lekkie, i nikt nie widział sposobu przeniesienia tego do dołu.

— Każdy dzik mógłby to raz popchnąć z rozpędu — powiedziały dziki. — Na krótką chwilę można wstrzymać oddech. Ale trzeba wyjąć spod krzaka. Nie czujemy się na siłach.

— Po jednym razie popchniemy wszyscy — zadecydował borsuk. — Kikusiowi będzie najłatwiej, bo już ma małe rogi. Powinien może popchnąć dwa razy.

— No wiecie...! — krzyknął z wyrzutem Kikuś i odskoczył w las.

— Przede wszystkim chciałbym wiedzieć, kto to wyjmie spod krzaka — zauważył krytycznie dzięcioł.

Pafnucy westchnął ciężko. Wiedział doskonale, że jest najsilniejszy i że wystarczy mu jedno machnięcie łapą, żeby nawet bardzo ciężka rzecz potoczyła się daleko. Uważał, że powinien załatwić tę okropną sprawę. Nie chciał wcale, bo wstrętna woń dławiła go z dużej odległości, ale miał szlachetny charakter i postanowił spełnić obowiązek.

— Dobrze — powiedział z determinacją. — Spróbuję.

Odetchnął głęboko kilka razy, potem zatrzymał oddech i popędził do krzaka. Zwierzęta aż znieruchomiały, patrząc na niego z podziwem. Pafnucy zatrzymał się gwałtownie, przysiadł, wygarnął przedmiot spod gałązek i z całej siły popchnął łapami.

Przedmiot okazał się lekki. Pafnucy popchnął go tak, jakby ważył całe dziesiątki kilogramów, ohydna rzecz przefrunęła prawie przez całą polankę i walnęła w głowę jednego dzika. Dzik kwiknął przeraźliwie, szarpnął głową i odrzucił obrzydliwość jeszcze dalej. W rezultacie kłopotliwy śmieć w jednej chwili pokonał pół drogi do dołu.

— Brawo! — zawołał dzięcioł z drzewa. — Wspaniale! Jeszcze drugie tyle i będzie koniec!

Dwa pozostałe dziki zdecydowały się spełnić obietnicę. Każdy z nich kolejno podbiegł i wykonał energiczne pchnięcie ry-

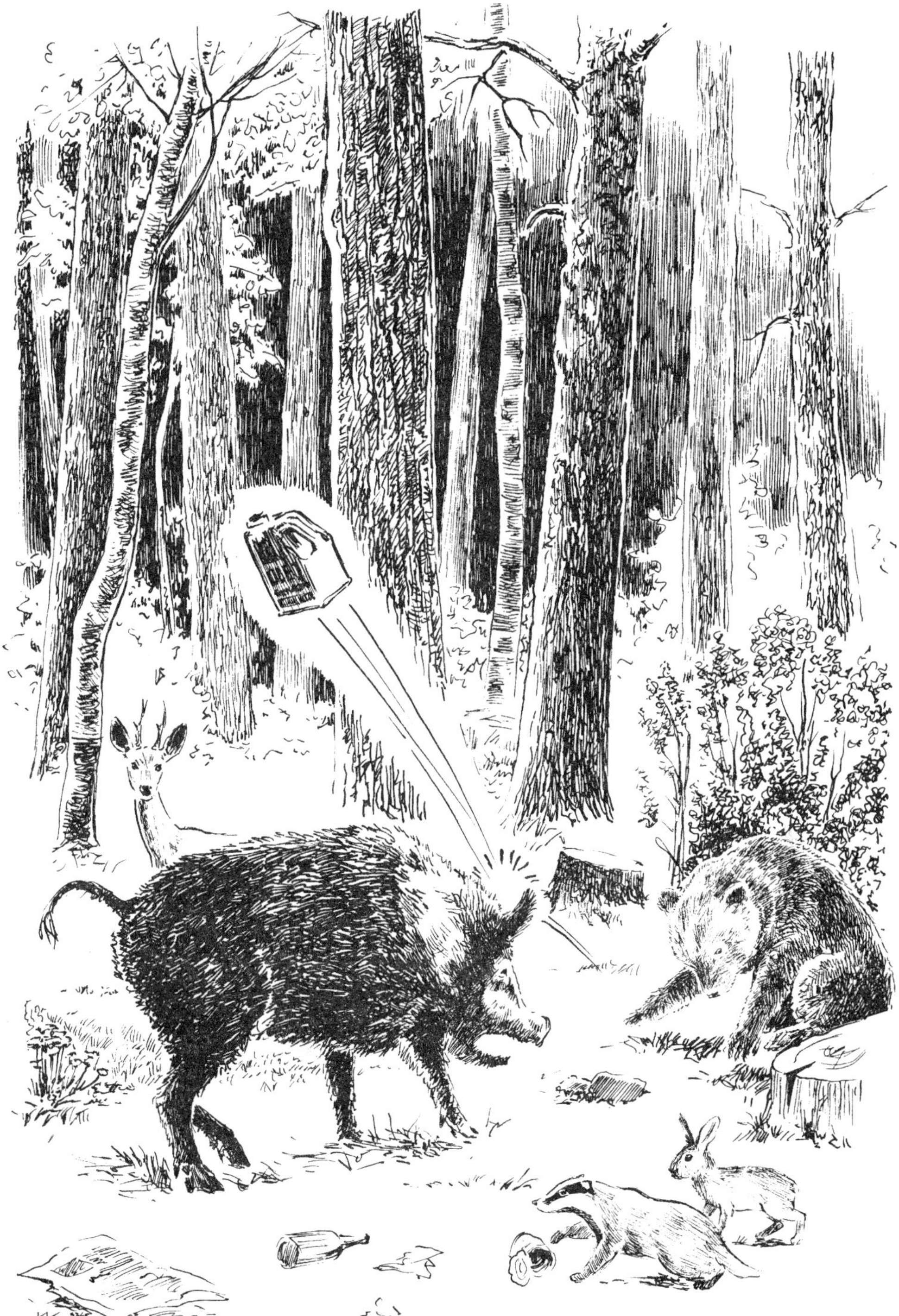

jem. Przedmiot wpadł w krzaki po drugiej stronie polanki, jeszcze bliżej dołu.

— No, Kikuś — powiedział borsuk. — Teraz ty. Nikt inny nie zdoła tego przepchnąć dalej, tobie może się udać.

— Ja nie chcę! — krzyknął Kikuś.

— Powinieneś — powiedziała stanowczo Klementyna. — Jestem twoją matką i zrobiłabym to za ciebie, ale nie mam rogów. Postaraj się wstrzymać oddech, tak jak Pafnucy.

Prawie płacząc ze wstrętu i obrzydzenia, Kikuś ustawił się przed krzakami. Chciał odetchnąć, ale owionęła go dławiąca woń. Kichnął, parsknął i zdenerwował się straszliwie. Pochylił głowę, z rozpaczą wziął przedmiot na swoje małe różki i gwałtownie rzucił przed siebie.

Przedmiot upadł zaledwie o kilka metrów od dołu, a Kikuś popędził w las i zaczął dyszeć.

— Potworne! — powiedział. — Co za koszmarny zapach! Ci ludzie są chyba nienormalni! Och, młode szyszki! Niech ja powącham młode szyszki!

Borsuk ruszył się z miejsca.

— No dobrze — powiedział mężnie. — Zrobię, co mogę.

Zatkał nos, rozpędził się i popchnął przedmiot całym sobą. Do dołu został tylko jeden metr. Borsuk prychnął i odsunął się na bok.

— Nie jest ciężkie — zauważył. — Gdyby nie cuchnęło tak nieznośnie, nie sprawiłoby kłopotu. Wstrętny smród, to jest główna wada tej rzeczy.

— Zapaskudziło całą polanę — powiedziała z rozgoryczeniem Klementyna, pocieszając Kikusia.

Wszyscy odpoczywali po nieprzyjemnym przeżyciu. Przedmiot leżał o metr od dołu. Na tę chwilę zdążył Remigiusz.

— O, Remigiusz! — ucieszył się Pafnucy. — Pchamy to i pchamy, ale nie wiemy, co to jest. Może ty zgadniesz?

Remigiusz powęszył delikatnie i z daleka, po czym szybko przebiegł na drugą stronę, żeby wiatr nie wiał ku niemu.

— Znam ten cudowny aromat — rzekł ironicznie. — Owiewa mnie niekiedy w okolicy ludzkich domów. Zdaje się, że wiem, co to jest. Pożywienie dla ludzkich maszyn.

— Co to znaczy? — zainteresował się borsuk.

— To znaczy, że w środku był gęsty napój. Widziałem kiedyś, jak ludzie wlewali ten napój maszynie... no, wiecie... nie wiem... Chyba do ust? Chociaż mam wrażenie, że te usta były z tyłu...

— Mówisz jakieś dziwne rzeczy — powiedział karcąco dzięcioł.

— On ma rację! — wrzasnęła nagle sroka. — Ja też widziałam! Wielki, straszny, ludzki potwór, cuchnie i ryczy, i pije tyłem! Tyłem! Dawali mu do tych tylnych ust!

— Ludzie są nieobliczalni — powiedział borsuk i wzruszył ramionami. — Niech sobie piją nawet bokiem, ale teraz trzeba skończyć pracę. Kto następny? Jeszcze mały kawałek.

Siedzące grzecznie w krzakach wilczątko nie wytrzymało. Woń była wstrętna, ale zabawa znakomita. Od początku miało ochotę popchnąć trochę tę rzecz, nawet kilkakrotnie, w różne strony. Teraz już była ostatnia okazja. Zacisnęło sobie nos, wyskoczyło z krzaków i łapami poturlało przedmiot do dołu.

Dół był bardzo głęboki, ale okazał się odrobinę za wąski. Przedmiot nie wpadł do środka, tylko utknął przy samym wierzchu. Klementyna zdenerwowała się wręcz szaleńczo, zostawiła Kikusia, podbiegła i z całej siły tupnęła kopytkiem.

— Brawo, Klementyna! — krzyknęli wszyscy równocześnie. — Wiwat!

Puszka po oleju silnikowym opadła na samo dno i nareszcie można ją było zasypać. Woń pozostała na polance, ale wszyscy wiedzieli, że zmyje ją pierwszy deszcz, więc nie przejmowali się zbytnio. W pośpiechu zawrócili do lasu, żeby odetchnąć świeżym powietrzem.

— Chyba następnym razem pójdę z wami — powiedziała Marianna. — Okropne to wszystko, ale widzę, że robią się tam istne przedstawienia. Ciekawa jestem, jak to wygląda, i chciałabym zobaczyć na własne oczy.

— Będziesz miała okazję bardzo szybko — powiedział borsuk. — Pafnucy mówi, że ten pies, Pucek, mówi, że im bliżej lata, tym bardziej ludzie pchają się do lasu. Na razie jest wiosna, więc dopiero zaczynają, będzie ich coraz więcej.

Pafnucy nie brał udziału w rozmowie, bo wygrzebywał sobie właśnie kłącza tataraku po drugiej stronie jeziorka.

— Niech te ptaki zawiadamiają od razu — zażądała Marianna. — Chciałam zdążyć.

Ptaki spełniły swoje zadanie bez zarzutu, zaraz następnego dnia.

W dwie minuty po wejściu na polankę ludzi Marianna uzyskała o tym wiadomość.

— Gdzie Pafnucy? — wrzasnęła, wyskakując z wody.

— W połowie drogi! — zaświergotała zięba. — Pędzi do polanki i kazał ci powiedzieć, żebyś się pośpieszyła.

— Możesz iść ze mną — zaproponowała kuna, pochylając się ku niej z gałęzi. — Ja wiem, gdzie to jest. Będzie ci trudniej, ale zaczekam na ciebie.

Marianna była zręczna, szczupła i umiała przemykać się bardzo szybko pomiędzy krzakami i drzewami. Obie z kuną pomknęły tak, że przybiegły na polankę tuż za Pafnucym.

Na polance siedziały dwie ludzkie istoty. Robiły coś, czego nikt nie rozumiał. Obie sroki na gałęzi były w stanie szaleństwa.

— Popatrz, jak świeci! — szeptały do siebie. — Przepiękne! A to...! Spójrz! Jeszcze piękniejsze! Patrz, jak błyska! Chora będę, jeśli tego nie dostanę!

— Ona już jest chora — powiedziała półgłosem stojąca spokojnie Matylda, siostra Klementyny. — Umysłowo.

Pafnucy obejrzał się na lekko zdyszaną Mariannę.

— Zdążyłaś! — ucieszył się. — Przyglądaj się, znów robią coś dziwnego. A śmiecą dokoła jeszcze więcej niż tamci inni.

Dziki nadbiegły z łomotem i trzaskiem, ale uciszył je borsuk, którego spotkały po drodze. Zwolniły kroku i podeszły cichutko.

Jedna ludzka istota opuściła nagle polankę. Przedarła się przez krzewy i zniknęła w stronie szosy. Po chwili dobiegło stamtąd wołanie, którego nikt nie rozumiał. Drugi człowiek podniósł się i również odszedł z polanki.

Sroki nie czekały ani sekundy. Sfrunęły z drzewa, porwały do dziobów jakieś małe, błyszczące rzeczy i już ich nie było. Marianna zaczęła popychać łapkami Pafnucego.

— No! — popędziła niecierpliwie. — Prędko! Chcę zobaczyć to sprzątanie!

— Ale... — zaczął niepewnie Pafnucy, ale Marianna nie dopuściła go do głosu.

— Dół jest daleko, mówiłeś, że ten bliższy został zasypany! Mnóstwo wszystkiego tam leży, sroki już zaczęły, ja też chcę!

Popędzany Pafnucy podniósł się posłusznie i wyszedł na polankę. Obejrzał ogromną ilość porozrzucanych przedmiocików. Wszystkie oczywiście pachniały jakoś niemile, ale daleko im było do ostatniej, dławiąco wstrętnej puszki. Część rzeczy leżała na dużym kawale jakiejś szmaty i Pafnucy rozsądnie pomyślał, że wygodnie byłoby zapakować to i zabrać hurtem. Dzięcioł sfrunął z drzewa, pomógł mu złożyć razem wszystkie rogi płachty, Pafnucy wziął to w zęby i pobiegł do dołu. Marianna przemknęła po trawie, chwyciła do pyszczka coś małego i popędziła za Pafnucym. Dzięcioł, który nie lubił sroki, wypatrzył jakąś rzecz, błyskającą podwójnie, złapał ją do dzioba i przefrunął nad głową Pafnucego. Borsuk i dziki ruszyły również.

I nagle wszystkich zatrzymał straszny krzyk zięby:

— Wracają!!!

Pafnucy i Marianna na moment zastygli w bezruchu, a potem popędzili ku dołowi z szaloną szybkością. Dzięcioł zdążył wcześniej, wrzucił do dołu przedmiot trzymany w dziobie i furknął z powrotem na polankę. Borsuk i dziki cofnęły się i wlazły na Remigiusza, który nadbiegł dopiero teraz. Umiał pędzić bardzo szybko, ale miał najdalej.

— Hej, co się tu dzieje?! — szepnął z uciechą. — Jakaś draka!

Ludzie na polance stali, jakby zupełnie zdrętwieli, i rozglądali się wokoło. Remigiusz przesunął się bliżej, żeby ich podsłuchiwać. Jeden człowiek nagle coś krzyknął.

— Co on mówi? — spytała szeptem Klementyna. — Co im się stało? Co oni robią?

Remigiusz zaczął chichotać. Ludzie na polance najpierw przebiegli ją w różne strony, a potem padli na kolana i zaczęli w pośpiechu łazić na czworakach, zaglądając pod krzaki i rozgarniając trawę. Zrobili się bezgranicznie zdenerwowani, co natychmiast wywęszyły zwierzęta. Remigiusz śmiał się coraz bardziej.

— Remigiusz, uspokój się! — szepnął gniewnie borsuk. — Mów, co to znaczy? Co oni mówią?

Remigiusz odsunął się głębiej w las, tarzał się po ziemi i popiskiwał z uciechy. Śmiał się tak strasznie, że łzy płynęły mu z oczu i nie był w stanie nic powiedzieć. Wrócili znad dołu Pafnucy z Marianną i na jego widok prawie się przestraszyli.

— Co mu się stało? — spytała Marianna. — Ugryzło go coś?

— Nie mogę! — jęczał Remigiusz. — Pęknę ze śmiechu! Czegoś takiego jeszcze nie było!

— Pafnucy, trzepnij go w ucho! — zażądał zirytowany borsuk. — Niech się wreszcie uspokoi, nic nie rozumiem! Co z tymi ludźmi?

Pafnucy też nic nie rozumiał. Nie trzepnął Remigiusza, bo był na to zbyt łagodny, ale energicznie podniósł go z ziemi i posadził na mchu. Remigiusz otarł sobie łzy z oczu.

— Zupełnie zgłupieli — powiedział, jeszcze parskając śmiechem. — Mówią, że jakiś złodziej ich okradł. Zostawili rzeczy w kompletnie pustym lesie i te rzeczy zniknęły w jednej chwili. Szukają ich i myślą, że może źle widzą. Nic nie mogą zrozumieć, zbaranieli całkowicie. Pafnucy, jesteś wielki!

Pafnucy zakłopotał się odrobinę. Ciężką płachtę z różnymi przedmiotami wrzucił już do wielkiego, szerokiego dołu, który osobiście wykopywał razem z dzikami, i nie mógłby jej stamtąd wydostać. Zupełnie nie wiedział, co zrobić. Popatrzył bezradnie na Mariannę i na borsuka.

— Dobrze im tak! — powiedziała gniewnie Marianna. — Niech się nauczą, żeby nic nie zostawiać!

— Oni nie zostawili! — kwiczał Remigiusz, trzymając się za brzuch. — Pęknę, słowo daję! Oni to zamierzali zabrać, naprawiali chyba coś, ludzie robią takie rzeczy! Zostawili tylko na chwilę! I z miejsca im wyparowało! Ulotniło się! Biedne, głupie ofiary!

— Może im trzeba to oddać? — powiedziała niespokojnie Klementyna, która miała dobre serce.

— Nie wiem jak — powiedział Pafnucy. — Wrzuciłem do środka.

Borsuk, niepewny i również zakłopotany, podrapał się po głowie.

— Nie wiem, co zrobić — oznajmił. — W końcu nie o to nam chodziło. Remigiuszu, przestań, poradź coś!

Remigiusz uspokoił się wreszcie trochę. Przyznał, że owszem, powinno się ludziom zwrócić ich rzeczy. Nie uważał tak dlatego, że miał dobre serce, przeciwnie, nie lubił ludzi i chętnie im robił na przekór, ale w tym wypadku miał obawy, że wcale stąd nie pójdą. Bez swoich rzeczy nie zdołają naprawić tego, co naprawiali, i możliwe, że będą musieli zostać tu na zawsze, a przynajmniej na bardzo długo. Albo też wrócić jeszcze mnóstwo razy. Tego sobie nikt nie życzył i niepokój ogarnął wszystkie zwierzęta.

— Niech sobie to zabiorą sami — powiedziała Marianna. — Pokażcie im ten dół i niech sobie wyjmą swoje idiotyczne rzeczy.

— Jak im pokazać? — prychnął gniewnie borsuk. — Powiedzieć? Przecież nie rozumieją ani słowa!

— Mógłbym ich popychać w tamtą stronę — zaproponował Pafnucy. — Ja się ich nie boję.

Remigiusz na nowo wybuchnął śmiechem.

— Ale oni się ciebie boją! Nie wytrzymam, dawno się tak nie ubawiłem! Pafnucy, puknij się w głowę, na twój widok uciekną z krzykiem!

— A my? — spytały dziki.

— Was też się boją!

— Ci ludzie są zupełnie głupi — zirytowała się Marianna. — Wszystkich się boją? To po co przychodzą tutaj, gdzie tyle nas jest?

— Nie — powiedział Remigiusz. — Ciebie, na przykład, nie boją się wcale. Mnie też nie, za to ja ich. Ktoś mały i nieszkodliwy mógłby im pokazać drogę do dołu. Wiem, jak to się robi. Widziałem psy.

— Jak to się robi? — zaciekawił się Pafnucy.

— Psy odbiegają kawałek, oglądają się i czekają na ludzi. Ludzie idą za nimi, one znów odbiegają i znów się oglądają. Tak ich prowadzą.

— To ja spróbuję! — zawołała nagle zięba.

Przefrunęła na polankę, usiadła na jej skraju, na gałęzi, i zaświergotała tak przeraźliwie, że ludzie ją usłyszeli. Obejrzeli się za nią. Zięba znów zaświergotała i przeskoczyła na następną gałązkę.

— Chodźcie ze mną! — wołała. — Chodźcie ze mną! Coś wam pokażę!

Wszystkie zwierzęta, oczywiście, rozumiały ją doskonale, ludzie natomiast zachowywali się jak głuche pnie. Popatrzyli na skaczącego ptaka i znów zaczęli się czołgać na czworakach, w poszukiwaniu zagubionych przedmiotów. Zięba darła się bezskutecznie.

— To na nic — powiedział Remigiusz. — Lepsze byłoby jakieś zwierzę.

Borsuk odwrócił się nagle do Marianny.

— Ty powinnaś — rzekł surowo. — Nie chciałem nic mówić, ale na własne oczy widziałem, jak popychałaś Pafnucego. Nie należało tego sprzątania zaczynać za wcześnie, cały ten kłopot przez ciebie. Odpracuj to teraz!

Marianna rozzłościła się okropnie do tego stopnia, że przestała się bać.

— Zawracanie głowy! — krzyknęła. — Nie przeze mnie, tylko ci ludzie są głupi! Ale żebyś wiedział, zrobię to właśnie! Pokażę się im i zaprowadzę ich do tego dołu! Ale jeżeli będą chcieli mnie złapać...!

— Mowy nie ma! — przerwał stanowczo Pafnucy. — Nic złego ci nie zrobią, nie pozwolimy na to, ani ja, ani dziki! Możesz się im pokazywać, ile tylko zechcesz!

— Wcale nie chcę — mruknęła pod nosem Marianna i dodała głośniej: — Niech ktoś zaszeleści tam, gdzie będą. Żeby usłyszeli. Zdaje się, że oni w ogóle uszu nie mają.

Dwa razy Pafnucy musiał mocno potrząsnąć wielkim krzewem, żeby ludzie wreszcie zwrócili na to uwagę. Odwrócili się i spojrzeli. Marianna stanęła, wyciągając głowę jak najwyżej, i poruszyła się.

Ludzie zerwali się na nogi, gapiąc się na nią ze zdumieniem. Coś zawołali. Marianna przemknęła kawałek dalej i znów stanęła jak słupek.

— Co oni mówią? — spytała Remigiusza, ukrytego w pobliżu. — Tłumacz wszystko!

— Powiedzieli, że jesteś wydra — szepnął Remigiusz, tłumiąc śmiech.

— Rzeczywiście, wielkie odkrycie...

Ludzie, wpatrzeni w Mariannę, podeszli bliżej. Marianna odsunęła się o metr.

— Mówią, że to niemożliwe — szepnął Remigiusz. — Mówią, że tu musi być jakaś woda z rybami, bo wydry żyją tylko nad wodą. Mówią, że pójdą za tobą, bo może ich zaprowadzisz do tej wody. Mówią, że może jesteś oswojona.

— Oswojona! — oburzyła się Marianna. — Sami są oswojeni!

Mogli rozmawiać zupełnie swobodnie, bo zwierzęta umieją mówić takim głosem, którego ludzie w ogóle nie słyszą. Marianna znów przebiegła kawałek, a Remigiusz bezszelestnie przesunął się za nią. Ludzie ostrożnie postąpili kilka kroków, rozmawiając szeptem.

— Wcale nie wiedzą, że ich prowadzisz — tłumaczył Remigiusz. — Nie mają o tym żadnego pojęcia. Bardzo im się podobasz. Mówią, że jesteś piękna.

Marianna popatrzyła na ludzi odrobinę życzliwiej.

— No, chociaż mają oczy w głowie — mruknęła.

Pomknęła szybciej, zręcznie przewinęła się przez wielki dół i stanęła nieruchomo kilka metrów dalej. Ludzie byli w nią tak zagapieni, że wcale nie patrzyli pod nogi. Kiedy jeden z nich wpadł nagle do dołu, Marianna śmignęła w trawę i zniknęła im z oczu.

— Wyszło nieźle — oznajmił Remigiusz, przysłuchujący się ich okrzykom i gadaniu. — Myślą, że to leśniczy wrzucił do dołu te ich rzeczy. Cieszą się niemożliwie, ale wolą tu nie zostawać i zaraz pójdą precz.

Ludzie wydobyli z dołu swoją płachtę i byli tak uszczęśliwieni, że nie dostrzegli na dnie jednego, ostatniego przedmiotu, który połyskiwał podwójnie. Dojrzała go sroka. Ledwo odeszli kilka kroków, rzuciła się na to, porwała i uniosła.

— No tak — powiedział borsuk z lekkim niepokojem. — To, co im zabrała sroka, przepadło na zawsze. Remigiusz, jak myślisz, obejdą się bez tego czy trzeba ją zmusić, żeby im zwróciła?

— Chyba się obejdą — odparł Remigiusz. — W każdym razie nie zamierzają tu dłużej zostawać. I wątpię, czy jeszcze kiedyś przyjdą...

— Niech ten borsuk nie zawraca głowy — powiedziała stanowczo Marianna, podsuwając Pafnucemu kilka małych rybek, porozrzucanych w trawie. — Okazało się wyraźnie, że miałam rację. Ludzie się przestraszyli i skutek był doskonały!

Pafnucy z zapałem przyświadczył, kiwając głową. Rzeczywiście, przestraszeni ludzie nie tylko pozbierali wszystkie swoje rzeczy, ale także z największą dokładnością uprzątnęli śmietki. Zabrali je ze sobą w dużej torbie, pozostawiając polankę idealnie czystą.

— Trzeba ich przestraszać za każdym razem — mówiła dalej Marianna. — Można im coś zabierać. Ale pokazywać, gdzie to jest, i oddawać więcej nie będę. Owszem, było to zabawne, ale bardzo się zdenerwowałam.

— Chłoki popyłkują — powiedział Pafnucy.

Marianna obejrzała się i popatrzyła na niego z naganą. Pafnucy przełknął czym prędzej.

— Chciałem powiedzieć, że sroki popilnują — powiedział. — Strasznie żałowały, że ci ludzie zabrali wszystko świecące. Teraz już prawie nie odchodzą od szosy.

— Pilnowanie wcale nie jest trudne — wtrąciła się zięba i przeskoczyła na niższą gałąź. — Ci ludzie pokazują się tylko w dwóch miejscach. Dziwię się, ale tak jest. Wystarczy pilnować w dwóch miejscach.

— To bardzo dobrze, że tylko w dwóch miejscach — powiedziała Marianna i chlupnęła do wody.

Ludzie rzeczywiście wysiadali z samochodów i wchodzili do lasu tylko w dwóch miejscach, bo tylko w dwóch miejscach był dostęp. Jednym z nich była polanka, a drugim poręba. Istniał wprawdzie dostęp także i w trzecim miejscu, tam, gdzie w ubiegłym roku Pafnucy znalazł ludzki skarb, ale to trzecie miejsce nie było zachęcające. Gęste krzaki, drzewa i wysoka trawa nadawały się do zakopywania skarbu, ale wcale nie nadawały się ani na odpoczynek, ani na biwak, ani nawet na opalanie się. Zwierzęta nie wiedziały o tym, bo dla nich dostęp do lasu istniał wszędzie, a upodobania miały zupełnie inne niż ludzie. Nie rozkładały koców na trawie, nie opalały się i nie musiały siadać na pieńkach, żeby zjeść obiad albo śniadanie. Nie robiły sobie także fotografii i nie naprawiały samochodów i rowerów.

Marianna tak długo namawiała Pafnucego, borsuka i inne zwierzęta, a także wszystkie ptaki, do przeszkadzania ludziom i straszenia ich, aż w końcu wszyscy uwierzyli w doskonałość tego sposobu. Następny człowiek został przestraszony wręcz do nieprzytomności.

Ów człowiek siedział na porębie i próbował sobie załatać dętkę do roweru. Trwało do dostatecznie długo, żeby wszyscy zdążyli zgromadzić się za ostatnim pieńkiem na samym początku lasu. Przybiegł nawet Remigiusz i on właśnie namówił Pafnucego do stanowczego działania.

— Marianna ma rację — przekonywał. — Pafnucy, zabierz mu to. To jest duże, ptaki nie dadzą rady. Podkradnij się. W ostateczności mu to oddasz, ale niech się wystraszy. Marianna jest bardzo mądra i pochwali cię, zobaczysz. I nałowi ci tych ryb dwa razy więcej!

Remigiusz popierał pogląd Marianny tylko dlatego, że z natury był złośliwy i lubił robić ludziom różne dowcipy. Pafnucy jednak wierzył święcie w mądrość swojej przyjaciółki, a przy tym ta podwójna ilość ryb spodobała mu się nadzwyczajnie. Chętnie zgodził się, że człowieka należy przestraszyć.

Człowiek przylepił na dętce łatkę, ścisnął wszystko odpowiednim przyrządem i odłożył na trawę. Następnie zapakował do torebki klej, zapałki i inne rzeczy i schował w specjalnej torbie, przyczepionej do roweru. Robił to spokojnie i bez pośpiechu. Pafnucy przez ten czas podkradł się cichutko, delikatnie wziął w zęby leżącą za człowiekiem dętkę i wycofał się z nią w zarośla. Tam wypuścił ją z ust.

— Niesmaczne — powiedział szeptem. — I zapach ma raczej obrzydliwy.

— Nic, nic, popatrzmy, co on teraz zrobi! — odszepnął z uciechą Remigiusz.

Człowiek odwrócił się i spojrzał na miejsce, gdzie przed chwilą leżała dętka. Z daleka widać było, że zupełnie osłupiał. Patrzył przez długą chwilę, potem przetarł oczy, znów popatrzył, następnie padł na kolana i gorączkowo zaczął macać trawę rękami. Potem podniósł się, rozejrzał dookoła i chwycił się za głowę.

— Och, biedny! — powiedziała ze współczuciem Klementyna. — Popatrzcie, on się martwi!

— Co cię obchodzi zmartwienie człowieka? — skrzywił się Remigiusz.

— No, no — powiedział z naganą borsuk. — Bez przesady. Nie zamierzamy robić ludziom krzywdy, chcemy tylko bronić się przed nimi. Zdaje się, że on się rzeczywiście martwi.

— Trzeba przyznać, że nie ryczał i nie buchał tym wstrętnym odorem — zauważyła sprawiedliwie Matylda.

— Ja mu to oddam — zadecydował Pafnucy, który również miał dobre serce. — Jedno ukradzenie wystarczy. Niech ktoś coś zrobi, żeby popatrzył w inną stronę.

Obie sroki uznały, iż jest to zajęcie dla nich. Przefrunęły do małego krzaczka na skraju poręby i wybuchnęły znienacka tak przeraźliwym wrzaskiem, że człowiek drgnął gwałtownie i obejrzał się ku nim. Trzepotały się, podfruwały i podskakiwały z krzykiem i skrzekiem, a człowiek gapił się na nie, osłupiały jeszcze bardziej. Pafnucy wykorzystał tę chwilę, znów ujął w zęby dętkę i cichutko pobiegł do miejsca, z którego ją odciągnął.

W tym momencie człowiek dał spokój srokom i odwrócił się w poprzednim kierunku.

Skamienieli kompletnie wszyscy. Zwierzęta na skraju lasu, Pafnucy z dętką w zębach i człowiek naprzeciwko niego. Pafnucy, jeden jedyny, nie bał się wcale i dzięki temu oprzytomniał pierwszy. Wypuścił dętkę z ust i podniósł głowę. Chciał wyjaśnić temu człowiekowi, że jest dobrym, uprzejmym i nieszkodliwym niedźwiedziem, ale nie zdążył powiedzieć ani słowa. Człowiek krzyknął strasznie i jak szaleniec wypadł z poręby na szosę.

— No, ten jest załatwiony dokładnie! — powiedział Remigiusz wśród wybuchów śmiechu. — Już go tu więcej nie zobaczymy!

Zakłopotany Pafnucy szybko wziął dętkę w zęby i podbiegł kilka kroków w kierunku szosy, chcąc zwrócić temu człowiekowi jego własność, ale okazało się, że nie było co komu oddawać. Człowiek popędził przed siebie z krzykiem przerażenia i od razu zniknął im z oczu.

Wszyscy, z wyjątkiem Remigiusza, uznali, że jednak była to pewna przesada. Po krótkiej naradzie postanowili naprawić błąd.

— Możliwe, że do lasu on więcej nie wejdzie — powiedział borsuk. — Ale szosą może przyjdzie. Nie chcemy tu jego rzeczy, usuńmy je.

— Na szosę? — spytał Pafnucy, zmartwiony i coraz więcej zakłopotany.

— Na szosę — zadecydował borsuk. — Las należy do nas, a szosa do nich. Niech to sobie stamtąd zabierze.

— A czy on będzie wiedział, że jego rzeczy leżą na szosie? — zatroskała się Klementyna.

— Możesz go o tym zawiadomić — zaproponował drwiąco Remigiusz.

Pafnucemu natychmiast przyszedł do głowy odpowiedni pomysł.

— Zawiadomić, tak! — przyświadczył z zapałem. — Ale nie Klementyna! Pucek! Pucek jest przecież psem, a psy jakoś potrafią dogadać się z ludźmi!

Przeniesienie na szosę dętki było łatwe, ale przeniesienie całego roweru okazało się trudniejsze. Pafnucemu musiał w tym pomóc borsuk i jeden dzik, bo Remigiusz nie zgodził się brać udziału w żadnej pracy dla człowieka. Ułożyli wszystko z boku szosy i natychmiast Pafnucy popędził przez cały las prosto do Pucka.

Ptaki pofrunęły szybciej i kiedy zdyszany i zziajany Pafnucy wypadł na łąkę, Pucek już na niego czekał.

— Co się stało? — spytał niespokojnie. — Ptaki narobiły alarmu, podobno masz do mnie strasznie ważną i pilną sprawę. O co chodzi?

Pafnucy odziajał i odsapał swój galop, po czym opowiedział Puckowi wszystko o ostatnim wydarzeniu. Pucek uspokoił go od razu.

— Nie ma sprawy — powiedział. — Zaraz namówię mojego pana i może jeszcze parę osób, żeby polecieli na tę szosę. Pokażę im to i oni już resztę załatwią. Ten wasz człowiek znajdzie się bez trudu, bo na pewno będzie o tym opowiadał na prawo i lewo.

— Zacznij zaraz — poprosił Pafnucy. — Nam jest go trochę żal.

— Oczywiście, że zaraz — zgodził się Pucek. — Nie ma co czekać, jeśli będzie dłużej leżało, pierwszy złodziej to ukradnie. Już pędzę! Cześć!

Dopiero późnym wieczorem okropnie wygłodniały Pafnucy wrócił do Marianny. Marianna zniecierpliwiona była tak, że

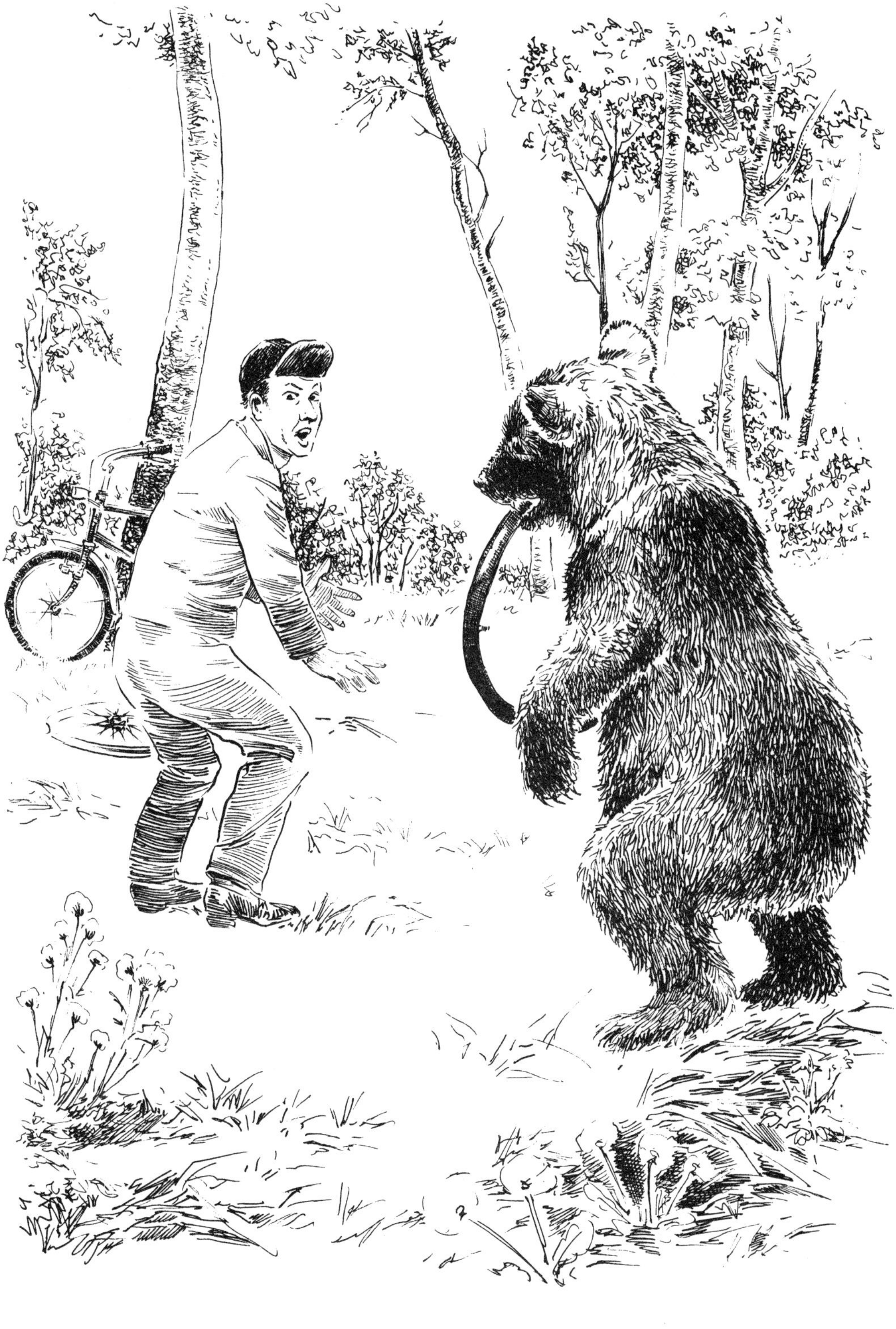

ani przez chwilę nie mogła usiedzieć w bezruchu. Wskakiwała do wody, łapała rybę, wyrzucała ją na brzeg i wskakiwała ponownie. To, co wyłowiła na kolację, przekroczyło wszystkie wyobrażenia Pafnucego i wszystkie przepowiednie Remigiusza.

— Igiechyśmy chychko — opowiadał Pafnucy z zachwytem. — Pukek chchkochagył hugy.

Marianna przestała już wskakiwać do wody, ale jeszcze się nie uspokoiła.

— Rozumiem, że jesteś głodny — powiedziała niecierpliwie. — Nie mogę od ciebie za wiele wymagać, ale, na litość boską, mów odrobinę wyraźniej! Rozumiem, że widzieliście wszystko, ale co to jest to drugie?!

Pafnucy wykorzystał moment, kiedy jedną rybę już przełknął, a drugą dopiero niósł do ust.

— Pucek przyprowadził ludzi — powiedział szybko. — Jeden jechał za nim na koniu i ken hegen gył heky.

— Boże! — wrzasnęła Marianna. — Co to jest gył heky?!

— Był pierwszy — powiedział Pafnucy pośpiesznie. — Chobakychy che cheky...

Marianna prawie dostała szału.

— Czy nie ma tu nikogo, kto już zjadł kolację? — krzyknęła w okropnym zdenerwowaniu.

— Ja jestem — powiedziała spokojnie kuna na drzewie. — Przyszłam tu do was, bo nie masz pojęcia, jak ja lubię Pafnucego. Też wszystko widziałam. On mówi, że ludzie zobaczyli te rzeczy, zdziwili się strasznie i chwalili tego Pucka tak, że ja bym od tego zwariowała. Głaskali go i potrząsali za łapę. Koszmarny pomysł, niechby mnie tak ktoś potrząsał za łapę... I dawali mu coś do jedzenia, to już rozsądniejsze. Mnóstwo gadali, ale nie zrozumiałam co.

— I co? — spytała Marianna już znacznie spokojniej. — Zabrali to wszystko?

— Do ostatniego kawałka — powiedziała kuna. — Nic nie zostało. Pucek powiedział Pafnucemu, że zaraz zaczną szukać tego człowieka, do którego to należało. Słyszałam, jak mu to mówił.

Pafnucy przyświadczył, kiwając głową z takim zapałem, że jedna ryba wypadła mu z ust. Złapał ją i ugryzł czym prędzej.

— Chukcho che kochem chechky — obiecał, przełknął pośpiesznie i, widząc wyraz twarzy Marianny, potwórzył: — Jutro się dowiem reszty...

Całej reszty Pafnucy dowiedział się w dwa tygodnie później. Dokładnych informacji udzielił ogromnie rozweselony Pucek.

— Przez te wasze sztuki leśniczy dostał nagrodę — powiedział. — Ludzie złożyli skargę na niego, że ich odstrasza od lasu i że zabiera im różne rzeczy, rękawiczki, narzędzia, okulary...

— Co to są okulary? — przerwał z zainteresowaniem Pafnucy.

Pucek wyjaśnił mu, co to są okulary.

— Ach! — powiedział Pafnucy. — To sroki! Przecież chyba wiesz, że kradną wszystko, co połyskuje. Sam widziałem, jak porwały takie coś, co połyskiwało podwójnie!

— Sroki czy nie sroki, ludzie myśleli, że to leśniczy — mówił dalej Pucek, podskakując z uciechy. — Złożyli skargę, przyjechała komisja, komisja to są tacy bardzo specjalni ludzie do pilnowania porządku. I ta komisja powiedziała, że tak czystego lasu nie widziała jeszcze nigdy w życiu i leśniczy zasługuje na wielką nagrodę. I dali mu tę nagrodę. Byli bardzo zadowoleni, że znalazł sposób na tych wszystkich śmieciarzy, bo też myśleli, że to on. Leśniczy nic z tego nie rozumie, ale to nie szkodzi, niech sobie ma swoją nagrodę. Ja uważam, że jest wyjątkowym człowiekiem.

— My też tak uważamy — powiedział Pafnucy. — Bardzo lubimy leśniczego.

— Słusznie — przyświadczył Pucek. — Ale czekaj, najlepsze nastąpiło na końcu! Przez jedną skargę na początku i na końcu lasu postawili taki znak, że teraz już chyba nikt do was na krok nie wejdzie!

— Jaki znak? — zaciekawił się Pafnucy.

— Taki znak, który oznacza: Uwaga, niebezpieczne niedźwiedzie!

Pafnucy zdumiał się tak, że nic nie powiedział, tylko patrzył na Pucka z otwartymi ustami. Pucek wybuchnął szalonym śmiechem.

— Te niebezpieczne niedźwiedzie to masz być ty! Pafnucy, pokazałeś się komuś! To przed tobą tak wszystkich ostrzegają! Ale ubaw! Uwaga, niebezpieczne niedźwiedzie...!

I w ten sposób na początku trzeciej wiosny swojego życia łagodny, nieszkodliwy i dobroduszny Pafnucy dowiedział się, że jest niebezpiecznym niedźwiedziem.

3. Katastrofa leśniczego

Pewnego kwietniowego dnia wiosna doszła do wniosku, że pojawiła się za wcześnie.

Postanowiła zapewne jeszcze trochę zaczekać i zostawić kawałeczek miejsca zimie, bo już od rana wiał potężny, zimny wicher, a z ciężkich czarnych chmur padał deszcz ze śniegiem.

Niedźwiedziowi Pafnucemu nie przeszkadzało to wcale. Chroniły go przed zimnem i deszczem nie tylko wspaniałe, grube kudły, ale także piękna warstwa tłuszczu, o którą zdążył się postarać przy pomocy Marianny. Marianna nałowiła mu tyle ryb, że swój zimowy głód zupełnie zaspokoił. Zadowolone z pogody były także dziki, bo dziki lubią wodę, wilgoć i błotnistą breję. Inne zwierzęta znosiły chwilowy powrót zimy spokojnie, wiedząc doskonale, że potrwa krótko i już za kilka dni wróci słońce i ciepło.

Zadowolone dziki pochrząkiwały i mlaskały, wygrzebując ryjami z rozmiękłej ziemi różne kłącza, korzonki i pędraki. Wędrowały przez las bez pośpiechu i pożywiały się, nie zwracając uwagi na ściekające z drzew krople i strumyki i wcale nie patrząc do przodu, bo czuły się w swoim leśnym domu pewnie i bezpiecznie.

Nagle jeden dzik kwiknął ostrzegawczo i odskoczył kilka kroków do tyłu. Wszystkie inne nie zadawały żadnych pytań, tylko w mgnieniu oka, na wszelki wypadek, zawróciły i rzuciły się do ucieczki. Kiedy biegną dziki, rozlega się okropny hałas. Usłyszała je i dostrzegła sarenka Klementyna i również bez sekundy zastanowienia popędziła w głąb lasu, ponaglając swoją córeczkę, Perełkę. Klementynę dojrzała jej siostra Matylda, pilnująca swojego synka, Matyldę zaś zobaczył starszy brat Perełki, Kikuś, i wszyscy razem jak szaleńcy popędzili przez las. Przez chwilę dookoła rozlegał się wielki tętent, łomot i trzaski, aż zaniepokoiły się także wszystkie inne zwierzęta.

Pierwsze zatrzymały się dziki.

— Co się stało? — spytał z niezadowoleniem najstarszy, który nazywał się Eudoksjusz i właściwie nie bał się prawie niczego. Uciekał tylko dlatego, że nie zdążył się porządnie zastanowić.

— Nie wiemy — odpowiedziały pozostałe dziki i obejrzały się za siebie. — To Barnaba dał sygnał ostrzegawczy. Ale sam gdzieś tam został, więc nie wiemy, co to znaczy.

— Może wrócimy i zobaczymy? — zaproponował najmłodszy dzik, który był bardzo ciekawy.

Eudoksjusz wzruszył ramionami i spokojnym krokiem ruszył w drogę powrotną, bo tam właśnie, gdzie został ostrzeżony, znajdowały się wyjątkowo smaczne korzenie. Inne dziki natychmiast ruszyły za nim.

Klementyna, Matylda i ich wszystkie dzieci pędziły znacznie dłużej, aż do chwili, kiedy wpadły na Pafnucego. Pafnucy siedział właśnie pod wielkim, starym drzewem i spoglądał w górę, bo w drzewie znajdowała się dziupla, a w dziupli zamieszkały dzikie pszczoły. Nie latały wprawdzie w czasie deszczu i nie było ich widać, ale Pafnucy doskonale wiedział, że one tam są i że zdążyły już zrobić trochę miodu. Rozmyślał nad tym, jak by się do tego miodu dostać? Miał na niego wielki apetyt, a wiedział także, że przez całą wiosnę i lato pszczoły zdążą zrobić dziesięć razy więcej miodu niż im będzie potrzebne. Więc ten pierwszy mógłby spokojnie zjeść. Nawet zaraz mógłby się wdrapać na drzewo i wygrzebać trochę ulubionego przysmaku.

Pafnucy był jednak naprawdę bardzo dobrym i porządnym niedźwiedziem. Pomyślał, że pogoda jest dla pszczół bardzo nieodpowiednia, wręcz okropna. Siedzą wszystkie w swojej dziupli i czekają, aż deszcz ze śniegiem przestanie padać, i gdyby je teraz wypłoszyć, wszystkie by się rozchorowały z zimna. Więc, chwilowo oczywiście, należy je zostawić w spokoju. Miód wygrzebie sobie za kilka dni, kiedy znów zaświeci słońce.

Podjął taką decyzję i w tym momencie z krzaków wypadły śmiertelnie przestraszone sarenki. Zatrzymały się obok niego, trochę zdyszane, ale od razu odrobinę spokojniejsze.

— Co się stało? — spytał Pafnucy. — Czy widziałyście coś okropnego?

— Widziałyśmy dziki — odparła Klementyna. — Uciekały.

— Nic podobnego — zaprzeczyła Matylda. — Nie widziałam żadnych dzików. Widziałam tylko, że ty uciekałaś, więc wolałam nie czekać.

— Ja też uciekałem dlatego, że widziałem, jak ty uciekasz — powiedział Kikuś do Matyldy. — Co tam było?

Wszyscy spojrzeli na Klementynę. Klementyna zakłopotała się nieco.

— Nie wiem, co było — powiedziała. — Ale jeżeli dziki uciekają, to znaczy, że lepiej uciekać także.

— Czy one jeszcze ciągle uciekają? — zainteresował się Pafnucy.

Obejrzeli się wszyscy i przez chwilę słuchali. W lesie panowała cisza i spokój, słychać było tylko szelest deszczu i szum drzew. Z wysokiej gałęzi zbiegła kuna i zatrzymała się pod grubym konarem.

— Co to było? — spytała. — Dlaczego narobiliście takiego zamieszania?

— Przypuszczam, że dziki coś zobaczyły — powiedział Pafnucy. — Nikt nie wie co.

— Ptaki mogłyby nam powiedzieć — zaproponowała niepewnie Klementyna. — One zawsze wszystko wiedzą najwcześniej.

Z dziupli na innym, rosnącym w pobliżu, drzewie, dzięcioł wysunął głowę.

— Chyba straciłeś rozum — oznajmił bardzo zgorszony. — Przy tej pogodzie ptaki wybij sobie z głowy. Kto tylko może, siedzi w gnieździe albo gdziekolwiek, schowany przed deszczem. Na wiadomość poczekasz, aż przestanie padać.

— Och, to za długo! — zaprotestował Kikuś.

— Trzy dni. Najwyżej trzy i pół. Jeżeli ci się śpieszy, możesz sam iść i zobaczyć — powiedział dzięcioł i schował głowę do dziupli, bo duża kropla wody kapnęła mu na sam czubek.

— Może dzikie kaczki? — powiedziała Matylda. — One lubią wodę i deszcz.

— Dzikie kaczki to doskonały pomysł — zgodził się Pafnucy i ruszył w stronę jeziorka.

Dzikie kaczki gnieździły się na brzegu najbardziej odległym od domu wydry Marianny. Marianny deszcz, śnieg i wicher nie obchodziły wcale, bo w każdej chwili mogła się schować w wodzie, a w łowieniu ryb nie przeszkadzała jej żadna pogoda. Usłyszała liczne kroki i wystawiła głowę z jeziorka. Na widok Pafnucego szybko dała nurka, złapała jedną rybę i od razu wyniosła ją na brzeg.

— Mam wrażenie, że słyszałam jakieś odległe hałasy — powiedziała. — Czy coś się działo?

— Owszem, ale nie wiemy co — odparła Klementyna, bo Pafnucy przez chwilę był bardzo zajęty. — Dziki coś zobaczyły i uciekały. Ptaki siedzą pochowane, więc nie ma kto sprawdzić.

Pafnucy przełknął i już mógł mówić.

— Przyszło nam do głowy, że kaczki mogłyby polecieć — wyjaśnił. — Lubią deszcz. Czy nie można by ich namówić?

— Kaczki są głupie — oznajmiła Marianna stanowczo. — One się mnie boją. Myślą, że mogłabym się pomylić i złowić jakieś małe kaczątko zamiast ryby.

— Przecież jeszcze nie mają małych kaczątek? — zdziwiła się Matylda. — Dopiero siedzą na jajkach.

— No więc właśnie! Nie mają, to po pierwsze, a po drugie już nie mam co robić, tylko pchać w siebie tyle pierza! — zirytowała się Marianna. — Te ich małe kaczątka składają się z samego puchu, po co mi to! Jajko owszem, wyznaję, że zjadłabym chętnie. Ale też im się to nie podoba, siedzą na gniazdach i żadna się nie ruszy za nic w świecie!

— W takim razie nie są takie głupie, jakby się wydawało — mruknęła pod nosem Matylda.

— Ale nie rozumiem, po co wam kaczki — ciągnęła z niezadowoleniem Marianna. — Pafnucy, to przecież nie było daleko? Możesz sam iść i zobaczyć albo zapytać dziki. Należało w ogóle nie szukać kaczek, tylko iść tam od razu!

— Może masz rację, ale zawsze ptaki załatwiały to najszybciej i chyba już się do tego przyzwyczaiłem — przyznał Pafnucy ze skruchą. — No dobrze, pójdę.

— Tylko zaraz wracaj! — zażądała Marianna. — Jeżeli coś było, chcę wiedzieć co!

— Pójdę z tobą — powiedział Kikuś, który też był ciekaw, co mogło przestraszyć dziki, a przy tym w towarzystwie Pafnucego prawie zupełnie przestawał się bać.

— Tylko nie zbliżaj się zanadto — powiedziała nerwowo jego matka, Klementyna. — My tu na was poczekamy.

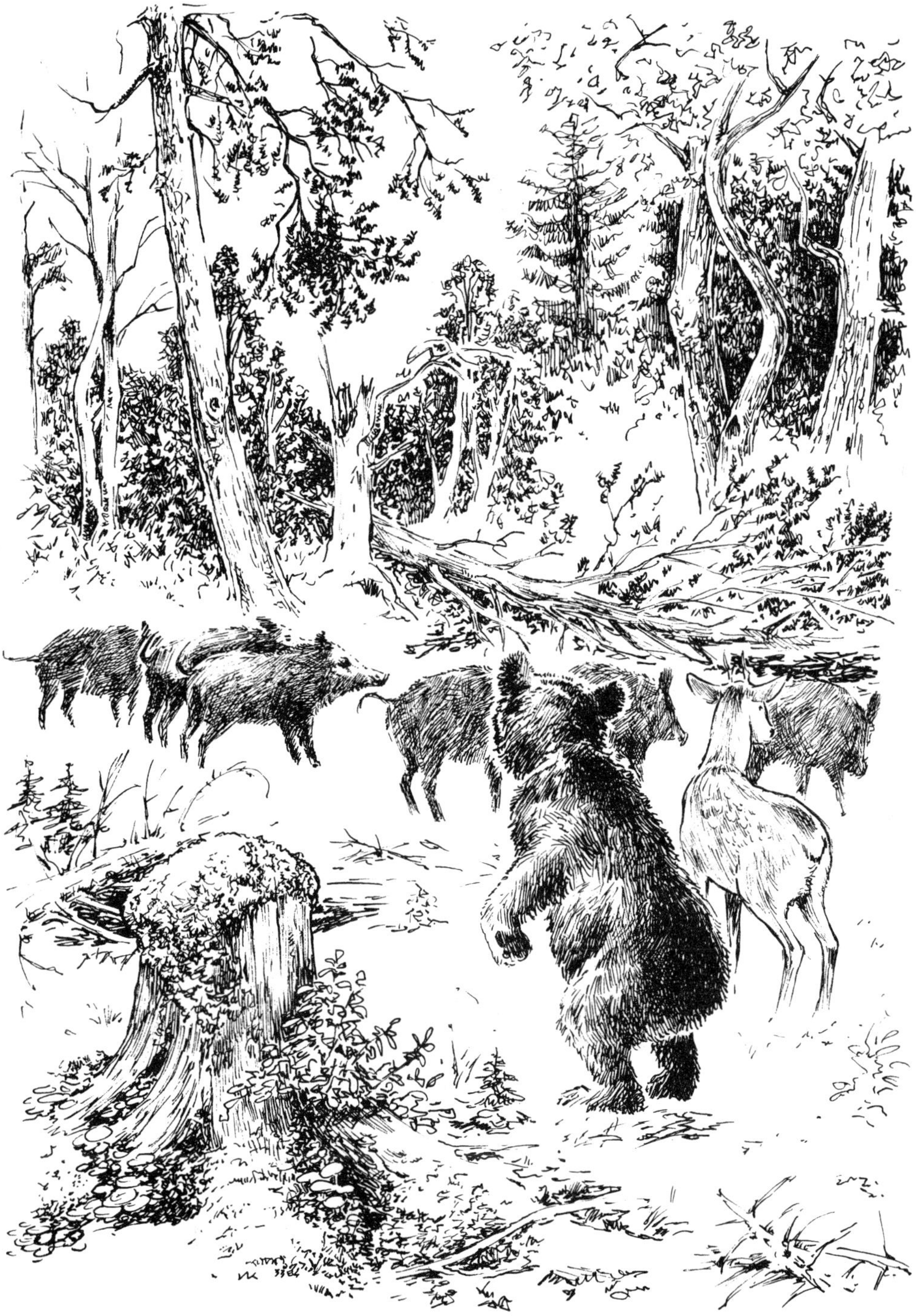

Przemaszerowali kawał lasu i w końcu spotkali stadko dzików. Natknęli się na nie znienacka i zdziwili się obaj, i Kikuś, i Pafnucy. Wszystkie dziki stały nieruchomo i patrzyły w tę samą stronę, a na samym czele stał Eudoksjusz.

— Dzień dobry — powiedział do nich Pafnucy. — Jak się macie?

— Doskonale — odparł z roztargnieniem jeden z dzików i nawet nie odwrócił głowy.

Pafnucy wszedł w sam środek stada i zbliżył się do Eudoksjusza. Kikuś na wszelki wypadek został trochę z tyłu. Śniegu już nie było, gdzieś znikł, ale deszcz padał ciągle, z gałęzi ciekły strumyczki wody, w górze zaś szumiały i trzeszczały drzewa.

— Witaj, Eudoksjuszu — powiedział uprzejmie Pafnucy. — Co się stało? Podobno coś was przestraszyło? Co tam widzicie?

— Człowiek — odparł krótko Eudoksjusz.

Pafnucy zdziwił się ogromnie. Nigdy jeszcze nie było ludzi w tej części lasu.

— Co takiego? — spytał.

— Człowiek — powtórzył Eudoksjusz.

— Jaki człowiek? — spytał ze zdumieniem Pafnucy.

— Nie wiemy — powiedział Eudoksjusz. — Tam leży.

Pafnucy dopiero teraz przestał patrzeć na Eudoksjusza i spojrzał przed siebie. Zaczął od niewłaściwej strony, więc najpierw zobaczył gęste krzaki, potem kępę jeżyn, potem gruby pień, potem wielką górę suchych gałęzi, potem potężny, olbrzymi, świeżo odłamany konar i wreszcie, pod tym konarem, kawałek człowieka. Przyjrzał się teraz porządnie i stwierdził, że człowiek rzeczywiście leży na ziemi, głowę ma zaplątaną w gałęziach, a na jego nogach spoczywa ten ogromny, gruby konar.

— Dlaczego on tam leży? — spytał z zainteresowaniem.

— Nie wiemy — odparł Eudoksjusz. — Ale węszymy, że coś jest nie w porządku.

— A kto to jest?

— Też nie wiemy.

Pafnucy wyciągnął głowę w kierunku człowieka, powęszył i również poczuł, że coś jest nie w porządku.

— Pójdę bliżej i popatrzę — zdecydował.

Ruszył ku człowiekowi, a za nim ruszyło całe stado dzików. Na końcu stada szedł ostrożnie Kikuś z wysuniętą daleko szyją, w każdej chwili gotów do ucieczki, na wszelki wypadek.

Pafnucy okrążył górę suchych gałęzi i podszedł zupełnie blisko. Przyjrzał się i rozpoznał człowieka.

— Przecież to leśniczy! — zawołał, zdumiony jeszcze bardziej.

Dziki przedarły się przez krzaki i jeżyny, prawie nie zwracając na nie uwagi, podeszły równie blisko i też rozpoznały leśniczego. Pafnucy badał sprawę. Stwierdził, że leśniczy jest bardzo mokry, leży w bezruchu i ma zamknięte oczy. Coś tajemniczego w środku powiedziało mu, że chyba jest chory. Zmartwił się i zaniepokoił, bo wszystkie zwierzęta leśniczego bardzo lubiły.

— Myślicie, że on śpi? — spytał niepewnie.

— Nie wiem — powiedział Eudoksjusz. — Nawet jeśli śpi, to nie jest z nim dobrze. Tak to czuję. Jeszcze nigdy nie spał w lesie, w dodatku w czasie deszczu. Ale to takie piękne, mokre miejsce, może jest mu przyjemnie? Nam się takie miejsca bardzo podobają.

Pafnucy nie znał wszystkich upodobań leśniczego. Nie był pewien, czy nie lubi mokrych miejsc, tak samo jak dziki. Uważał, że jest to możliwe, ale niepokoiła go woń choroby.

— Za mało wiemy o ludziach! — westchnął, zmartwiony. — Szkoda, że nie ma tu kogoś, kto ich lepiej zna. Pucka na przykład albo chociaż Remigiusza.

Nad ich głowami siedziała kuna, która przybiegła tu za Kikusiem i Pafnucym, bo też była bardzo ciekawa. Przemykała się pod gałęziami drzew tak, żeby nie bardzo zmoknąć.

— Można ich sprowadzić — powiedziała. — Jednego albo drugiego.

— Ale ptaki nie chcą latać... — zaczął Pafnucy.

— A ten to co? — przerwała kuna i machnęła łapką w stronę Kikusia.

Kikuś ciągle stał w ostatnim szeregu dzików, z wyciągniętą szyją, wpatrzony w leśniczego szeroko otwartymi oczami. Bał się podejść jeszcze bliżej, chociaż leśniczego doskonale znał i ostatniej zimy brał nawet jedzenie prosto z jego ręki. Ale teraz leśniczy wyglądał jakoś nienormalnie.

— Kikusiu — powiedział Pafnucy stanowczo. — Umiesz biegać najszybciej z nas wszystkich. Musisz popędzić po kogoś, kto zna ludzi. Po Pucka albo po Remigiusza.

Kikuś wzdrygnął się lekko.

— Och, nie wiem — powiedział niepewnie. — Pobiec mógłbym, ale oni są gdzieś blisko ludzi. Ja się boję.

— Do Remigiusza jest bliżej — zauważyła kuna z drzewa.

— Remigiusz mieszka na samym początku lasu i żadnych ludzi tam nie ma — powiedział równocześnie Eudoksjusz. — Są dopiero dalej, za drogą.

— To jest leśniczy — przypomniał Pafnucy surowo. — I chyba sam czujesz, że stało mu się coś złego. Lubisz go przecież?

— O tak, lubię — powiedział żałośnie Kikuś. — I wcale się go nie boję. Ale inni ludzie...

Eudoksjusz fuknął gniewnie.

— Mówię ci przecież, że koło Remigiusza nie ma żadnych ludzi! O tego Pucka się nie czepiam, do niego może pójść tylko Pafnucy. Albo ptaki. Ale dom Remigiusza znasz przecież doskonale!

— Ale nawet, jeśli się trochę boisz, to trudno — powiedział Pafnucy. — Musisz się poświęcić, bo leśniczy to jest jedyny porządny człowiek. Niech ten Remigiusz tu zaraz przyjdzie i powie, co to znaczy, że leśniczy śpi w lesie i pachnie nieszczęściem. Pędź, ale już!

Kikuś jeszcze przez chwilę wahał się i wzdragał. Wszystkie dziki fuknęły na niego z oburzeniem, a kuna zrzuciła mu na głowę wielką, mokrą szyszkę. Pafnucy patrzył surowo i z wyrzutem. Kikuś zatem przestał protestować, zebrał całą odwagę i pomknął w las.

Pafnucy i dziki usiedli wokół leśniczego i zaczęli cierpliwie czekać.

Kuna pomyślała, że zdąży tu wrócić wcześniej niż Kikuś, i popędziła do jeziorka Marianny. Czekały tam ogromnie zniecierpliwione osoby, Marianna, Klementyna, Matylda i dwa małe sarniątka.

— Mogę wam trochę powiedzieć — oznajmiła nagle kuna, nie schodząc z gałęzi.

Wszyscy obejrzeli się na nią, a Marianna plusnęła wodą.

— Najwyższy czas! — wykrzyknęła. — Gdzie Pafnucy? Dlaczego nie wraca? Co się tam stało?

— Na razie nikt nie wie — odparła kuna. — Ale zdaje się, że leśniczego spotkało nieszczęście.

Opowiedziała o wszystkim, co zobaczyła. Marianna słuchała z uwagą i bardzo pochwaliła pomysł sprowadzenia Remigiusza.

— Kto po niego pobiegł? — spytała.

— Kikuś — odparła kuna.

— Kikuś...?! — wykrzyknęła od razu zdenerwowana Klementyna. — Jak to...?!

— A kto miał iść? — zirytowała się kuna. — Może dziki, co? Do jutra by nie doszły, bo z pewnością po drodze znalazłyby coś do jedzenia.

— Ale to niebezpieczne...!

— Nie zawracaj głowy! — zgromiła ją Marianna. — Nic mu się nie stanie, ciągle biega po całym lesie. Nie poszedł przecież do ludzi, tylko do Remigiusza!

— Och! — powiedziała Klementyna i ze zdenerwowania zatupała kopytkami.

— Ja tam wracam — odezwała się z gałęzi kuna. — Zobaczę, co będzie dalej. Może jeszcze tu przyjdę i opowiem wam resztę.

Przewinęła się przez konar i już jej nie było.

Ledwo kuna zdążyła wrócić i usadowić się na najbliższym drzewie, kiedy pojawił się lekko zdyszany Kikuś.

— Załatwione! — zawołał dumnie. — Nie chciał przyjść, bo powiedział, że nie lubi deszczu, ale go zmusiłem! Biegnie za mną. Na całe szczęście, siedział w domu i nie trzeba go było nigdzie daleko szukać.

Remigiusz był lisem bardzo mądrym i doświadczonym. Z tego, co usłyszał od Kikusia, wywnioskował bez trudu, że leśniczego spotkała jakaś katastrofa, i chociaż niechętnie wyszedł z domu, to jednak potem nie zwlekał ani chwili. Popędził tak, jakby goniło go całe polowanie. Przybył na miejsce zaledwie w dwie minuty po Kikusiu, zahamował obok Pafnucego, aż z przemokniętego mchu trysnęła woda, i od razu wyciągnął nos, pilnie węsząc.

— O, niedobrze — powiedział z troską. — Jest chory.

— I dlatego tu śpi? — spytał Pafnucy.

Remigiusz popukał się w głowę.

— Co za brednie mówisz, Pafnucy, on wcale nie śpi. On jest nieprzytomny. Żaden człowiek nie potrafi spać w lesie w czasie deszczu!

— Naprawdę? — zdziwiły się wszystkie dziki, dla których las w czasie deszczu był miejscem zachwycającym i nie wyobrażały sobie, że można by spać gdzie indziej.

— Naprawdę — potwierdził stanowczo Remigiusz. — Gwarantuję wam.

— To co zrobić? — zatroskał się Pafnucy.

— Na co on jest chory? — spytał Eudoksjusz.

— Nie wiem jeszcze — odparł Remigiusz. — Spróbuję się zorientować.

Zbliżył się do leśniczego i zaczął go obwąchiwać kawałek po kawałku. Pafnucy zbliżył się również i wąchał za Remigiuszem. Za ich przykładem poszły dziki i wszystkie po kolei obwąchiwały leśniczego z największą dokładnością i uwagą. Przytknęli wreszcie nosy do wielkiego konara, pod którym znajdowały się jego nogi.

— Tu! — zawyrokował Remigiusz. — Tu wygląda najgorzej i tam jest jego choroba.

— Pewnie ta gałąź jest dla niego niedobra — uczynił przypuszczenie jeden z dzików i pozostałe zgodziły się z nim natychmiast.

— Gałąź... — mruknął Remigiusz z powątpiewaniem. — Czy tylko gałąź...? No, dobra nie jest z pewnością...

— To co zrobić? — powtórzył z uporem Pafnucy.

Wszyscy byli tego samego zdania co on i uważali, że coś należy zrobić. Powinni pomóc leśniczemu, bo on pomagał im wielokrotnie. Wielki konar wywierał na niego zdecydowanie szkodliwy wpływ, co do tego nikt nie miał wątpliwości, nie było jednakże wiadomo, jak na to zaradzić.

Kuna była tak samo zainteresowana sytuacją, jak pozostałe zwierzęta. Wydało się jej nagle, że siedzi za daleko i jakiś szczegół może ujść jej uwadze. Niewiele myśląc, jednym pięknym susem przeskoczyła z sąsiedniego drzewa wprost na gałąź, która znajdowała się dokładnie nad głową leśniczego. Gałąź ugięła się i gwałtowny deszcz kropel spadł na jego twarz, oblewając ją lepiej niż prysznic.

Leśniczy nagle otworzył oczy, jęknął, zamknął je i znów otworzył.

Wszyscy na wszelki wypadek odsunęli się trochę, a Kikuś odskoczył o kilka metrów. Leśniczy znów zamknął oczy, bo

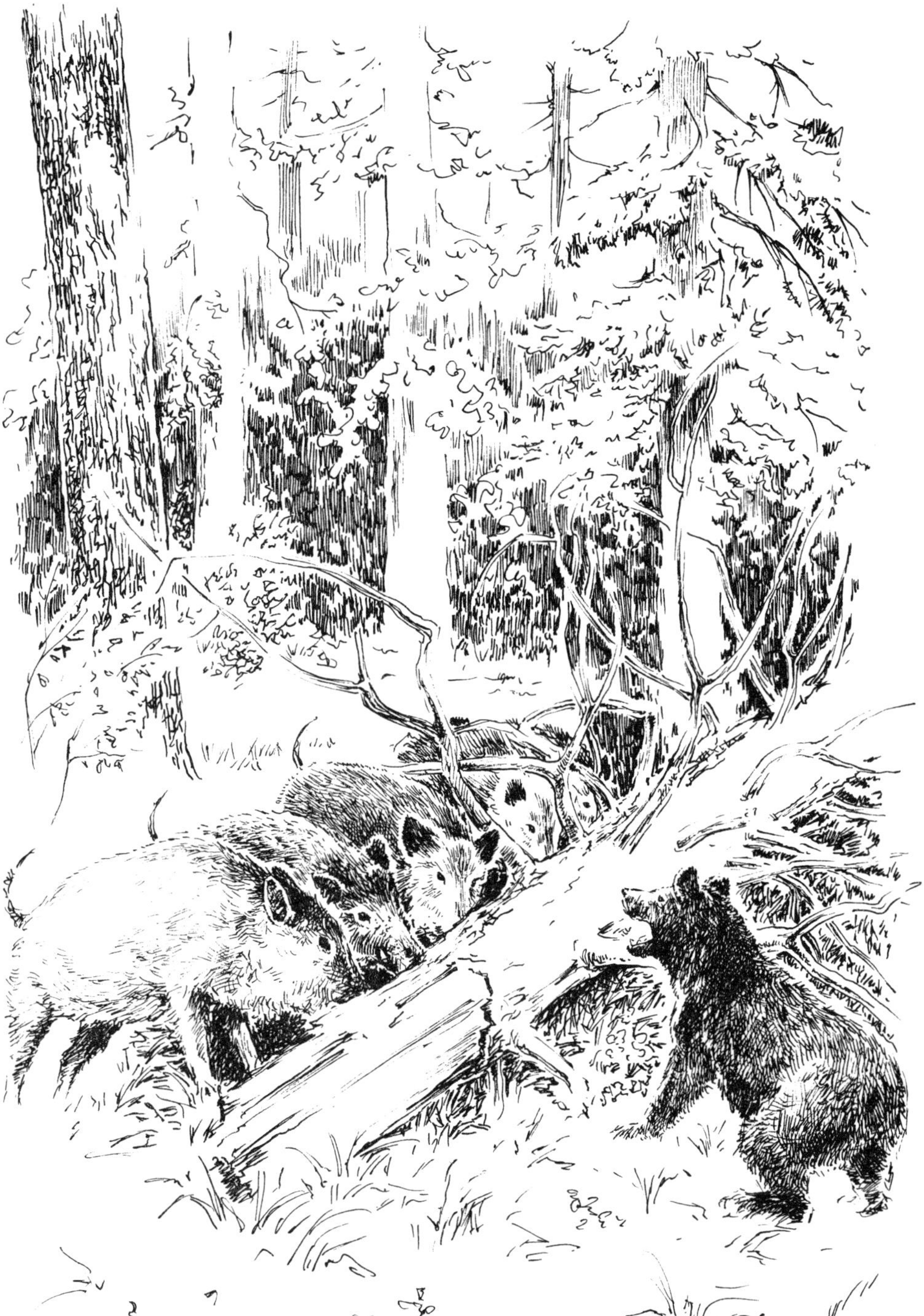

krople wody ciągle padały mu na twarz, i znów je otworzył. Błędnym wzrokiem popatrzył w górę, potem odrobinę poruszył głową, jęknął jeszcze raz, popatrzył przed siebie i utkwił spojrzenie w konarze. Patrzył przez chwilę i wyglądało to tak, jakby coś sobie przypomniał. Potem odetchnął głęboko i spróbował uczynić ruch, który wszystkie zwierzęta zrozumiały doskonale. Chciał mianowicie wydostać się spod konara.

Skutek był taki, że jęknął głośniej, opadł na mokry mech, zamknął oczy i znów stracił przytomność.

— No proszę! — powiedział z satysfakcją dzik. — A mówiłem!

Pafnucy pokiwał głową.

— On też wie, że to mu szkodzi, ta gałąź — rzekł smutnie. — Chce się jej pozbyć.

— Gdyby się jej pozbył, od razu byłby zdrowy — przyświadczył Eudoksjusz.

— Nie wiem, czy tak od razu — mruknął kąśliwie Remigiusz. — Ale pozbycie się tego z pewnością jest niezbędne.

Pafnucy miał dobre serce i było mu bardzo żal leśniczego. Koniecznie chciał uwolnić go od konara, który wyglądał zupełnie zwyczajnie, ale dla człowieka musiał być z tajemniczych powodów szkodliwy i niebezpieczny.

— Pomóżmy mu! — zaproponował. — Odsuńmy to jakoś!

Remigiusz popatrzył na niego i znów chciał się popukać w głowę, ale coś mu przyszło na myśl, więc tylko się podrapał.

Obejrzał się i policzył dziki.

— Osiem najsilniejszych! — zarządził. — Wiesz, Pafnucy, może to i niezły pomysł. Ustawcie się tu rzędem, wy tu, a ty tu, i spróbujcie popchnąć wszyscy razem!

Dziki spełniły polecenie. Ustawiły się wzdłuż pnia i wepchnęły pod spód ryje i kły. Pafnucy oparł się o pień ramieniem, po czym, na rozkaz Remigiusza, wszyscy razem popchnęli z całej siły. Konar lekko drgnął, a leśniczy jęknął.

— Niedobrze — powiedział Remigiusz. — Spróbujcie jeszcze raz.

— Zaraz — powiedział Pafnucy. — Wcale nie mogę użyć mojej siły, bo nie ma jak tego pchać. Tu jest za mało miejsca dla niedźwiedzia. Nie mam ryja i muszę pchać całym sobą.

Było to bardzo słuszne stwierdzenie, Remigiusz sam widział, że Pafnucy pod pniem się nie mieści. Wykopał zatem dół. Chciał wykopać wielki, ale okazało się to niemożliwe, bo konar miał mnóstwo przeszkadzających gałęzi, pod nim zaś znajdowały się splątane, twarde korzenie. Wykopał więc właściwie pół dołu, a zmieściło się w nim zaledwie ćwierć niedźwiedzia. Lepsze jednak było ćwierć niż nic.

Osiem dzików znów ustawiło się wzdłuż pnia, a Pafnucy ulokował się w dole. Remigiusz stał tuż za nimi.

— Raz, dwa, trzy, już! — zawołał.

Wytężyli siły, popchnęli, konar uniósł się i opadł na poprzednie miejsce. Leśniczy jęknął głośniej. Wszyscy zakłopotali się ogromnie, nie mogąc zrozumieć, dlaczego ten możliwy do uniesienia ciężar nie chce się odsunąć, tylko wraca tam, gdzie leżał. Remigiusz trochę się zdenerwował i obiegł konar dookoła, oglądając jego drugą stronę. Potem obszedł konar Pafnucy, potem kolejno wszystkie dziki. Kuna obiegła całe to miejsce nawet kilka razy.

Zwierzęta nie znały się ani na przenoszeniu ciężarów, ani na budowaniu różnych ogrodzeń, ani na fizyce, matematyce i geometrii. Nie wiedziały, że większe i mniejsze gałęzie konara opierają się szeroko o ziemię i trzeba by było unieść go bardzo wysoko, żeby przetoczyć na drugą stronę, albo też wszystkie gałęzie poobcinać. Nie miały piły ani siekiery. Leśniczego jednakże naprawdę ogromnie lubiły i uparły się, że należy mu pomóc.

Remigiusz zaczął kopać dół po drugiej stronie pnia.

— Gdyby tu był wielki dół, to wszystko wpadłoby samo — mamrotał pod nosem. — Wszyscy wiedzą, że jeśli jest dół, każda rzecz sama do niego wpada. Niech ktoś pójdzie po wilki, niech też kopią!

Ziemia po drugiej stronie konara była taka sama jak po pierwszej, pełna twardych korzeni. I tak samo przeszkadzały gałęzie. Remigiusz zasapał się, a dół nie zrobił się większy niż tamten poprzedni. Dziki i Pafnucy próbowali mu pomóc. Dziki z wysiłkiem wyryły jeden korzeń, a Pafnucy łapami wyrwał drugi, ale było to tyle co nic.

— Wy chyba macie źle w głowie — powiedziała kuna z gałęzi. — Do niczego taka robota, przez miesiąc go nie uwolnicie. On umrze z głodu.

— Krytykować każdy potrafi — rozzłościł się Remigiusz. — Lepiej byś coś wymyśliła, bo już rąk i nóg nie czuję. Zamiast ogona mam fontannę!

Kuna doznała nagle czegoś w rodzaju olśnienia.

— Ogona! — krzyknęła. — Tym mi przypomniałeś! Jest tylko jeden rodzaj zwierząt, które dają sobie radę z takimi kawałami drewna! Bobry!

— Bobry! — zawołali wszyscy z wielką nadzieją.

Bobry również mieszkały w tym lesie, ale bardzo daleko, jeszcze dalej niż wilki. Tylko ptaki mogłyby dotrzeć do nich szybko, ale deszcz ciągle padał i ptaki siedziały pochowane. Pozostał Kikuś, doskonały do biegania.

Pafnucy nie zdążył do niego ust otworzyć, bo zaszeleściły krzaki, zatupały kopytka i obok nich pojawiła się Klementyna.

Marianna, Klementyna i Matylda wciąż czekały nad jeziorkiem na jakieś wiadomości, ale kuna zupełnie o nich zapomniała. Marianna irytowała się i niecierpliwiła, ale znacznie bardziej od niej zdenerwowana była Klementyna. Kikuś, już wprawdzie dorastający, był jednak jej dzieckiem i obawiała się o niego wręcz do szaleństwa. Uspokajanie nic nie pomagało.

— Nie wytrzymam tego dłużej — powiedziała w końcu ze łzami w oczach i zwróciła się do Matyldy: — Proszę cię, popilnuj przez chwilę Perełki, ja skoczę i zobaczę, co się tam dzieje. Ona jest grzeczna.

— Uważam, że przesadzasz — powiedziała Matylda. — Ale oczywiście Perełki chętnie popilnuję, ona się ślicznie bawi z moim Bobikiem. Kikusiowi nic się nie stało i niepotrzebnie się tak denerwujesz.

— Jednak pójdę — powiedziała Klementyna. — Inaczej oszaleję z niepokoju.

Marianna nie wtrącała się, ponieważ pożerała ją ciekawość. Miała nadzieję, że Klementyna wkrótce wróci i wszystko opowie. Prawie była gotowa zachęcać ją do obaw.

Klementyna skoczyła w las i w ciągu kilku minut dotarła do leśniczego, konara, Pafnucego, stada dzików i Kikusia. Na widok Kikusia całego, zdrowego i w doskonałym stanie, chociaż mokrego kompletnie, od razu odzyskała spokój.

— Co wy tu... — zaczęła.

— Klementyna! — wykrzyknął uradowany Pafnucy. — Jak to dobrze, że jesteś! Słuchaj, koniecznie trzeba popędzić do bobrów!

— Ależ to strasznie daleko! — powiedziała zaskoczona Klementyna.

— No właśnie, daleko. Na ptaki nie można liczyć. A leśniczy umrze z głodu i z jakiejś tajemniczej choroby, jeżeli nie odsunie się od niego tego pnia. Nie możemy sobie z tym dać rady. Tylko bobry!

— Bobry potrafią to świństwo pogryźć na kawałki — przyświadczył Remigiusz. — Próbowałem podkopać, nie daję rady. Rozumiesz, za długo by to trwało.

Klementyna zbliżyła się do leśniczego i powąchała go.

— Och, on jest chory! — powiedziała niespokojnie.

— No, to przecież cały czas ci o tym mówimy! — zirytował się Remigiusz, którego mokry ogon denerwował okropnie. — Wiem, co Pafnucy ma na myśli, do tych bobrów mógłby polecieć Kikuś, ale lepsza jest dorosła osoba. Trzeba je namówić, żeby tu przyszły. Mogą nie chcieć. Mogą Kikusia nie potraktować poważnie...

— No wiesz — obraził się Kikuś.

— Twoja matka z pewnością lepiej da sobie z nimi radę — łagodził Pafnucy. — Klementyno, sama rozumiesz. Jeśli to będzie dłużej trwało, leśniczy umrze z głodu.

— Także z zimna — zauważyła z góry kuna. — Widziałam, że się trzęsie.

— Z zimna? — zdziwił się Pafnucy.

Remigiusz aż prychnął z irytacji.

— No pewnie, że z zimna! Gdybyś nie miał swojego futra, wiedziałbyś, co to jest zimno! Ludzie bardzo źle znoszą zimno, wiem na pewno. Klementyna, no...!

Klementyna nie wahała się ani chwili. Leśniczego bardzo kochała, wiedziała doskonale, że przez całą zimę tylko dzięki niemu wszystkie zwierzęta miały dosyć jedzenia. Zrozumiała też od razu, że koniecznie trzeba go ratować. Nie powiedziała już nic, tylko odwróciła się i jak błyskawica pomknęła przez las.

Pafnucy przez chwilę gapił się na Remigiusza.

— Z zimna? — powiedział jeszcze raz, zakłopotany. — I nie ma futra? Rzeczywiście...

Też nie mówił już nic więcej, tylko przelazł przez krzaki na drugą stronę konara, podszedł do leśniczego i ułożył się tuż przy nim. Grube, niedźwiedzie futro, wprawdzie mokre, ale bardzo ciepłe, szczelnie przylgnęło do zmarzniętego człowieka.

Kuna przyjrzała się temu z gałęzi.

— Jedną stronę mu ogrzejesz — wygłosiła opinię. — Ale z drugiej będzie mu zimno tak samo, jak było. Ktoś jednak powinien skoczyć po wilki, bo drugiego niedźwiedzia w tym lesie nie ma.

Ciągle jeszcze nieco obrażony, Kikuś uniósł się honorem, nie odezwał się wcale, tylko parsknął gniewnie i w sekundę potem już go nie było.

Kuna na drzewie ciągle wynajdywała trudności, ponieważ bardzo jej się to spodobało.

— Nie wiem, jak długo ludzie wytrzymują bez jedzenia — powiedziała złowieszczo. — Nie wiem, czy ten leśniczy do jutra nie umrze z głodu. Wilki biegną szybko, więc przylecą przed wieczorem, ale bobry będą lazły jak pokraki...

— Uspokój się z tymi przepowiedniami, bo się niedobrze robi! — przerwał jej rozzłoszczony Remigiusz. — Bobry mogą przyjść wodą! Mieszkają przecież na końcu tej samej rzeczki, która robi jeziorko Marianny. Mogą przepłynąć błyskawicznie!

— Nie wcześniej niż rano — odparła z uporem kuna. — A skąd wiesz, czy on wytrzyma do rana?

— W takim razie przynieś mu coś do jedzenia! — rozgniewał się do reszty Remigiusz.

— Ja? — zdziwiła się kuna. — To już prędzej ty! Ciągle masz do czynienia z jakimiś ludzkimi rzeczami.

Remigiusz chciał na nią warknąć, ale przyszło mu do głowy, że ona ma rację.

Charakter miał wprawdzie złośliwy, ale rozumu dużo i samego siebie nie zamierzał oszukiwać. W żadnym wypadku nie powiedziałby tego na głos, w głębi duszy jednak przyznał, że istotnie nikt lepiej od niego nie umiałby postarać się o posiłek dla leśniczego. Mógł na przykład ukraść z kurnika jajko...

Machnął ogonem i zniknął w lesie, kierując się w stronę swojego domu.

Dziki słuchały tej całej rozmowy i czuły się coraz bardziej zatroskane. Dla nich jedzenie było sprawą niezmiernie ważną i poważnie zaczęły się martwić, że kuna odgadła dobrze i leśniczy umrze z głodu.

— O tej porze roku jedzenia jest już bardzo dużo — powiedział niepewnie Eudoksjusz. — Jak myślisz, czy on by nie miał ochoty na taką dużą, zdechłą mysz?

— Mam tutaj korzeń — powiedział zachęcająco dzik, imieniem Barnaba. — Zobacz, jest doskonały. Miękki, prosto z błota. Może mu to dać?

— Można mu przynieść rybę — odezwał się Pafnucy. — Marianna złowi. Co o tym myślisz?

Kuna zakłopotała się nieco. W gruncie rzeczy nie miała pojęcia, co jedzą ludzie i jak długo mogą żyć bez jedzenia. Wymyśliła to wszystko tylko tak sobie, trochę dla zabawy, a trochę dlatego, że naprawdę martwiła się o leśniczego i chciała wszystkich skłonić do działania. Teraz nie wiedziała, co zrobić. Wszyscy pytali ją o zdanie i czułaby się skompromitowana, gdyby nie umiała im odpowiedzieć.

— Najlepiej dać mu wszystko, a on sobie wybierze to, co mu najbardziej smakuje — zaproponowała pośpiesznie.

Z dziupli w sąsiednim drzewie odezwała się nagle wiewiórka.

— Wiem na pewno, że ludzie jedzą orzechy — powiedziała. — Jeżeli nie zrobisz mi nic złego, wyjdę i dam mu orzech. Widzę, że tego lisa nie ma, więc mogłabym zaryzykować, ale ciebie też się boję.

— Och, niepotrzebnie — powiedziała kuna. — Sytuacja jest wyjątkowa. Teraz chodzi o leśniczego i tylko nim jesteśmy zajęci. Możesz spokojnie wyjść z tym orzechem, ja się nie ruszę.

— Niech ktoś pójdzie do Marianny po rybę — poprosił Pafnucy. — Ja nie mogę, bo muszę ogrzewać leśniczego.

Kuna przypomniała sobie nagle, że miała Mariannie zanieść wiadomość. Miała już mnóstwo do opowiadania, a przy okazji mogła spełnić prośbę Pafnucego. Obejrzała się na wiewiórkę.

— Możesz robić, co chcesz, bo ja stąd idę. Niedługo wrócę.

Odwróciła się na gałęzi i znikła.

Kikuś dotarł do wilków znacznie wcześniej niż Klementyna do bobrów. Całą drogę przebył w wielkim pędzie, w okolicy ich domu jednakże mocno zwolnił, przez chwilę biegł powoli, a potem się zatrzymał. Czuł, że wilki są już blisko i cała jego odwaga nagle gdzieś znikła. Uświadomił sobie, co robi, i z przestrachu aż zaszczękał zębami.

— Hej! — zawołał trochę zachrypniętym głosem. — Wilki! Gdzie jesteście?

Wilki przeciągały się właśnie i ziewały, i wcale nie zamierzały wychodzić z domu. Szmer deszczu zagłuszał słabe wołanie Kikusia, wydało im się jednakże, że coś słyszą. Nadstawiły uszu.

Kikuś uczynił kilka bardzo niepewnych kroków i znów się zatrzymał.

— Hej, wilki! — powtórzył żałośnie. — Gdzie jesteście? Bardzo ważna sprawa!

Pierwsze wyskoczyły z domu wilczęta, za nimi wilk i wilczyca. Przebiegły kawałek w kierunku głosu i na widok Kikusia zdumiały się tak śmiertelnie, że aż znieruchomiały.

Kikuś znieruchomiał również. Ze strachu zbaraniał do tego stopnia, że zapomniał, iż mógłby uciec. Chciał szybko powiedzieć, o co chodzi, ale żaden dźwięk nie wychodził mu z gardła. Stał i w okropnym przerażeniu wpatrywał się w wilki.

— Musiało się stać coś potwornego, skoro on tu przyszedł — powiedziała wilczyca. — To Kikuś, znamy go. O co chodzi? Las się pali czy przyszli ludzie?

Kikuś chciał odpowiedzieć, że las się nie pali i że owszem, idzie o ludzi, ale tylko w postaci jednego człowieka, leśniczego, z mówieniem jednakże ciągle miał kłopoty.

— La, la... — powiedział. — Lu... le... lu, lu...

— Lu, lu — zgodził się wilk. — No owszem, przyznaję, leje nieźle. Chcesz rozmawiać o pogodzie?

Kikuś w rozpaczy chciał powiedzieć cokolwiek o Pafnucym. Pafnucy się nie bał, w towarzystwie Pafnucego on też prawie się nie bał, Pafnucy tam leżał przy leśniczym, Pafnucego wszyscy lubili...

— Paf, Paf, Paf... — wyszczękał. — Paf... nu... Paf... Paf...

— Albo chce nam powiedzieć, że gdzieś strzelają, albo ma na myśli Pafnucego — odgadła wilczyca. — Mówisz o Pafnucym?

Kikuś kiwnął głową tak gwałtownie, że o mało się nie przewrócił. Nagle przypomniał sobie, że może uciec, ale równocześnie zrozumiał, że nie ma prawa uciekać, dopóki się z tymi wilkami nie porozumie. Uczynił szalony wysiłek.

— Pafnu...cy leży... — wyjąkał. — Wy też... O Boże, jak ja się was boję!

— Głupi jesteś, znajomych się nie jada — powiedziała wilczyca z urazą. — Przestań się tu trząść i mów wyraźnie. Jesteśmy potrzebni?

Kikuś znów z rozmachem kiwnął głową.

— Gdzie? — warknął wilk.

— Za... za... — odparł Kikuś. — Za...

Więcej wytrzymać nie był zdolny. Zawrócił w miejscu i runął w las.

Wilki były święcie przekonane, że kazał im biec za sobą, a w dodatku sprawa musiała być wyjątkowo poważna, skoro Kikuś się do nich zbliżył. Zrozumiały, że Pafnucy gdzieś leży, i zaniepokoiły się bardzo, że spotkało go może coś złego. Coś mu się stało. Z największą szybkością popędziły za Kikusiem.

Kikuś właściwie wiedział, że biegną, ponieważ zostały wezwane, ale nie mógł pozbyć się wrażenia, że go gonią. Uciekał zatem, wytężając wszystkie siły. Wilki pędziły jak szalone, żeby nie stracić go z oczu, i w ten sposób przebyli całą drogę w tempie, którego kuna z pewnością nie mogła przewidzieć. Ledwo zdołali zahamować obok konara i leśniczego.

— O, jesteście! — zawołał z ulgą Pafnucy. — Jak to dobrze, bo cały czas się martwię, że z drugiej strony jest mu zimno!

— Uwaga! — ostrzegł Remigiusz, który troskliwie ułożył obok głowy leśniczego ukradzione z kurnika jajko. — Niech mi tu tego nikt nie rozdepcze! Nie po to się staram, żebyście rozmazywali po ziemi!

Wiewiórka pisnęła cienko, zostawiła wyłuskany orzeszek na brzuchu leśniczego i jednym skokiem znalazła się pod swoją dziuplą. Równocześnie pojawiła się w trawie kuna, ciągnąca zębami za ogon dużą rybę. Dziki z wielką gorliwością ryły dookoła i popychały ryjami jakieś rzeczy w stronę leżącego konara.

Wilki osłupiały kompletnie.

— Pafnucy, co się stało? — spytała z niepokojem wilczyca. — Dlaczego tam leżysz? Chory jesteś? Co to za człowiek? Czy ktoś go zagryzł?

— Przecież to leśniczy! — zawołał wilk, który podszedł bliżej.

Nadbiegły zdyszane wilczęta i wszystkie poprzewracały się na wykopanym przez Remigiusza dole. Kuna wypuściła z zębów rybę i skoczyła na drzewo.

— Leśniczego spotkało nieszczęście, widzicie przecież — powiedziała.

— To nie ja jestem chory... — zaczął równocześnie Pafnucy.

— Ten człowiek marznie! — zawołał Remigiusz. — Trzeba go ogrzewać!

— Czy nie wiecie przypadkiem, co jedzą ludzie? — spytały dziki.

Wszyscy mówili razem i przez długą chwilę wilki nic nie mogły zrozumieć. Ze zdumieniem patrzyły na kunę, która nie lubiła ryb i nigdy ich nie jadła. Z niepokojem obejrzały Pafnucego, wciąż nie wiedząc, dlaczego leży, i wciąż niepewne, czy się przypadkiem nie rozchorował. Pafnucy musiał w końcu wstać i pokazać, że jest w doskonałym stanie.

Po długich wysiłkach wyjaśniono im wreszcie trudną sytuację, a Pafnucy znów położył się obok leśniczego, starając się nie spoglądać na rybę.

— Głodny jestem strasznie, ale zostanę tutaj — rzekł mężnie. — Ale sami widzicie, ile kłopotów.

— Rozumiem — powiedziała wilczyca. — Rzeczywiście, poza tobą, tylko my mamy porządne futro. No owszem, jeszcze Remigiusz, ale on jest mniejszy i tylko jeden. Dobrze, pogrzejemy go trochę. Potem się zmienimy z naszymi dziećmi, one zostaną z leśniczym, a my załatwimy sobie coś na kolację.

Dwa wilki ułożyły się przy drugim boku leśniczego. Pafnucy poczuł wielką ulgę. Teraz już naprawdę leśniczemu nie mogło być zimno...

Bobry zajmowały się spokojnie swoimi sprawami, poprawiając tamę na rzece, kiedy spośród drzew wyskoczyła mocno zdyszana Klementyna. Pędziła tu z największą szybkością, na jaką mogła się zdobyć. Zatrzymała się na brzegu jeziorka, a bobry przerwały pracę i popatrzyły na nią z wielką uwagą. Jeśli ktoś wypada z lasu z taką szybkością, może to oznaczać niebezpieczeństwo. Klementyna wiedziała, że bobry mogą się zaniepokoić, postarała się więc czym prędzej wyjaśnić sprawę.

— Przepraszam, że odwiedzam was tak gwałtownie — powiedziała. — Ale jest coś bardzo pilnego i ważnego.

— Niebezpieczeństwa nie ma? — upewnił się naczelnik bobrów.

— Nie — odparła Klementyna. — O żadnym niebezpieczeństwie nic nie wiem. Ale przytrafiło się nieszczęście leśniczemu.

— Opowiedz wszystko spokojnie — powiedział bóbr. — Tylko przedtem powiedz, która ty jesteś. Wiem, że masz siostrę i obie jesteście do siebie takie podobne, że nie mogę was rozróżnić. Jedna z was nazywa się Matylda, a druga Klementyna.

— Ja jestem Klementyna — powiedziała Klementyna. — Powiem krótko. Leśniczy leży w lesie, a na nim leży wielki kawał drzewa. Leśniczy nie może z siebie tego kawała drzewa zepchnąć i nikt nie umie mu pomóc. Próbowały już dziki i Pafnucy i nic im się nie udało zrobić. Remigiusz twierdzi, że tylko wy możecie to załatwić, bo potraficie pogryźć to drzewo na kawałki. Sprawa jest pilna, bo leśniczy jest bardzo chory, a to drzewo mu szkodzi.

— Jak może komuś szkodzić drzewo? — zdziwił się młodszy bóbr.

— Ludzie są dziwni — odparł naczelnik bobrów. — Szkodzą im różne pożyteczne rzeczy. Trzeba to zrozumieć.

— Czy będziecie mogły pójść ze mną i uwolnić leśniczego? — spytała Klementyna.

Bobry znały leśniczego trochę słabiej, ale słyszały, że jest on porządnym człowiekiem. Nie miały wielkiej chęci odrywać się od swojej roboty, uważały jednak, że powinny pomóc.

— Gdzie to jest? — spytał naczelnik bobrów.

— Niezbyt blisko — powiedziała uczciwie Klementyna. — Mniej więcej tam, gdzie jest jeziorko w środku tamtego drugiego lasu, tylko trochę w bok.

— Potwornie daleko! — skrzywił się naczelnik bobrów.

— Tak — zgodziła się Klementyna. — Bardzo mi przykro. Ale bez waszej pomocy leśniczy umrze. I w dodatku trzeba się pośpieszyć.

Bóbr przez chwilę rozważał sprawę.

— Czy nie można by poczekać z tym do przyszłego tygodnia? — spytał. — Po skończeniu tamy będziemy mieli chwilę wolnego czasu.

— Nie — powiedziała stanowczo Klementyna. — On nie może tak leżeć do przyszłego tygodnia. Pogoda jest nieodpowiednia.

Bobry, które słuchały całej rozmowy, zdziwiły się ogromnie. Pogoda wydawała im się przepiękna i do głowy by im nie przyszło, że komuś może się nie podobać. Przypomniały sobie, że ludzie mają różne dziwaczne właściwości, i prychnęły nosami w wodzie z wyraźną naganą.

Ich naczelnik westchnął ciężko.

— No cóż, jak trzeba, to trzeba — powiedział. — Dam ci kilku pomocników, powiedzmy sześciu. Czy nie można się tam dostać wodą?

Klementyna ucieszyła się szalenie, bo myślała najwyżej o dwóch. Sześć bobrów mogło przegryźć wielki konar prawie w jednej chwili.

— Ależ tak, można — powiedziała z ożywieniem. — Możecie tą rzeką dostać się aż do jeziorka Marianny. Będę tam czekała i zaprowadzę was dalej.

W dwie minuty później sześć bobrów wyruszyło wodą, a Klementyna lądem, wolniej już i spokojniej. Wiedziała, że zdąży do jeziorka Marianny przed nimi.

Powoli zbliżał się wieczór. Straszliwie zniecierpliwiona Marianna wskakiwała do wody i wyskakiwała z niej, nie mogąc się doczekać kolejnych wiadomości. Jako ostatnia była u niej kuna, która poprosiła o rybę i opowiedziała o kłopotach z konarem, o pożywieniu dla leśniczego, o wyprawie Klementyny po bobry i o wyprawie Kikusia po wilki. Mariannę zdumiała tym bez granic, a Matyldę zdenerwowała szaleńczo. Kikuś był jej siostrzeńcem. Kuna oddaliła się z rybą, a Matylda już zupełnie nie mogła ustać na miejscu, tak była wyprowadzona z równowagi. Tupała wszystkimi kopytkami i biegała po brzegu. Czekała na powrót Klementyny, niezdecydowana, cały czas wahając się, czy powiedzieć jej o wyprawie Kikusia, czy też ukryć przed nią to straszne wydarzenie.

Na szczęście Kikuś po przyprowadzeniu wilków był tak dumny z siebie, że musiał się pochwalić. Zostawił całe towarzystwo koło konara i popędził nad jeziorko. Pojawił się akurat w chwili, kiedy i Marianna, i Matylda prawie dostawały szału.

— Wreszcie!!! — wrzasnęła Marianna. — Co wy tam robicie tyle czasu, gdzie Pafnucy?!

— Kikusiu, jesteś! Żywy! — krzyknęła Matylda. — Boże, co za ulga! Czy nic ci się nie stało? Kuna mówiła, że poszedłeś do wilków!

— Poszedłem — przyświadczył Kikuś dumnie i z przejęciem. — Przyprowadziłem je do leśniczego. Już się położyły, żeby go ogrzewać.

— A Pafnucy? — krzyknęła Marianna.

— Pafnucy leży z drugiej strony — odparł Kikuś.

Uszczęśliwiona jego widokiem, Matylda jeszcze nie mogła się uspokoić. Wypytywała go i wypytywała, i każdy szczegół kazała sobie powtarzać pięć razy. Kikuś zaczął już mieć trochę dosyć tych wilków i swojej wyprawy, kiedy wróciła Klementyna, zaledwie odrobinę zmęczona.

— Zaraz tu przypłyną bobry — powiedziała.

— Słuchaj, Kikuś był u wilków! — krzyknęła Matylda.

— Bobry! — ucieszyła się Marianna. — Nareszcie jacyś goście!

— Co...?! — krzyknęła z przerażeniem Klementyna.

— Bobry, sama mówisz...

— Nie, nie bobry, Kikuś...!

— Trzeba było sprowadzić wilki! — zawołała Matylda. — I Kikuś po nie poszedł!

— Boże...! — krzyknęła Klementyna. — Kikusiu...!

Kikuś wyraźnie poczuł, że więcej do wilków nie pójdzie.

— No przecież mnie widzisz — powiedział niecierpliwie. — Jestem tutaj i nic mi się nie stało! I w ogóle mam wrażenie, że wilki zachowały się przyzwoicie. Przekonałem je, że powinny.

— I przestałeś się ich bać? — zainteresowała się Marianna.

Kikuś aż się otrząsnął.

— No coś ty! Boję się ich w dalszym ciągu. Ale to tym bardziej!

Matylda i Klementyna uspokoiły się w końcu i przyznały, że Kikuś ma ogromną zasługę. Marianna była tego samego zdania. Rozmowę o wilkach, zasługach i odwadze przerwało dopiero przybycie bobrów.

Przepowiednie kuny nie sprawdziły się, bobry zdążyły przed wieczorem. Zaczynało się już jednakże zmierzchać, więc był to najwyższy czas. Klementyna przyprowadziła je na miejsce, gdzie wszyscy czekali z coraz większym zniecierpliwieniem i niepokojem.

Bobry obejrzały konar i od razu wiedziały, co należy z nim zrobić. Cztery zajęły się wielką ilością gałęzi do usunięcia, a dwa przystąpiły do przegryzania najgrubszej części. Skończyły całą pracę, zanim zapadła ciemność.

— Dziękujemy wam bardzo — powiedział Pafnucy z wdzięcznością. — To był jedyny ratunek i jak wspaniale to robicie!

— Drobnostka. Przegryzanie drzewa to jest dla nas przyjemność — odparły bobry i od razu wyruszyły w drogę powrotną, bo bardzo nie lubiły spać poza domem.

— No, to teraz do roboty! — zawołał Remigiusz. — Za chwilę będzie zupełnie ciemno. Gdzie dziki? Eudoksjusz!

— Już jesteśmy — powiedział Eudoksjusz. — Zjedliśmy trochę, żeby nabrać siły.

Pafnucy westchnął ciężko, bo na razie o jedzeniu nie miał co marzyć. Ledwo zdążył przekąsić kilka niewielkich pędów i korzeni, co mu tylko zaostrzyło apetyt. Czym prędzej przystąpił do usuwania konara, a leśniczego przez ten czas ogrzewała cała rodzina wilków. Z jednej strony wilk i wilczyca, a z drugiej trzy wilczęta.

Pogryziony na kawałki konar nie przedstawiał żadnych trudności. Pafnucy popchnął łapami jeden kawałek i kawałek z łatwością odtoczył się aż za dół Remigiusza. Dziki podważyły ryjami pozostałe kawałki i leśniczy był wolny.

Leżał tu już tak długo i tak nieruchomo, że zaczęto go prawie uważać za część lasu, a nie za człowieka. Nikt się nie bał i wszyscy po kolei obwąchali go z wielką uwagą.

— Oczywiście — stwierdził Remigiusz. — Źródło choroby znajdowało się pod tą okropną gałęzią, w nogach. Nawet mam wrażenie, że tylko w jednej nodze. Powinno mu się zacząć poprawiać. Pozwólcie, że teraz skoczę do domu, a jutro przyjdę tu wcześnie rano.

— Jedzenie ma — powiedziały dziki z przekonaniem. — Też tu wrócimy jutro rano.

— Co za ulga! — powiedziała Klementyna. — Kikusiu, chodź, zanocujemy koło Marianny...

Deszcz w nocy przestał padać, o świtaniu trochę rozeszły się chmury i rozwidniać zaczęło się wcześnie.

Ciężko chory leśniczy odzyskał przytomność. Jakaś ostatnia kropla wody spadła mu na czoło i otrzeźwiła go prawie zupełnie. Otworzył oczy.

Przez długą chwilę przypominał sobie, gdzie jest i co się stało. Niewątpliwie znajdował się w lesie. Było mu bardzo mo-

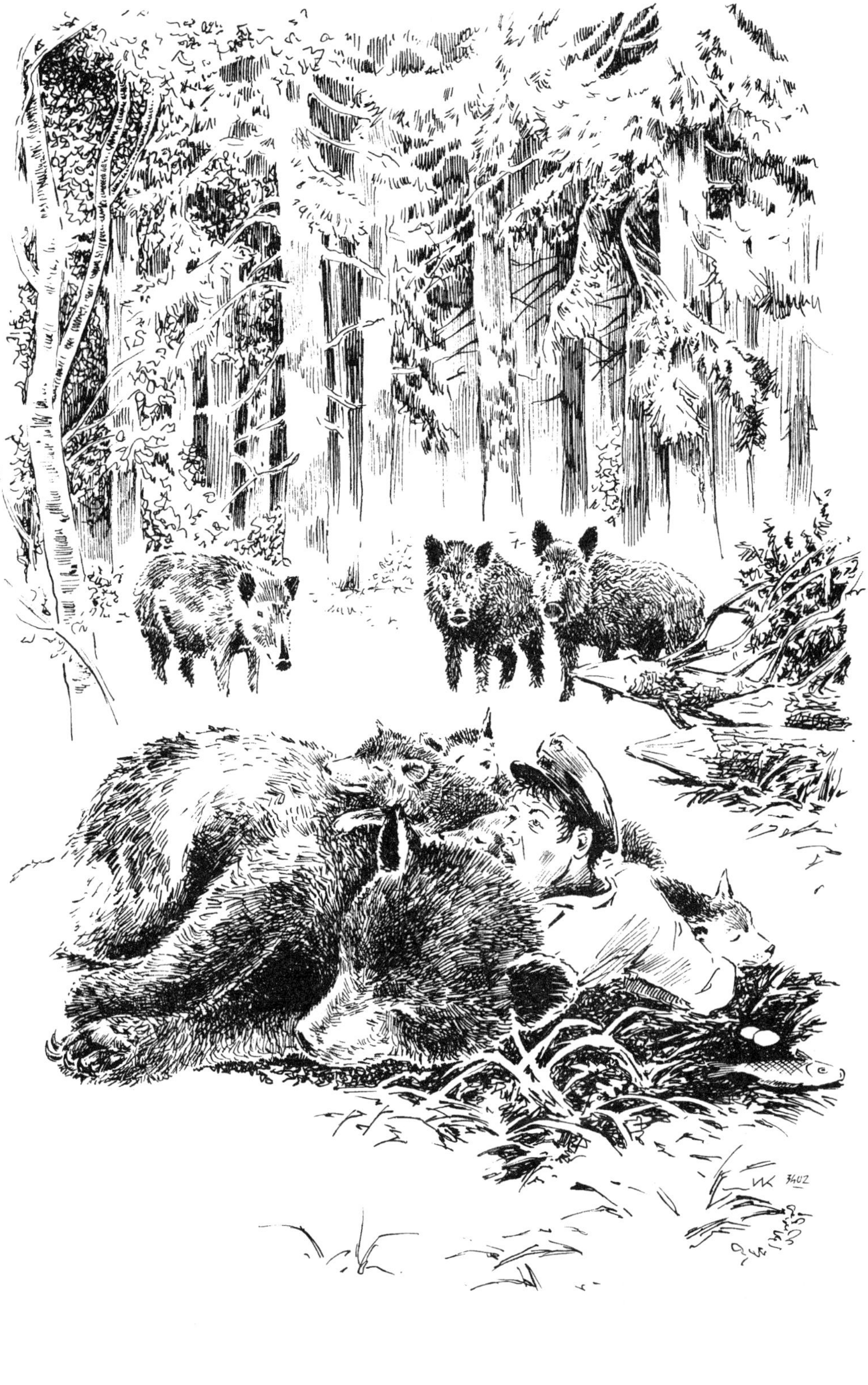

kro, a równocześnie gorąco, i trochę czuł się tak, jakby leżał w ubraniu w wannie z ciepłą wodą. Poruszył głową i popatrzył na boki.

Pomyślał, że chyba musi mieć gorączkę, bo zwidują mu się dziwaczne majaki. Pamiętał doskonale, że w czasie wichury odłamał się i runął na niego wielki konar, że widział ten konar i chciał odskoczyć, ale wpadł nogą w jakiś dół, upadł, a konar spadł na niego. Coś bardzo silnie uderzyło go w głowę i stracił przytomność. Wydawało mu się, że po pewnym czasie tę przytomność odzyskał, spróbował wyciągnąć nogi spod konara, nie zdołał i znów zemdlał. Przypomniał sobie, że jedna noga wydawała mu się złamana. Nie wiedział, jak długo już tak leży, ale z całą pewnością popadł w malignę, bo to, co widzi, jest przecież niemożliwe.

Jedną rękę miał przygniecioną jakimś ciężarem i z jednego boku wyraźnie widział ciemne futro, które rozpoznał jako niedźwiedzie. Futro leżało trochę na nim i grzało jak piec. Z drugiej strony najpierw poczuł, a potem zobaczył młode wilki, które spały tak ze sobą skłębione, że nie mógł się doliczyć, ile ich jest. Również grzały bardzo porządnie. Tuż obok twarzy ujrzał leżące na mchu dwa kurze jajka i te jajka wprawiły go w kompletne osłupienie.

Uniósł odrobinę głowę i popatrzył na swoje nogi. Jedna była chyba w porządku, ale druga wydawała się złamana. Nagle przestał rozumieć, co widzi, bo uświadomił sobie, że w ogóle nie powinien oglądać własnych nóg. Były przecież ukryte pod konarem i powinny być ukryte nadal, wykluczone jest bowiem, żeby konar sam się odsunął i gdzieś poszedł. Nawet gdyby zepchnął go z siebie w stanie zamroczenia, powinien leżeć tuż obok. Tymczasem konara nie było, leżała za to duża, świeża ryba, trzy wielkie grube kawały drewna i mnóstwo gałęzi. Wszystkie były jakoś dziwnie zatemperowane, w porządny, równy szpic.

Leśniczy przestraszył się, że chyba oszalał, rozpoznał bowiem ślad bobrów. W ten sposób pogryźć drewno mogą tylko bobry, a skąd wzięłyby się bobry tutaj, w samym środku lasu, w dużej odległości od jakiejkolwiek wody? Jest to po prostu niemożliwe, więc chyba mu się przywiduje albo śni.

Po następnej chwili rozejrzał się dookoła ponad tymi futrami, wilczym i niedźwiedzim, i zrobiło mu się jeszcze goręcej niż było do tej pory. Wokół niego stało duże stado dzików i wszystkie wpatrywały się w niego z wyraźnym zainteresowaniem.

Leśniczy był tak otumaniony tymi wszystkimi widokami, że chwilami przestawał sobie zdawać sprawę z rzeczywistości. Nagle poczuł na brzuchu jakiś niewielki ciężar, spojrzał i ujrzał wiewiórkę. Wiewiórka trzymała w łapkach obgryziony z łupinki laskowy orzech i również wpatrywała się w niego. Leśniczy chciał sam do siebie coś powiedzieć, cokolwiek, tylko po to, żeby usłyszeć własny głos i przekonać się, czy jeszcze potrafi w ogóle mówić. Otworzył usta. W tym momencie wiewiórka błyskawicznym ruchem wepchnęła mu do tych otwartych ust orzeszek i w mgnieniu oka szurnęła na drzewo.

Leśniczy najpierw zamarł, potem odruchowo zgryzł orzeszek, poczuł, że ma strasznie sucho w gardle, i pomyślał, że śni mu się jakiś zupełnie niezwykły sen. Dziki dookoła poruszyły się nagle i zbliżyły do niego.

Dziki znalazły się tu najwcześniej. Nie było jeszcze ani Klementyny, ani Kikusia, ani Remigiusza, ani dwóch dorosłych wilków, ani kuny. Wilczęta spały głębokim snem po jednej stronie leśniczego, po drugiej zaś równie błogo spał Pafnucy. Dziki nie miały się z kim porozumieć i nie wiedziały, co zrobić. Orientowały się, że leśniczy otworzył oczy i poruszył głową, a zatem przestał być nieprzytomny. Z całą pewnością wracał do zdrowia i uważały, że teraz najpilniejszą rzeczą jest dać mu jeść. Jajek nie chciał. Nie straciły z oczu najmniejszego jego drgnięcia i wyraźnie widziały, że spojrzał na nie i wcale ich nie pożarł. Zjadł natomiast orzeszek wiewiórki, która ośmieliła się na ten zuchwały czyn tylko dlatego, że nie było w pobliżu żadnych wrogów. Wyłącznie głęboko śpiące wilczęta, dziki i oprzytomniały, ale nieszkodliwy leśniczy.

Dziki poczuły się zobowiązane nakarmić go. Barnaba zaczął podsuwać ku niemu niedużą, zdechłą mysz, Eudoksjusz zaś poświęcił najwspanialszy smakołyk, ogromnego, tłustego pędraka, którego przed chwilą wygrzebał z ziemi. Nie mógł wziąć go do ust, bo wówczas z całą pewnością zjadłby go natychmiast, popchnął go zatem nosem w kierunku leśniczego, najpierw trochę, a potem mocno.

Leśniczy ujrzał nagle na futrze jednego wilczka, tuż przy swojej twarzy, wielkiego, żółtego, dorodnego pędraka. Wiewiórka zbiegła już z drzewa i siedziała teraz bardzo blisko, na jednym kawale konara. Na myśl, że wskoczy nagle na niego i wepchnie mu do ust tego pędraka, leśniczy oprzytomniał tak, jakby nigdy w życiu nie był zemdlony ani przez chwilę. Szarpnął się, żeby uwolnić przygniecione ręce, poruszył przy tym nogami, poczuł okropny ból i strasznie krzyknął.

W jednym ułamku sekundy wszystkie widzenia znikły. Dziki z łomotem wpadły w gęstwinę, trzy wilczki śmignęły w krzaki, wiewiórka skryła się w dziupli. Pozostał tylko niedźwiedź, który również zerwał się na równe nogi, ale nigdzie nie uciekał, tylko stał obok i patrzył na leśniczego. Leśniczy niedźwiedzia znał doskonale.

— Pafnucy! — jęknął. — Uratowałeś mi życie! Ogrzałeś mnie! Bez ciebie umarłbym z zimna!

Pafnucy nie zrozumiał, co leśniczy mówi, i czuł ogromne zakłopotanie. Najwyraźniej w świecie zaspał, nie miał zatem pojęcia, co się tutaj stało. Leśniczy po pozbyciu się konara chyba czuł się lepiej i lada chwila powinien był wstać, żeby normalnie wrócić do domu. Nie wstawał jednak, w dalszym ciągu leżał, bardzo blady. Zapewne należało trochę poczekać.

Powoli, bez pośpiechu, Pafnucy wycofał się w zarośla. Tam spotkał przestraszone dziki.

— Nic nie rozumiem — powiedział niespokojnie Eudoksjusz. — Jest głodny, zjadł orzecha wiewiórki, a jak mu dałem takiego cudownego pędraka, strasznie krzyknął. Myślisz, że to jest możliwe, że nie lubi pędraków?

— Oczywiście, że możliwe — odpowiedział z przekonaniem Pafnucy. — Wiesz przecież, że bobry do ust nie wezmą ryby, chociaż też żyją w wodzie, tak jak Marianna. Mnie się wydaje, że jest mu lepiej. Zdrzemnąłem się odrobinę i nic nie wiem. Gdzie są inne osoby?

— Tutaj — odezwał się Remigiusz, który właśnie w tej chwili nadbiegł. — No? Co się dzieje?

— Nie wiemy — odparł Pafnucy. — Zobaczymy, co będzie.

Krzaki zaszeleściły się i pojawił się Kikuś.

— Marianna mówi, że masz przyjść na śniadanie — powiedział do Pafnucego.

Na myśl o śniadaniu Pafnucy wyraźnie poczuł, że nic nie jadł już od tygodnia, od miesiąca, od nieskończonych wieków i jest tak strasznie pusty w środku, że ani przez chwilę dłużej nie zdoła tego wytrzymać. Odwrócił się i popędził nad jeziorko.

— Szału można z tobą dostać — powiedziała Marianna, rozgniewana okropnie. — Całe szczęście, że od czasu do czasu ktoś tu przychodził i coś mówił, bo inaczej bym ci nie przebaczyła! Wyczerpałeś moją wytrzymałość! Już wiem, że ten pień został pogryziony, były tu bobry, nie wiem co teraz. Czy leśniczy jest już zdrowy?

Pafnucy tylko pokręcił głową. Nie ośmielił się odezwać, bo usta miał pełne ryb do tego stopnia, że ogony wystawały mu na zewnątrz. Pożerał je w szalonym tempie, wydawało mu się bowiem, że powinien zaraz wrócić do leśniczego.

— Jak to? — oburzyła się Marianna. — Przecież to ten pień mu szkodził! I nie czuje się lepiej?

Pafnucy pokiwał i pokręcił głową.

— Zdecyduj się na coś! — zdenerwowała się Marianna. — Jest mu lepiej czy nie?

Pafnucy pokiwał głową.

— Lepiej? — upewniła się Marianna. — No dobrze i co? Zjadł coś?

Pafnucy znów kiwnął głową. Pomyślał, że Marianna zaraz zapyta, co zjadł, i zatrzymał na chwilę kolejną rybę w drodze do ust.

— Orzeszek — powiedział pośpiesznie.

— Orzeszek! — krzyknęła Marianna. — No wiesz...! I to ma być jedzenie! I on ma być zdrowy? Ciekawa jestem, jak ty byś się czuł, gdybyś zjadł tylko jeden orzeszek!

— Okłoknie — powiedział Pafnucy.

— No, myślę, że okropnie! Pośpiesz się! Tam się może znów coś dzieje, może leśniczy zjadł coś więcej i wyzdrowiał! Tylko nie waż się znikać na tak długo!

W szalonym pędzie przybiegła nagle na brzeg jeziorka Matylda z dwojgiem dzieci.

— Tam są wilki! — zawołała, zdenerwowana. — Klementyna została, bo chce odciągnąć tego szaleńca, Kikusia! Pafnucy, idź tam, ja cię proszę! Tylko do ciebie można mieć pełne zaufanie!

— Tak! — poparła ją Marianna. — Idź i wracaj! Chcę wiedzieć, kiedy on wyzdrowieje!

Leśniczy leżał na mokrym mchu i zaczynało mu być coraz zimniej. Leżał wprawdzie na swojej pelerynie od deszczu, ale od góry był cały zmoczony i ubranie miał przesiąknięte wodą. Postanowił usiąść i zaczął się powoli podnosić, krzywiąc się i jęcząc, bo przy każdym ruchu noga bolała go straszliwie. Głowa go również bolała, ale mniej. Pomyślał, że chyba rzeczywiście żyje do tej pory tylko dzięki tym zwierzętom, które grzały go w nocy, śpiąc tuż obok. Nie miał pojęcia, dlaczego znalazły sobie akurat takie legowisko, ale był im głęboko wdzięczny.

Obejrzał się, zobaczył, że niedaleko za nim znajduje się pieniek, i postanowił doczołgać się do tego pieńka, żeby się o niego oprzeć. Zaczął się przesuwać, podpierając się łokciami i jedną nogą. Wyplątał się z pogryzionych gałęzi, odpoczął chwilę i popatrzył na jajka. Nie miał ochoty na jedzenie, chciało mu się pić, jajka jednakże zdecydowałby się zjeść, gdyby mógł uwierzyć, że są prawdziwe. Nie mógł w to uwierzyć, więc zostawił je w spokoju. Po okropnie długich wysiłkach, z wielkim trudem, doczołgał się wreszcie tyłem do pieńka i usiadł, opierając o niego plecy.

Nie miał najmniejszego pojęcia, że z wszystkich stron obserwują go uważnie liczne oczy zwierząt.

— Nie rozumiem — szepnął zdziwiony Remigiusz. — Dlaczego nie zjadł jajek? Wiem, że ludzie jedzą jajka, a w ogóle to są jajka od jego własnych kur. Ukradłem je z jego kurnika.

— A ryba? — spytała rozczarowana kuna. — Ryby też nie chciał? To po co ja ją wlokłam taki kawał drogi?

— Może jeszcze zje...

— Nie podoba mi się to wszystko — powiedział Pafnucy. — On już powinien być zupełnie zdrowy. Tymczasem ciągle czuję od niego zapach choroby, w dodatku coraz większy.

— I zdaje się, że znów zaczyna mu być zimno — zatroskała się Klementyna. — Słońca dzisiaj nie będzie, a po południu zacznie padać deszcz. Czy on nie pójdzie do domu?

— Powinien pójść — powiedział Eudoksjusz.

— Zdaje się, że nie może — powiedziała kuna. — Choroba mu siedzi w nodze i ta noga do niczego się nie nadaje. Ludzie nie umieją chodzić inaczej, jak tylko na nogach.

Siedzący przy pieńku leśniczy zastanawiał się dokładnie nad tym samym. Był człowiekiem bardzo silnym, zahartowanym i wytrzymałym, ale nawet jego wytrzymałość miała jakieś granice. Wiedział, że znajduje się w głębi lasu, gdzie nie przychodzą żadni ludzie, nikt go tu zatem nie znajdzie. Zdawał sobie sprawę, że ma na sobie mokre ubranie, że będzie mu coraz zimniej i będzie się czuł coraz gorzej. Obmyślał sposób posuwania się na rękach, ale wleczona noga bolała go tak okropnie, że prawie tracił od tego przytomność. Zastanawiał się, co może zrobić, i postanowił poczołgać się jednak, tylko przedtem trochę odpocząć.

Przyglądające mu się z lasu zwierzęta doskonale czuły jego stan.

— On się znów trzęsie — powiedziała kuna. — To nie do uwierzenia, znów mu zimno. Może powinno się go pogrzewać jeszcze trochę?

— Ja się nie zbliżę — mruknął Remigiusz. — Porządny czy nie, ale to jednak człowiek.

Wilki pokręciły głowami.

— Gdyby spał, to może — powiedziały. — Tak jak w nocy. Ale teraz coś nas odpycha. Poza tym, on może się przestraszyć.

— No, nie ucieknie, to pewne — zauważył złośliwie Remigiusz.

— Położyłabym się obok niego, ale wybrał sobie takie głupie miejsce, że się nie zmieszczę — powiedziała smutnie Klementyna.

Pafnucy westchnął ciężko.

— Widzę, że jednak trzeba — rzekł. — No dobrze, spróbuję. Jakoś się upchnę obok tego pnia...

Wyszedł z krzaków i leśniczy zobaczył go od razu.

— Pafnucy — powiedział łagodnie. — Chodź, niedźwiadku, chodź. Zimno mi strasznie, może mnie ogrzejesz.

Pafnucy nie zrozumiał słów, ale odgadł, że leśniczy go wzywa. Podszedł zupełnie blisko, usiadł obok i ostrożnie objął go łapami. Nie bał się wcale i leśniczy nie bał się go również. Od razu zaczęło mu się robić cieplej i siedział tak, ze złamaną nogą, w objęciach niedźwiedzia.

W krzakach zaś siedziały wszystkie zwierzęta, patrzyły, czekały i robiły się coraz bardziej zdenerwowane.

Marianna nad jeziorkiem straciła panowanie nad sobą. O wschodzie słońca Pafnucy zjadł śniadanie i poszedł, a teraz już minęło południe i nie było po nim najmniejszego śladu. Gorzej, nie przychodził także nikt inny i nie uzyskiwała najmniejszej informacji. Ptaki, które rano trochę polatały, teraz znów pochowały się gdzieś i nie było do nich dostępu. Matylda kategorycznie odmówiła pójścia z dziećmi bodaj kilka kroków w stronę, gdzie były wilki. Tego było dla Marianny za wiele. Powiedziała prawdę, wczorajszy dzień całkowicie wyczerpał jej wytrzymałość.

— Siedź tu w takim razie do skończenia świata! — krzyknęła gniewnie do Matyldy i śmignęła do lasu.

Pafnucy trzymał w objęciach leśniczego i smutnie posapywał. Pozostałe zwierzęta stały kręgiem wokół nich, zdenerwowane już straszliwie, zdezorientowane i bezradne. Wilki leżały w zeszłorocznej trawie, a wilczęta siedziały obok i gapiły się szeroko otwartymi oczami.

Marianna znieruchomiała również, ale tylko na krótką chwilę.

— Czyście wszyscy poszaleli? — wysyczała z wściekłością. — Co to ma znaczyć?! Czy ten Pafnucy zwariował?!

— Nie, on grzeje leśniczego — szepnęła Klementyna.

— I co? — rozłościła się Marianna. — Będzie go tak grzał do końca życia? Od tego grzania leśniczy wyzdrowieje? Aż tu czuję, że jest chory! Pafnucy będzie go trzymał, aż umrze?

— A co właściwie proponujesz innego? — spytała z gniewem wilczyca.

— Widzisz, że wszyscy się zastanawiamy! — powiedział z irytacją Remigiusz.

— Nad czym?! — wrzasnęła Marianna. — Przecież z daleka widać, że sam się nie ruszy! Nie chcę, żeby tu siedział do sądnego dnia! Niech go stąd ktoś zabierze!

— Kto ma go zabrać? — warknął wilk. — Mamy go wszyscy wlec zębami? Za duży jest i trochę za ciężki!

— Może Pafnucy by go powlókł? — zaproponował niepewnie Eudoksjusz.

— Pafnucy, Pafnucy, wszystko Pafnucy! — rozzłościła się Marianna jeszcze bardziej. — Czy ten leśniczy jest niedźwiedziem? A od czego ludzie?! Niech go stąd zabiorą ludzie!

— Ludzie! — przestraszyła się Klementyna.

— No pewnie, że ludzie! — awanturowała się Marianna. — Ja sobie wypraszam, żeby Pafnucy siedział tu przez wieki! Niech sobie ludzie zabierają człowieka!

— Nie wiem, skąd weźmiesz ludzi — skrytykował wilk. — Tu, na szczęście, nie przychodzą.

— Leśniczy to jest porządny człowiek! — zawołała z oburzeniem Klementyna.

— A czy ja mówię, że nie? Czy zostawiło się go tutaj razem z pniem? Został uwolniony, niech go teraz zabiorą! — wykrzykiwała Marianna. — Przecież on umrze inaczej! Niech ktoś tych ludzi zawiadomi!

Remigiusz zerwał się nagle na równe nogi.

— Marianna, jesteś genialna! — zawołał. — Że też mi to od razu nie przyszło do głowy...! Może dlatego, że ja ich nie lubię... Oczywiście, że ich trzeba zawiadomić!

— Jak zawiadomić? — spytała żywo Klementyna.

— Jak to jak?! — krzyknęła Marianna. — Przez Pucka! Niech on się odczepi od tego leśniczego i niech leci do Pucka!

Wśród zwierząt nastąpiło poruszenie. Pomysł Marianny był doskonały. Należało teraz porozumieć się z Pafnucym, który wcale nie zwracał uwagi na to, co się dzieje w lesie, tylko wzdychał nad leśniczym.

Marianna nie wytrzymała, podbiegła do nich. Ujrzeli ją obaj równocześnie. Leśniczy aż przetarł oczy, przekonany, że znów wracają dziwaczne widziadła, bo w żadnym razie nie było to miejsce dla wydry, a Pafnucy wypuścił go z objęć.

— Zostaw go! — wysyczała Marianna dzikim głosem. — Trzeba tu sprowadzić ludzi! Natychmiast musisz zawiadomić Pucka! Niech robi, co chce, ale niech ich tu przywlecze! Niech go stąd ludzie zabiorą!

Jeszcze przez chwilę Pafnucy siedział nieruchomo, wpatrzony w rozzłoszczoną Mariannę, po czym nagle pojął, że nareszcie ktoś znalazł rozwiązanie! Zostawił zdumionego leśniczego i odbiegł.

Do Pucka pędził tak, jak nie pędził jeszcze nigdy w życiu. Nie był przesadnie najedzony, więc biegło mu się lekko. Szybciej niż sam mógłby się spodziewać, wybiegł z lasu na znajomą łąkę.

Na całe szczęście Pucek był wielkim, białym, kudłatym psem i można go było dojrzeć z daleka. Przy takiej pogodzie na mokrej łące nie pasły się ani krowy, ani owce, ani konie. Pucek nikogo nie musiał pilnować, biegał więc obok domu swojego pana, bardzo daleko od lasu, i gdyby był mniejszy, Pafnucy nie zdołałby go zobaczyć. Sapnął teraz i, nie zważając na nic, popędził przez całą łąkę na przełaj.

Pucek zauważył, że coś wielkiego biegnie od strony lasu. Przyjrzał się uważnie i rozpoznał Pafnucego. Najpierw się zdziwił, a zaraz potem odgadł, że musiało się zdarzyć coś niezwykłego i Pafnucy ma niesłychanie ważny interes.

Ruszył mu naprzeciw i spotkali się na środku łąki.

— Pucek, powiedz ludziom, że w lesie siedzi bardzo chory leśniczy — wysapał Pafnucy, zanim Pucek zdążył się odezwać. — Nie może chodzić, ma chorobę w nodze. Umrze, jeżeli mu ludzie nie pomogą.

— Rany boskie! — zdenerwował się Pucek. — W lesie, mówisz? Jak tam trafić?

— Zaprowadzę cię — zaproponował Pafnucy. — Zobaczysz, gdzie to jest, i potem zaprowadzisz ludzi.

— Nie — zaprotestował Pucek. — To by za długo trwało, bo musiałbym potem tę drogę wywęszać. Czekaj, niech pomyślę... Już wiem!

Pafnucy czekał i nic nie mówił, wysapując swój galop.

— Zrobimy tak — powiedział Pucek. — Namówię ludzi i pójdę z nimi od razu, a ty mi będziesz pokazywał drogę, po drodze. Tylko musisz się ukrywać przed ludźmi, żeby się nie wystraszyli. Rozumiesz?

Pafnucy kiwnął głową. Oczywiście, rozumiał doskonale.

— W takim razie poczekaj na skraju lasu — powiedział Pucek. — I potem idź przede mną, tylko wybieraj taką drogę, żeby ludzie mogli przejść. Pamiętaj, że to są niezdary.

Pafnucy znów kiwnął głową i spokojniejszym krokiem pomaszerował z powrotem do lasu, a Pucek popędził do swego pana.

Pan Jasio, właściciel Pucka, w pierwszej chwili nie mógł zrozumieć, co się stało. Jego pies zachowywał się okropnie. Chwytał go za nogawkę spodni i ciągnął, szczekał, odbiegał kawałek, wracał, znów ciągnął i bardzo się denerwował. Kuzyn pana Jasia, który akurat przyszedł z wizytą, zaciekawił się tym i pierwszy odgadł, że pewnie pies coś znalazł. Już kilka razy Pucek zaprowadził ludzi do czegoś znalezionego, więc mogło tak być i tym razem. Pan Jasio zaciekawił się również. Nie miał wielkiej ochoty na spacery, bo deszcz znów zaczął mżyć, ale Pucek upierał się tak bardzo, że po prostu nie można mu było odmówić.

Poszli z Puckiem do lasu, a po drodze przyłączył się do nich jeszcze jeden znajomy.

Nie wiadomo, czy dotarliby do leśniczego, gdyby nie to, że już po kwadransie zabłądzili. Znudziła im się ta wyprawa i chcieli wracać do domu, ale nagle okazało się, że nie wiedzą, gdzie się znajdują i w której stronie jest ich dom. Nie umieli znaleźć drogi powrotnej. Nie pozostało im zatem nic innego, jak tylko iść za psem, który nie miał żadnych wątpliwości. Wcale nie wiedzieli, że Pucek cały czas widzi Pafnucego, Pafnucy zaś maszerował najkrótszą trasą, nie zwracając żadnej uwagi na ludzkie ścieżki. Znacznie bardziej pasowała mu ścieżka dzików.

Leśniczy po odejściu Pafnucego westchnął żałośnie i pomyślał, że bez niedźwiedzia bardzo szybko zacznie mu się robić zimno. Na razie był rozgrzany. Zdecydował się nie czekać dłużej, tylko spróbować się poczołgać. Najbliżej miał do swojej leśniczówki, ale pomiędzy nim a leśniczówką płynęła rzeczka i wiedział, że przez tę rzeczkę nie przebrnie. Postanowił zatem czołgać się w kierunku wsi za łąką. Noga mu zdrętwiała tak, że bolała go o wiele mniej.

Podpierając się łokciami i drugą nogą, leśniczy przesuwał się przez las po malutkim kawałeczku, a dookoła niego, równie wolno i cierpliwie, przesuwały się wszystkie zwierzęta.

— W tym tempie — powiedziała z drzewa kuna — dojdzie do domu mniej więcej za miesiąc.

Bez wątpienia miała rację, ale na szczęście już po trzech godzinach z krzaków wyskoczył wielki, biały pies, obiegł kompletnie osłabłego leśniczego i zaszczekał głośno i radośnie. Leśniczy na jego widok ucieszył się tak, że chwycił go za szyję i ucałował kudłaty pysk. Wiedział, że za psem przyjdą ludzie.

Z wielką satysfakcją Marianna przyglądała się, jak trzech silnych mężczyzn wyszukuje solidne drągi, jak przywiązują do nich pelerynę leśniczego, jak układają go na tej pelerynie i niosą przez las. Wróciła na miejsce jego katastrofy, skorzystała z okazji i zjadła jedno jajko. Drugie zdążyła zjeść kuna.

— No, może i dobrze się stało — powiedziała Marianna, znacznie ułagodzona. — Przynajmniej zobaczyłam to całe przedstawienie na własne oczy...

— Pucek powiedział, że okropnie jest ciekaw, co myśmy tu wyprawiali — opowiadał następnego dnia Pafnucy. — Powiedział, że leśniczy tym ludziom powiedział, że miał jakieś niesamowite sny i jedyne co mu się wydaje prawdziwe to niedźwiedź i wilki. Powiedział, że widział jajka i rybę, ale jest zupełnie niemożliwe, żeby w takim miejscu w lesie mogły leżeć jajka i ryby, więc musiało mu się to przyśnić.

Remigiusz zachichotał. Tym razem opowiadania Pafnucego słuchały wszystkie zwierzęta, zgromadzone nad brzegiem jeziorka. Nawet wilki znalazły się tu w komplecie, z tym że uroczyście obiecały nie zbliżać się do saren.

— I powiedział, że do samego końca życia nie uwierzy, że to drzewo mogły pogryźć bobry, chociaż z całą pewnością było pogryzione przez bobry — opowiadał dalej Pafnucy. — Dlatego myśli, że mu się wszystko śniło. Zanieśli go do tej ich wsi na tych drągach i Pucek w ogóle nie musiał się wysilać, bo leśniczy był przytomny i sam pokazywał drogę. Trochę dłuższa niż ta, którą ja szedłem, ale możliwe, że dla ludzi wygodniejsza. I cały czas leśniczy im tłumaczył, że uratowały go zwierzęta, które ogrzewały go przez całą noc i jeszcze potem, niedźwiedź i wilki. Gdyby go nie ogrzewały, umarłby z całą pewnością. Tak mówił. I powiedział, że nas kocha.

— Niegłupi człowiek — mruknął wilk. — Przynajmniej wie, komu być wdzięczny.

— Ale ci ludzie myśleli, że on bredzi, i mówili do siebie, że pewnie ma gorączkę — mówił Pafnucy. — Okazuje się, że tę nogę ma złamaną. Od razu go potem zawieźli do szpitala, to jest takie miejsce, gdzie leczą ludzi, i tam powiedzieli, że wyzdrowieje, bo na tej nodze miał bardzo porządny but i ten but utrzymał tę nogę...

— Pafnucy, nie mów takich rzeczy, bo w głowie się mąci — poprosiła Matylda. — Nie wiem, co to jest but, i nie wiem, jak on trzyma i czym. Zębami? Wystarczy mi, że leśniczy wyzdrowieje.

— Co to jest but? — zainteresowała się Marianna.

— To jest to coś, co on miał na nodze — wyjaśnił Pafnucy.

— Na obu nogach — poprawił Remigiusz. — Miał dwa buty. Na każdej nodze jeden.

— I powiedzieli w tym szpitalu, że coś go walnęło w głowę, pewnie jakaś gałąź albo sęk, i od tego był nieprzytomny — opowiadał dalej Pafnucy. — Od samej nogi wcale by nie był nieprzytomny, tylko zwyczajnie chory. Ludzie mówili to do siebie, a Pucek wszystko słyszał i specjalnie zapamiętał, żeby nam powtórzyć. Mówi, że jest nam niemożliwie wdzięczny, bo jeszcze nigdy w życiu do tej pory tak się nie najadł. Dawali mu mnóstwo najlepszych rzeczy i chwalili go, i tylko nikt nie może zrozumieć, skąd on wiedział, że leśniczy leży w lesie. Pytali go i odpowiedział im, ale nic nie zrozumieli. Ale powiedzieli, że teraz już zawsze będą się słuchać tego psa i zrobią wszystko, co im każe.

— A czy spytałeś go, co ludzie jedzą? — wtrącił Eudoksjusz. — Interesuje mnie ta sprawa pędraków.

— Pytałem — odparł Pafnucy. — No więc pędraków raczej nie lubią. I nie jadają także korzeni, i nic lubią surowych ryb...

— Tylko jakie? — zdziwiła się Marianna.

— Smażone albo pieczone, albo gotowane.

— To co to znaczy? — zaciekawiła się Klementyna.

— Nie wiem — odparł z żalem Pafnucy. — Nie umiem ci tego wytłumaczyć. Pucek mówił, ale nie zrozumiałem dokładnie. W każdym razie to jest jakieś zajęcie z ogniem, więc nie dla nas. I Pucek w ogóle mówi, że możemy być dumni z siebie, ponieważ uratowaliśmy leśniczego.

— Bez nas by umarł? — upewniła się kuna.

— Tak — potwierdził Pafnucy.

— Z głodu — podpowiedział Eudoksjusz.

— Z głodu dopiero potem — odparł Pafnucy i szybko zjadł rybę, którą podsuwała mu Marianna. — Przedtem umarłby z choroby, a jeszcze przedtem z zimna. Więc to ogrzewanie to był po prostu najwspanialszy pomysł w świecie. I koniecznie musimy być dumni.

Wszystkim zrobiło się bardzo przyjemnie i rzeczywiście wszyscy poczuli się dumni. Kuna była dumna, że pierwsza wymyśliła to ogrzewanie leśniczego, dziki były dumne, że go znalazły i osobiście odsuwały konar, Kikuś był szaleńczo dumny, że sprowadził wilki, Marianna była dumna, że przypomniała o ludziach, Klementyna poczuła się dumna, że tak szybko przyprowadziła bobry...

Ale najbardziej ze wszystkich dumna była mała wiewiórka, ponieważ leśniczy zjadł jej orzeszek.

4. Piknik

Pewnego pięknego dnia, kiedy wiosna nadrobiła już swoje wszystkie opóźnienia, niedźwiedź Pafnucy bez pośpiechu maszerował przez las. Odbył właśnie bardzo, ale to bardzo długi spacer, ponieważ był z wizytą u bobrów. Widział siedzibę bobrów pierwszy raz. Nigdy przedtem u bobrów nie bywał, mieszkały one bowiem w zupełnie innej części lasu, na samym końcu, tam, gdzie leśna rzeczka już wypływała na łąki, ugory i moczary.

Bobry zrobiły sobie z tej rzeczki całe wielkie jezioro. Wybudowały tamę z konarów, gałęzi, patyków i ziemi, nie pozwoliły płynąć rzeczce swobodnie dalej, tylko zmusiły ją do rozlania się szeroko i w wodzie wybudowały sobie domy. Pafnucemu bardzo podobały się i jezioro, i tama, i bobry. Zaprzyjaźnił się z nimi na zawsze. Obejrzał wszystko z największą dokładnością, a teraz wracał, żeby o tym, co widział, opowiedzieć Mariannie.

Po drodze oczywiście pożywiał się różnymi roślinami, korzeniami, kłączami i w ogóle wszystkim, co mu wpadło pod rękę. Poziomek, które bardzo lubił, jeszcze nie było, ale pokazywały się już pierwsze grzyby, które wynajdywał i zjadał z przyjemnością. Nie śpieszył się, jego spacer trwał zatem bardzo długo i dotarł nad jeziorko Marianny dopiero trzeciego dnia.

Wydra Marianna już na niego czekała.

— No, nareszcie! — zawołała, kiedy Pafnucy wyszedł z lasu. — Myślałam, że wrócisz wczoraj, i nawet zaczęłam łowić ryby dla ciebie, ale wieczorem musiałam je sama zjeść, żeby się nie zepsuły. Najadłam się za bardzo i o mało nie pękłam!

— Bardzo cię przepraszam za spóźnienie, ale po drodze spotkałem dosyć dużo dobrych rzeczy i nie mogłem ich tak zostawić — usprawiedliwił się Pafnucy. — Ale już jestem i zaraz ci wszystko opowiem. Szkoda, że trochę tych ryb nie zostawiłaś, bo ja lubię takie... no, może niezupełnie zepsute, ale nie całkiem zupełnie świeże...

— Dobrze, następnym razem, jak gdzieś znikniesz, zrobię ci tę przyjemność — obiecała Marianna trochę niecierpliwie. — Teraz mów prędko, bo ja też mam coś do powiedzenia.

Pafnucy popatrzył na nią z lekkim wyrzutem. Nie mógł mówić prędko. Chwilami nie mógł mówić nawet powoli, bo świeże ryby smakowały mu również ogromnie, a po tak długim spacerze musiał przecież zjeść coś solidnego. Marianna, zaledwie go zobaczyła, w kilka chwil zdążyła postarać się o cały podwieczorek.

— Bęgę mówył — powiedział Pafnucy i przełknął — pomiędzy jedną rybą a drugą.

— Nie wiem, czy to wytrzymam — powiedziała Marianna. — Ale nie mam cierpliwości czekać, aż zjesz do końca. Więc dobrze, spróbuję zrozumieć.

— One mają domy w wielkim jeziorze — zaczął opowiadać Pafnucy. — I chychkie chechka chą kok choką...

— Proszę? — spytała cierpko Marianna. — Miałam nadzieję, że zastosujesz odwrotną proporcję. Więcej bez ryby, a mniej z rybą.

— Wszystkie wejścia są pod wodą — powiedział szybko Pafnucy. — Bałgo chłapą ogomamy.

Marianna plusnęła do wody, ochłodziła swoje zdenerwowanie i wyszła na brzeg spokojniejsza.

— Nie — powiedziała. — Jednak tego nie zniosę. Co to jest ogo mamy?

— Ogonami — wyjaśnił Pafnucy. — Bardzo cię przepraszam, ale to jest kake goble...

— Takie dobre — przetłumaczyła sobie Marianna. — Bardzo głodny nie jesteś, skoro jadłeś przez całą drogę. Ten podwieczorek też się kiedyś skończy. Więcej na razie nie wyłowię, powstrzymam się, bo naprawdę jestem ciekawa, jak tam u nich wygląda. Możliwe nawet, że kiedyś sama popłynę i zobaczę.

Pafnucy wreszcie zjadł wszystkie wyłowione ryby, odsapnął i zaczął opowiadać porządnie. Marianna wysłuchała do końca, a potem westchnęła.

— I nic nie mówiły na temat wody? — spytała.

— Na temat wody? — zdziwił się Pafnucy. — Nie, woda po prostu była. A co?

Marianna znów westchnęła.

— Przez ten czas, kiedy cię tu nie było, chyba przypłynęło trochę czegoś niedobrego — powiedziała. — Takie miałam wrażenie, że przyszła smuga podejrzanej wody. Myślałam, że może mi się tylko wydaje, ale potem przyszła druga taka smuga. Nie wiem, co to znaczy.

Pafnucy przestał obgryzać gałązkę i popatrzył na Mariannę.

— Jakiej podejrzanej wody? — zapytał.

— Nie wiem — odparła trochę nerwowo Marianna. — Nie umiem ci tego wytłumaczyć. Nigdy w życiu czegoś takiego nie widziałam, ale było to dość obrzydliwe.

— A skąd przyszło? — spytał Pafnucy.

— Skądś — powiedziała Marianna. — Z tamtego miejsca, z którego ta woda płynie. Wszystko przychodzi stamtąd razem z wodą i nic nie płynie odwrotnie, z wyjątkiem ryb. To też przypłynęło stamtąd.

— A co to było? — spytał Pafnucy.

— Przecież ci mówię, że nie wiem! — zdenerwowała się Marianna.

Pafnucy zastanawiał się przez chwilę.

— A teraz to jest? — zapytał.

— Nie — odparła Marianna. — Teraz nie ma. Jakoś znikło. Myślałam, że może popłynęło do bobrów.

Pafnucy pokręcił głową i znów zaczął obgryzać gałązkę na deser.

— Na ten temat bobry nic nie mówiły — powiedział. — Ale może jeszcze to coś przypłynie i wtedy je obejrzymy.

— Mam nadzieję, że NIE przypłynie — powiedziała Marianna z wielkim naciskiem.

Zaraz następnego dnia przed południem do Pafnucego przyfrunęła zięba i oznajmiła, że Marianna go wzywa. Pafnucy akurat był ogromnie zajęty. Od kilku już dni panowała pięk-

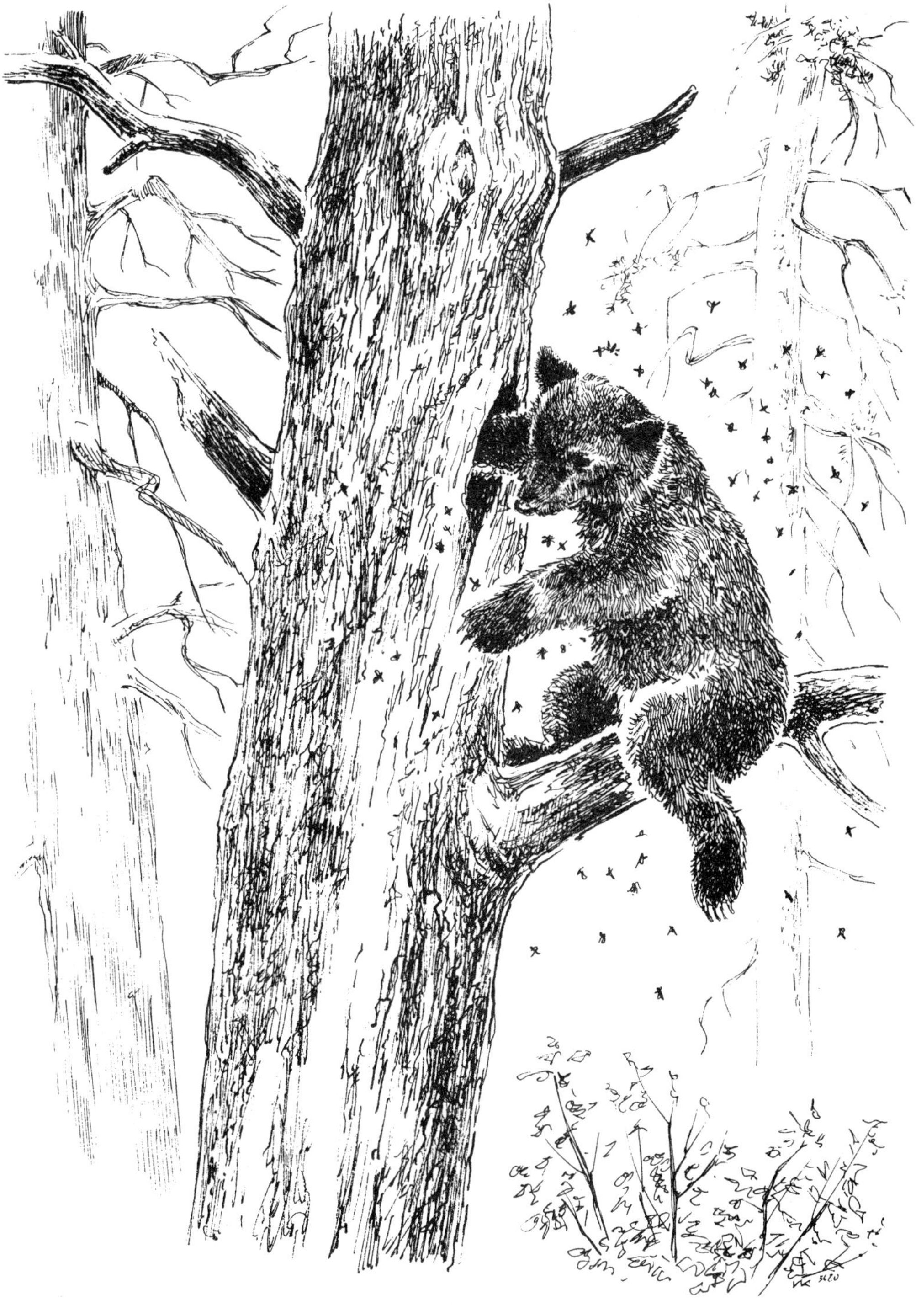

na pogoda i wiadomo było, że ta piękna pogoda jeszcze potrwa, zdecydował się zatem zjeść trochę miodu. Pszczoły latały, pracowały i zrobiły już sobie wielki zapas. Pafnucy postanowił podzielić się z nimi tym zapasem, ponieważ doskonale wiedział, że bardzo szybko zrobią sobie trzy razy tyle.

Wdrapał się na drzewo, gdzie pszczoły miały wielką dziuplę, całą wypełnioną plastrami z miodem, sięgnął łapą do środka i wygrzebał sobie dwa olbrzymie plastry. Pszczoły rozzłościły się okropnie, chociaż utrata plastrów w niczym im nie szkodziła. Nie lubiły jednak oddawać swojego miodu nikomu i brzęczały wokół Pafnucego jak szalone, usiłując go użądlić. Pafnucy nie przejmował się tym zbytnio, bo grubej, niedźwiedziej skóry nie przebijały żadne żądła. Zsunął się z drzewa razem ze zdobytymi plastrami i oddalił pośpiesznie, żeby zjeść miód w spokoju i żeby pszczoły już go nie widziały przy jedzeniu. Nie chciał im robić dodatkowej przykrości.

— Dajcie spokój, dajcie spokój — pomrukiwał. — Przecież wziąłem tylko trochę, a macie tam tego dosyć nawet dla dziesięciu niedźwiedzi. Nawet nie zauważycie ubytku.

Pszczoły nie chciały z nim rozmawiać i tylko brzęczały wściekle. Po chwili jednak zaniechały pogoni.

— Trzeba przyznać, że on zachowuje się dość przyzwoicie — wybzyknęła jedna do drugiej. — Nie zabiera nam miodu zbyt często, najwyżej dwa razy do roku.

— I nie robi nam bałaganu — odbzyknęła druga. — Bierze z wierzchu. No trudno, niech już będzie. Wracajmy do pracy.

Machnęły ręką na Pafnucego i poleciały szukać wiosennych kwiatów.

Pafnucy usiadł spokojnie na mchu i z zachwytem pożarł miód razem z całym woskiem, z którego zrobione były plastry. Mlaskał przy tym i ćlamał, aż się rozlegało wokół. Wiedział, że mlaskanie i ćlamanie przy jedzeniu jest objawem złego wychowania, ale miód smakował mu tak bardzo, że nie mógł się powstrzymać. Miód był świeży, płynny, plastry nim ociekały, kapał Pafnucemu na futro i na mech obok. Pafnucy zjadł plastry, starannie pooblizywał palce i zaczął zlizywać resztki z siebie. Cały był oblepiony słodkim, smakowitym, pachnącym deserem.

Przy tym lizaniu zastała go zięba.

— Marianna chce, żebyś do niej zaraz przyszedł — powiedziała, przyglądając się jego wysiłkom. — Jest bardzo zdenerwowana.

Pafnucemu, nie wiadomo jakim sposobem, miód nakapał aż na plecy. Wykręcał się teraz, próbując dosięgnąć tego miejsca językiem. Do łap przylepiły mu się suche listki i patyki.

— Mówię do ciebie — powiedziała zięba. — Marianna cię woła. Czy ogłuchłeś?

— Tak — powiedział Pafnucy. — To znaczy, nie. Zaraz idę. Dziękuję ci bardzo.

Oblizał jeszcze mech, na który też nakapało, i pomaszerował do Marianny. Ciągle się lepił i przyczepiały się do niego różne śmietki.

— Przypłynęło! — krzyknęła Marianna na jego widok. — Było w tym miejscu, gdzie rzeczka robi w jeziorze prąd! Obrzydliwe!

Pafnucy podszedł bliżej i usiadł nad brzegiem.

— Czy mógłbym to powąchać? — zapytał.

— Powąchać! — prychnęła Marianna, po czym przyjrzała się niedźwiedziowi. — Cała woda tym cuchnie! Jak ty wyglądasz? Czy się tarzałeś w śmietniku?

— Nie — powiedział Pafnucy. — Ale jadłem miód. I nie wiem dlaczego, ale teraz wszystko się do mnie przyczepia. Może te rzeczy też lubią miód?

— Lubią się przyczepiać, to pewne — powiedziała Marianna.

— Widzę, że jadłeś ten miód całym sobą. Powinieneś się umyć.

— W wodzie? — zainteresował się Pafnucy.

— A w czym? Pewnie, że w wodzie! Wejdź do jeziorka i umyj się porządnie, bo mnie ten widok denerwuje. Wszędzie jesteś upstrzony. Nie mogę spokojnie rozmawiać, jak mi tu siedzi nad głową pół lasu!

Pafnucy lubił wodę i nie miał nic przeciwko kąpieli. Trochę mu było żal resztek słodyczy, którą wolałby zlizać z siebie, ale nadmierne lepienie jednak przeszkadzało. Przy okazji próbował odnaleźć to coś, o czym mówiła Marianna, trochę wody wypił i nawet usiłował wąchać, ale po tym wąchaniu musiał bardzo kichać i parskać. Wyszedł wreszcie na brzeg i potrząsnął futrem, żeby zaczęło wysychać.

— Nic nie poczułem — powiedział do Marianny. — Spróbowałem tej wody, ale wydaje mi się zwyczajna.

— Nie masz takiego wyczucia jak ja — powiedziała Marianna i wyciągnęła się na trawie obok niego. — A poza tym, ta obrzydliwa smuga płynie tam dalej, gdzie jest największy prąd. Po całym jeziorze jeszcze się, na szczęście, nie rozeszła. Ale nie wiem, co to może być, i bardzo się niepokoję.

Pafnucy zmartwił się niepokojem Marianny i ze zmartwienia poczuł się jakby odrobinę głodny. Odchrząknął niepewnie.

— Wiesz, po tej kąpieli mam takie wrażenie, że chyba mógłbym coś zjeść — powiedział nieśmiało. — Taką małą przekąskę...

— Rzeczywiście, z tego zdenerwowania zapomniałam o rybach dla ciebie — przyznała Marianna. Zerwała się z trawy i chlupnęła do wody.

Wypłynęła prawie natychmiast, zdenerwowana jeszcze bardziej, z jedną małą rybką. Rzuciła ją w pewnym oddaleniu od Pafnucego.

— Spójrz! — wykrzyknęła ze zgrozą. — Widzisz? Zdechła ryba! To zły znak!

Pafnucy nie wiedział, co na to odpowiedzieć, więc tylko popatrzył na nią pytająco.

— Zobaczyłam ją właśnie w prądzie — mówiła Marianna. — Płynęła stamtąd. Słuchaj, Pafnucy, ja się znam na wodzie, to już nie są żadne żarty, tylko poważna sprawa. Coś złego dzieje się z rzeką gdzieś bliżej źródła. Nie wiem, co robić.

Pafnucy podniósł się z miejsca. Podszedł do zdechłej ryby, obwąchał ją, zawahał się, po czym ją zjadł. Taki sposób badania wydał mu się najlepszy.

— Nie jedz tego, brzuch cię może rozboleć! — krzyknęła Marianna, ale już było za późno.

— Nic nie czuję — powiedział Pafnucy w pierwszej chwili, ale potem się zastanowił. — Wiesz, może i rzeczywiście ona miała jakiś odrobinę inny smak. Nienajlepszy, to prawda.

Marianna zanurkowała, wyłowiła i podała mu dwie następne ryby. Pafnucy szybko przeprowadził badanie.

— Te były normalne — oznajmił. — Bardzo dobre.

— Tamta dostała się w smugę trucizny — powiedziała Marianna posępnie. — Teraz już jestem pewna, że to jakaś trucizna. Płynie wodą cały czas. Pafnucy, proszę cię...

— Wiem — przerwał jej Pafnucy. — Pewnie byś chciała, żebym tam poszedł i zobaczył.

— Dziękuję ci bardzo, właśnie tego bym chciała — powiedziała Marianna. — Kawałek możemy pójść razem, ja wodą, a ty lądem. Sama sprawdzę, jak to wygląda w rzece.

Zsunęła się do jeziora i popłynęła przy brzegu, a Pafnucy ruszył w tę samą stronę po ziemi. Obszedł całe pół jeziorka, aż dotarł do miejsca, gdzie wpływała do niego rzeczka. Rosły tam różne trzciny i było bardzo grząsko. Wykorzystał okazję i szybko wygrzebał sobie kilka soczystych kłączy, ale nie mógł już iść przy samej wodzie.

— Ja przepłynę, a ty obejdź lasem — poradziła Marianna. — Spotkamy się tam dalej, gdzie już nie będzie tych roślin, tylko sama woda.

Kiedy Pafnucy, uczyniwszy wielki krąg, dotarł znów do brzegu, Marianna już na niego czekała. Była zdenerwowana i zaniepokojona w najwyższym stopniu.

— Ledwo tu dopłynęłam — powiedziała. — Przez chwilę znalazłam się w czymś, po prostu, okropnym. Musiałam zamknąć oczy i zatkać nos, dziwię się, że mi nie zaszkodziło. Ale okazuje się, że jest tak, jak mówiłam, ta trucizna przypłynęła rzeką od źródła. Z tym że już nie płynie, sprawdziłam. To była taka fala, skończyła się i teraz płynie czysta woda. Widziałam jeszcze jedną zdechłą rybę.

— I...? — powiedział z zainteresowaniem Pafnucy.

— I zostawiłam ją, niech sobie płynie dalej. Nie będziesz jadł takich świństw, bo się rozchorujesz.

Pafnucy westchnął, ale westchnieniem malutkim i ukrytym. W gruncie rzeczy Marianna miała rację, podejrzanych obrzydliwości jadać nie należało.

— I co teraz? — spytał.

Marianna zawahała się.

— Nie wiem — wyznała. — Pojęcia nie mam. Gdyby to jeszcze płynęło, można by pójść i zobaczyć, gdzie się zaczyna. Ale już nie płynie, więc nie ma na co patrzeć. Może wobec tego wracajmy. Mam wielką nadzieję, że było to chwilowe.

Ale nazajutrz okazało się, że nie było to chwilowe. Kiedy Pafnucy przyszedł na śniadanie, Marianna siedziała na brzegu, prawie płacząc ze zdenerwowania, niepokoju i wściekłości. Tajemnicza trucizna znów płynęła przez jeziorko, znów pojawiły się w niej dwie zdechłe ryby i, co najgorsze, odrobina tego czegoś wstrętnego zatrzymała się w jednym miejscu przy brzegu.

— Jeżeli to będzie tak przypływało codziennie, w ogóle nie wyobrażam sobie, co zrobię — powiedziała zrozpaczona wydra.

— Będzie się tego zatrzymywało coraz więcej i więcej. Jeszcze płynie. Pafnucy, błagam cię, przejdź wzdłuż tej rzeczki i zobacz, co się tam dzieje. Idź najdalej, jak możesz, potem mi powiesz, co widziałeś. Tylko wróć przed wieczorem, bo spać nie będę mogła!

Pafnucy zjadł dwie świeże, doskonałe ryby i powędrował w górę rzeczki, pod prąd. Przyglądał się pilnie wszystkiemu, a z największą dokładnością oglądał brzegi. Nic się na nich nie działo. W jednym miejscu ogromny jeleń Klemens pił wodę. Pafnucy oczywiście znał Klemensa.

— Witaj — powiedział. — Jak ci ta woda smakuje?

— Woda jak woda — odparł Klemens. — Przez chwilę miałem wrażenie, że się pogorszyła, ale widzę, że nie, wydawało mi się tylko. A co...?

— Nic — odparł Pafnucy. — Marianna bardzo narzekała.

— Och, Marianna! — powiedział Klemens. — Ona jest szczególnie wrażliwa. Zauważy różnicę tam, gdzie dla mnie wcale jej nie będzie. Może, po wiosennych roztopach, coś tam wpadło do rzeki.

— Właśnie idę sprawdzić — powiedział Pafnucy.

— Powodzenia! — zawołał Klemens, skoczył w las i zniknął.

Pafnucy poszedł dalej.

W jednym miejscu od rzeczki odsączała się malusieńka struga, przepływała kawałeczek i tworzyła bagnisty stawek. Rosło tam mnóstwo tataraku i siedziały dziki. Uprzejmie poczęstowały Pafnucego kłączami i ślimakami i porozmawiały z nim o obawach Marianny. Niczego, jak dotąd, nie zauważyły, ale bardzo pochwalały zamiar pójścia i popatrzenia.

— Jeżeli pójdziesz jeszcze dalej — powiedziały do Pafnucego — jeszcze dalej i jeszcze dalej, bardzo daleko, dojdziesz w końcu do ludzi.

Pafnucy nie przestraszył się możliwością dojścia do ludzi.

— I co? — spytał. — Co ci ludzie tam robią?

— Mieszkają — odparły dziki. — I hodują taką doskonałą rzecz, to się nazywa kartofle. Wygrzebuje się to z ziemi. Ludzie sobie tego nie życzą, awanturują się, lecą i wrzeszczą, nie wiadomo dlaczego, bo mają tego mnóstwo. I są tam takie miejsca, gdzie układają się inne bardzo dobre rzeczy. Takie do jedzenia. Dlatego tak dobrze wiemy, że oni tam są.

— Czy dojdę do nich po południu? — spytał Pafnucy.

— O, nie! — odparły dziki. — Chyba że pędziłbyś z całych sił. Tak zwyczajnie dojdziesz do nich dopiero w nocy. Ale to nawet lepiej, w nocy oni śpią i można spokojnie szukać tych rzeczy do jedzenia.

— Nie mogę się teraz zajmować jedzeniem! — westchnął Pafnucy. — Muszę patrzeć, a przed nocą muszę wrócić do Marianny. Do widzenia na razie. Dziękuję za poczęstunek.

— Nie ma za co — powiedziały grzecznie dziki i pogrążyły się w błocie.

Dalej Pafnucy zobaczył wodnego szczura i porozmawiał z nim przez chwilę, ale wodny szczur był nietowarzyski, więc odpowiedzi na pytania wyburkiwał krótko i niechętnie. Potem Pafnucy znalazł miejsce, gdzie do rzeczki wpadał cieniutki strumyczek i poszedł wzdłuż strumyczka, żeby obejrzeć źródełko. Źródełko było blisko, ale przy źródełku wywęszył wspaniałe, tłuste pędraki i te pędraki koniecznie należało zjeść. Potem, po drugiej stronie strumyczka, Pafnucy znalazł grzyby, a potem okazało się, że już jest dawno po południu i dalej iść nie można.

Przyjrzał się jeszcze raz dokładnie brzegom rzeczki i zawrócił do Marianny.

— Później już nie płynęło, a teraz zaczęło na nowo — powiedziała nazajutrz rano Marianna bliska płaczu. — Widzę, że szczur wodny mówi to samo, o ile powtórzyłeś mi porządnie.

Płynie rano, a potem przestaje, z tym że płynie tego coraz więcej.

— Ale do tego miejsca, gdzie byłem, nic tego nie robi — powiedział zmartwiony Pafnucy. — Nic zupełnie nie było podejrzanego.

— No więc musisz iść dalej! — zadecydowała Marianna. — Zaczynam mieć w ogóle okropne przeczucia. Jeżeli tam są ludzie...

— Dziki mówiły, że są — przerwał Pafnucy.

— No więc właśnie. Zaczynam przypuszczać, że ci potworni ludzie robią nam coś złego na odległość. Pafnucy, trudno, musisz sprawdzić!

— Ale nie zdążę wrócić przed wieczorem — zastrzegał się Pafnucy.

— Dobrze, poczekam — zgodziła się ponuro Marianna. — Jeżeli będziemy wiedzieli, co się dzieje, może się temu jakoś zaradzi. Idź zaraz i wróć jutro. Czekaj, zjedz przedtem porządne śniadanie, żebyś nie musiał zatrzymywać się po drodze. Trochę żywych ryb jeszcze ocalało.

Porządnie najedzony Pafnucy, szybciej niż poprzedniego dnia, dotarł do cienkiego strumyczka i pomaszerował dalej.

Wyprawa podobała mu się ogromnie. Gdyby nie zmartwienie Marianny, czułby się zupełnie zadowolony. Ciekawiło go bardzo, gdzie się ta ich znajoma rzeczka zaczyna, i miał wielką ochotę znaleźć jej źródło. Nigdy jeszcze dotychczas nie chodził w tamtą stronę i sam się nawet zaczął zastanawiać, dlaczego. Po namyśle przypomniał sobie, że po prostu miał za mało czasu, bo ciągle trzeba było chodzić w inne strony, i ucieszył się, że teraz może wykorzystać okazję.

Dawno już zapadł wieczór, kiedy wciąż wędrujący brzegiem Pafnucy poczuł z daleka jakieś obce zapachy. Czuł już coś podobnego i odgadł, że takie zapachy pochodzą od ludzi. Było zupełnie ciemno, a chociaż widział w ciemnościach całkiem dobrze, to jednak wolał oglądać wszystko w świetle dziennym. Postanowił zatem poczekać do rana, a przez ten czas poszukać sobie jakichś drobiazgów na kolację.

Zaledwie się rozwidniło, Pafnucy ruszył w kierunku ludzkich woni i wkrótce dotarł do skraju lasu. Usiadł pod drzewem i zaczął się przyglądać.

Najpierw dokładnie obejrzał rzeczkę. Nie była to już rzeczka, tylko jeziorko, niewielkie, znacznie mniejsze od jeziorka Marianny, ale bardzo ładne. Z jednej strony otaczał je las, a z drugiej łąka. Na łące, blisko wody, rosły kępy wielkich olch. Za łąką widać było drogę, a za drogą stały ludzkie domy.

Pafnucy wiedział, że są to ludzkie domy, ponieważ takie same oglądał za łąką z innej strony lasu, gdzie pokazywał mu wszystko jego przyjaciel, pies Pucek. Wiedział także, że ludzka droga jest szosą, szosę bowiem również widywał. Przyjrzał się porządnie jeziorku, z którego wypływała leśna rzeczka, i postanowił najpierw obejść je dookoła, a potem dopiero zająć się całą resztą.

O tak wczesnej porze ludzie jeszcze spali i nie było widać ani jednej osoby. Pafnucy zatem ruszył wokół wody nie przez las, tylko po łące. Patrzył pilnie i węszył jeszcze pilniej.

— Tu przychodzi tych ludzi najwięcej — mamrotał do siebie, żeby dokładnie zapamiętać. — Siedzą długo. I przyprowadzają ze sobą te swoje obrzydliwie cuchnące potwory, które pędzą po szosie. Potwory też długo siedzą. Fu, ohydny zapach! Trawa też tego nie wytrzymuje, rośnie tu o wiele gorzej niż w lesie. Przyprowadzają potwory do samej wody. Pewnie one chcą pić...

Jeziorko było małe, więc obszedł je szybko. Z drugiej strony ujrzał dalszy ciąg rzeczki, która robiła tu wielki zakręt i znów znikała w lesie. Pafnucy nie znał się na prądach wodnych, ale tajemniczym sposobem wiedział, że rzeczka płynie tutaj od lasu do jeziorka, odwrotnie niż z tamtej pierwszej strony.

— Nasza rzeczka płynie z lasu — mówił do siebie. — Robi jeziorko przy ludzkiej drodze i znów płynie do lasu. Jej początek jest gdzieś dalej, w tamtym dalszym ciągu lasu...

Przez chwilę wahał się, co zrobić, iść dalej w las w górę rzeczki, czy dokładniej obejrzeć to ludzkie miejsce, rzeczka bowiem płynęła cały czas i nie było obaw, że ucieknie. Zawrócił, znów obszedł jeziorko łąką i spotkał lisa Remigiusza.

— Cześć, Pafnucy! — zawołał zdumiony Remigiusz. — Co tu robisz? To nie jest miejsce dla ciebie, skąd się tu wziąłeś?

— Witaj, Remigiuszu — powiedział Pafnucy i odsapnął. — Nie wiem, co robię. Chyba szukam tego czegoś, co przeszkadza Mariannie.

— Co takiego? — zdziwił się Remigiusz. — Tu ma być coś, co przeszkadza Mariannie?

— Tak — powiedział Pafnucy. — To znaczy, nie wiem. To przypływa wodą.

Usiadł na trawie i opowiedział Remigiuszowi wszystko po kolei. Remigiusz słuchał i powoli przestawał być zdziwiony. Na końcu pokiwał głową.

— No oczywiście — powiedział. — Marianna dobrze zgadła. Chyba wiem, co to jest.

Pafnucy nie dziwił się wcale, tylko bardzo ucieszył.

— Co ty powiesz? — rzekł uradowany. — Mam nadzieję, że mi to powiesz?

— Owszem, chętnie — powiedział Remigiusz, nieco zakłopotany. — Nie wiem tylko, czy uda mi się dobrze ci to wyjaśnić. Ale jeśli trochę poczekamy, możliwe, że sam zobaczysz.

— Trochę spróbuj powiedzieć od razu — zaproponował Pafnucy, ponieważ poczuł się zaciekawiony.

Remigiusz usiadł wygodniej.

— No więc tak — powiedział. — Ludzie mają te swoje wielkie, hałaśliwe, cuchnące potwory, którym włażą do brzucha. Wiesz o nich, prawda?

Pafnucy kiwnął głową. Widział już samochody na tamtej drugiej szosie.

— Przyjeżdżają tu razem z nimi — mówił dalej Remigiusz. — Tu, na tę łąkę. Palą ogień. Do ognia wtykają różne rzeczy, które potem zjadają. Owszem, przyznaję, pachnie to apetycznie i nawet smaczne. Ale to nie od tego robi się świństwo w wodzie.

— Tylko od czego? — spytał Pafnucy i przełknął ślinkę, bo na myśl o smacznych rzeczach nagle wyraźnie poczuł, że kolację jadł lekką, a śniadania nie jadł wcale.

— Od potworów — powiedział Remigiusz. — Wyobraź sobie, robią coś takiego... No, przyprowadzają je bardzo blisko do tego stawu, oblewają wodą i rozmazują po nich coś straszliwie ohydnego. Tego się robi strasznie dużo, a wygląda to trochę jak piana w czasie powodzi. Więc znów leją mnóstwo wody. I cała

159

woda, razem z tą ohydą, płynie z powrotem do stawu. I przypuszczam, że potem płynie rzeczką do Marianny.

Pafnucy bardzo niedawno zmywał z siebie dużą ilością wody wprawdzie nie coś ohydnego, tylko przecudowny, znakomity, chociaż bardzo lepiący się miód, więc nagle zrozumiał, w czym rzecz.

— Myją je! — krzyknął w olśnieniu.

Remigiusz zastanawiał się przez chwilę.

— Możliwe, że masz rację — przyznał. — Owszem, zauważyłem, że są potem o wiele bardziej świecące. Może i czystsze. Chyba tak. Chyba to jest mycie.

Wiadomość była tak ważna, a przy tym tak skomplikowana, że Pafnucy musiał nad nią pomyśleć.

— Czy jesteś pewien, że to jest to? — spytał po chwili.

— Prawie pewien — odparł Remigiusz. — W każdym razie niczego innego nie zauważyłem, a bywam tu dość często. Są tu liczne kury, kaczki i gęsi.

— Zaprzyjaźniłeś się z nimi? — spytał z lekkim roztargnieniem zamyślony Pafnucy.

— O tak! — odparł dość kąśliwie Remigiusz. — Ogromnie! Ale one chyba o tym nie wiedzą...

Pafnucy właśnie doszedł do wniosku, że sam nic nie wymyśli. Ludzie myją ryczące potwory. Nad wodą. Zmywają z nich jakieś obrzydliwe świństwo, z tym że przedtem sami je tym świństwem mażą. Było to postępowanie tak dziwaczne, że nabrał wielkiej ochoty obejrzeć je na własne oczy.

— Kiedy oni to robią? — spytał. — Czy ja bym to mógł zobaczyć?

— Właśnie ci to proponowałem — przypomniał Remigiusz. — Ale musiałbyś się zdobyć na odrobinę cierpliwości, bo bardzo rzadko robią to rano. Raczej trochę później, a czasem nawet wieczorem.

Pafnucy westchnął ciężko.

— Poczekać mogę, oczywiście — powiedział. — Tylko spóźnię się okropnie do Marianny, a ona cały czas jest zdenerwowana...

— Poprosimy jakiegoś ptaka, żeby ją uspokoił — podsunął Remigiusz. — To znaczy, ty poprosisz, bo mnie one nie lubią.

— ...i chciałbym jednak zjeść coś na śniadanie — ciągnął Pafnucy. — Nieprzyjemnie jest czekać na głodno.

— O, śniadanie możesz spokojnie zjeść teraz — powiedział Remigiusz. — Ja zresztą też mam ten zamiar. Słońce ledwo wzeszło, ludzie się ruszą dopiero za godzinę.

Pafnucy znalazł sobie mnóstwo rzeczy do jedzenia cicho i spokojnie, śniadanie Remigiusza natomiast połączone było z okropnym hałasem. Dawno już znajdował się w lesie, a z kurników wciąż jeszcze dobiegało przeraźliwe gdakanie, kwakanie i gęganie. Remigiusz nie przejmował się tym wcale.

— Przynajmniej ludzie się wcześnie obudzą — powiedział, wzruszając ramionami. — Powinni mi być wdzięczni. Mają mnóstwo roboty, im wcześniej zaczną, tym lepiej.

Potem usiedli obaj na skraju lasu, porządnie ukryci za krzakami, i zaczęli cierpliwie czekać.

Zrobiło się już późne popołudnie, kiedy jeden z cuchnących potworów, przejeżdżających od czasu do czasu drogą, skręcił i zjechał na łąkę. Zatrzymał się tuż przy jeziorku. Wyszły z niego dwie ludzkie osoby i zaczęły wyciągać jakieś rzeczy.

— Właśnie tak robią — powiedział Remigiusz w zaroślach. — Ogień będą palić albo nie. Jeśli nie, od razu zaczną chlapać.

Osoby nie paliły ognia, za to, zgodnie z przewidywaniami Remigiusza, nabrały wody do wiaderka i chlusnęły na samochód. Następnie nachlapały czegoś, zrobiły dużo piany i zaczęły ją rozmazywać po całej karoserii.

— Powąchaj, jak to śmierdzi — powiedział Remigiusz. — Tylko nie podchodź za blisko.

Pafnucy uczynił kilkanaście kroków w kierunku ludzi, powęszył i wrócił do Remigiusza.

— Rzeczywiście obrzydliwe — przyznał. — I to pomimo, że wiatr wcale nie wieje do nas. Jak oni mogą to wytrzymać?

— Powinieneś już wiedzieć, że dziwactwa ludzi są nie do pojęcia — rzekł Remigiusz z naganą. — Wytrzymują także we wnętrzu tego potwora. Ja bym chyba zwariował.

Pafnucy kiwnął głową i przyglądał się dalej. Zgadzało się wszystko. Ludzie zaczęli nabierać mnóstwo wody do wiaderek, wylewali ją na wierzch samochodu i cały potok mydlin płynął po trawie do jeziorka. Część zatrzymywała się przy brzegu, a część odpływała i mieszała się z wodą rzeczki. Pafnucego ogarnęła zgroza.

— I oni to robią codziennie? — spytał z przerażeniem.

— Tego nie wiem, ale chyba tak — odparł Remigiusz. — Ostatnio ciągle ich tu widuję, w każdym razie przy pięknej pogodzie. Zdaje się, że w czasie deszczu ich nie było.

Pafnucy zaczynał się czuć zdenerwowany prawie tak jak Marianna.

— Remigiusz, słuchaj — powiedział prosząco. — Czy mógłbyś tu trochę poprzebywać? Ja muszę wrócić do Marianny, a ktoś powinien popatrzeć. Rozumiesz, żeby się upewnić. Czy mógłbyś popatrzeć codziennie, dopóki tu nie wrócę?

— Proszę cię bardzo — zgodził się Remigiusz. — To nie jest złe miejsce. Nie wiem wprawdzie, co ci z tego przyjdzie, ale pooglądać ich mogę.

— W takim razie idę — zdecydował się Pafnucy. — Też nic nie wiem, ale uważam, że jak najprędzej trzeba to powiedzieć Mariannie!

Zerwał się z trawy i, nie zwracając już żadnej uwagi na ludzi, ruszył w drogę powrotną.

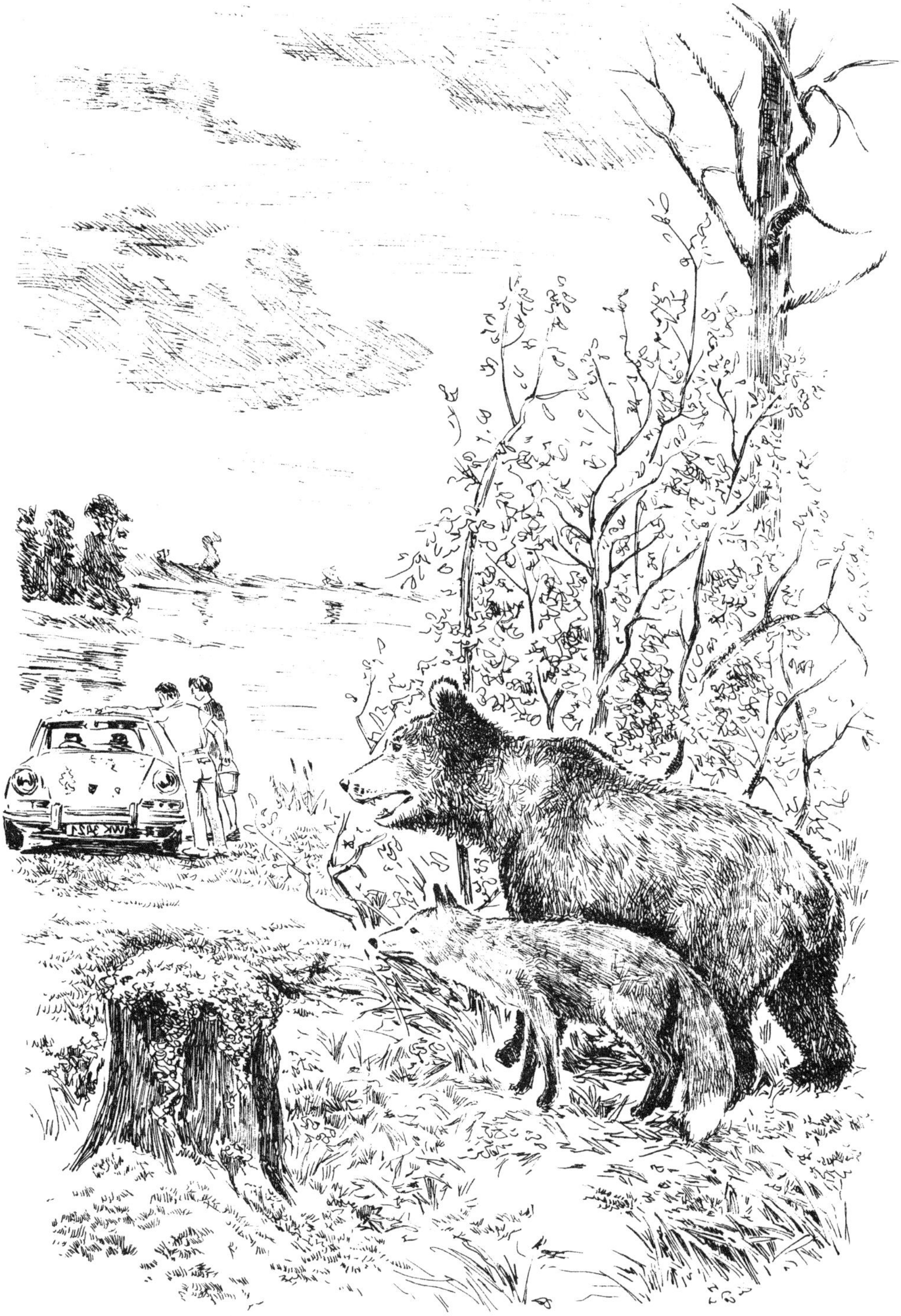

Marianna znała się na wodzie doskonale.

— Rozumiem — powiedziała z gniewem, kiedy Pafnucy opowiedział jej, co widział. — Wlewają te brudy do jeziorka po południu albo wieczorem. To zaczyna płynąć rzeczką, trochę się zatrzymuje po drodze, a cała reszta dociera tu akurat rano. Dobrze chociaż, że nie paskudzą wody przez całą noc, bo w ogóle nie można byłoby tego znieść. Oczywiście płynie w prądzie, normalna sprawa. Dzisiaj rano było mniej niż wczoraj, ale ja tego wcale nie chcę. Jeśli będą tak robić codziennie, woda w końcu nie da sobie rady. Poza tym, ciekawa jestem, co powiedzą bobry, bo jestem pewna, że i do nich dopłynie.

— Może trzeba ich zapytać? — powiedział Pafnucy, kończąc jeść deser po obiedzie.

— Chyba trzeba — zgodziła się Marianna. — Pójdziesz do nich zaraz.

— Mam inną propozycję — odezwał się nagle borsuk, siedzący obok pod krzakiem. — Wysłuchuję tych waszych zmartwień już od paru dni i dziwię się, że jeszcze nie przyszło wam to do głowy.

— Co nam miało przyjść do głowy? — spytała Marianna.

— Już od pierwszej chwili, kiedy zgadłaś, że ludzie są szkodliwi, należało o tym pomyśleć — rzekł borsuk karcąco. — Sprawy ludzi powinno się załatwiać z kimś, kto ma o ludziach pojęcie. Pafnucy, ten pies, twój przyjaciel, Pucek...

— Ach! — zawołał Pafnucy i o mało się nie zakrztusił kłączem lilii wodnej. — Oczywiście, masz rację! Trzeba porozmawiać z Puckiem i zapytać go o radę!

— Doskonała myśl! — pochwaliła Marianna. — Że też sama na to nie wpadłam! To chyba ze zdenerwowania, ale takie nieszczęście jak brudna woda przytrafiło mi się pierwszy raz. Z kim najpierw? Z Puckiem czy z bobrami?

— Równocześnie — powiedział borsuk. — Ty możesz popłynąć do bobrów wodą, dogadasz się z nimi łatwiej niż Pafnucy. A Pafnucy przez ten czas pójdzie do Pucka.

— To również powinnam była wymyślić sama — powiedziała Marianna, wzdychając. — Zdaje się, że te świństwa osłabiają umysłowo. Ale przez cały czas jestem taka zdenerwowana, że nic mi nie przychodzi do głowy.

— W takim razie dobrze się stało, że akurat tutaj byłem — rzekł borsuk zgryźliwie. — Czystość w lesie interesuje mnie osobiście, więc może ruszajcie od razu.

Marianna i Pafnucy kiwnęli głowami i nie zajmując się już niczym więcej, ruszyli w drogę, w dwie różne strony.

Marianna mknęła wodą jak błyskawica i jeszcze przed wieczorem zdążyła omówić z bobrami całą tę okropną sprawę. Bobry zdenerwowały się i zaniepokoiły okropnie. Brudne smugi wody jeszcze do nich nie dotarły, ale na samo przypuszczenie, że mogłyby dotrzeć, poczuły się wręcz zrozpaczone.

— Musielibyśmy się natychmiast wyprowadzić — powiedział z troską naczelnik bobrów. — Nie mam pojęcia, dokąd. Tu jest doskonałe miejsce.

— Pafnucy mówi, że nasza rzeczka cały czas płynie w lesie — powiedziała Marianna. — Z wyjątkiem tego jednego ludzkiego miejsca. Wiecie równie dobrze, jak ja, że świństwa płyną z prądem, więc po drugiej stronie ich nie będzie.

Bóbr potrząsnął głową.

— Nie wiemy, jak tam wygląda — powiedział. — Zdaje się, że nie najlepiej. Coś sobie przypominam, że chyba mój pradziadek tam był. Nie podobało mu się i wybrał to miejsce tutaj.

— Pafnucy pójdzie i zobaczy — obiecała Marianna. — Ale, oczywiście, lepsze dla wszystkich byłoby pozostać tam, gdzie jesteśmy i skończyć z tymi truciznami. Jeszcze nie wiem, jak.

— Zastanowimy się — powiedział bóbr. — Będę ci bardzo wdzięczny za następne informacje.

Nie zwlekając, Marianna ruszyła w drogę powrotną.

Pafnucy dotarł do skraju lasu dość szybko, był bowiem najedzony i niczego nie szukał po drodze. Zatrzymał się przed znajomą łąką i popatrzył, co się dzieje.

Łąka wydała mu się prawie zatłoczona. Blisko lasu pasło się mnóstwo krów, dalej widać było wielkie stado owiec, a jeszcze dalej prawie równie wielkie stado gęsi. W pobliżu wsi pasły się także konie. Pomiędzy krowami spacerował jakiś obcy pies, podobny do Pucka, ale nie był to Pucek. Pafnucy zakłopotał się trochę, bo wiedział, że obcy pies go nie zna i może długo potrwać, zanim pozna. Pomyślał chwilę i podszedł do jednej krowy.

— Dzień dobry — powiedział. — Czy mógłbym cię prosić...

Krowa była zupełnie głupia. Zapomniała, że poznała Pafnucego w ubiegłym roku i w pierwszej chwili przeraziła się do nieprzytomności. Na szczęście była krową, więc nie rzuciła się do ucieczki, tylko nabrała w płuca powietrza i zaryczała przeraźliwie.

Obcy pies w mgnieniu oka skoczył w jej kierunku. Krowa nagle przypomniała sobie, że zna Pafnucego doskonale, i umilkła, ale sygnał alarmowy już został wydany. Wszystkie krowy, owce i konie odwróciły się w ich stronę, a obcy pies pędził, wściekle warcząc.

Pafnucy, zrezygnowany, usiadł na trawie.

Obcy pies, oczywiście, słyszał o nim. Umiał myśleć o wiele szybciej niż krowa, więc już w trakcie pędu odgadł, że widzi niedźwiedzia. Przestał warczeć i tuż przed Pafnucym zarył się w trawie wszystkimi czterema łapami. Pociągnął nosem i warknął jeszcze raz, ale krótko i pytająco.

— Jestem Pafnucy — powiedział Pafnucy. — Mieszkam w lesie. Czy możemy się poznać? Pucek mnie zna.

— Wiem. Ja się nazywam Karuś — powiedział obcy pies, który właśnie przestał być obcy. — Pucek mi o tobie opowiadał. Przepraszam, że w pierwszej chwili byłem nieuprzejmy, ale ona mnie zmyliła.

Machnął ogonem w stronę krowy, która stała obok, bardzo zawstydzona.

— Ja cię poznałam, Pafnucy — powiedziała. — Ale wiesz, najpierw poczułam takie coś dzikie, a dopiero potem zobaczyłam, że to ty.

— Nic nie szkodzi — powiedział Pafnucy, któremu bardzo brakowało czasu. — Czy mógłbym zobaczyć się z Puckiem? Mam do niego bardzo ważny interes.

— Z tym będzie mały kłopot — odparł Karuś. — Pucek ma skaleczoną łapę i dlatego ja go zastępuję.

— To znaczy, że jest chory? — zaniepokoił się Pafnucy. — Czy musi leżeć w łóżku?

— A skąd! — powiedział Karuś. — Po prostu trudniej mu się biega i więcej odpoczywa. Ale już mu się goi i za kilka dni całkowicie wróci do zdrowia.

— Nie mogę czekać kilku dni — powiedział zmartwiony Pafnucy. — Jestem gotów iść do niego. Postaram się zrobić to tak, żeby mnie ludzie nie widzieli.

W tym momencie z daleka dobiegło ich szczeknięcie. Odwrócili się obaj i ujrzeli Pucka, który, kulejąc trochę, biegł przez łąkę. O przybyciu Pafnucego dowiedział się właśnie od koni, które dowiedziały się od owiec, które dowiedziały się od krów. Gęsi w udzielaniu wiadomości nie brały żadnego udziału, tylko gęgały przeraźliwie.

Pafnucy zerwał się pośpiesznie.

— Biegnijmy do niego! — zawołał z przejęciem. — Niech on nie chodzi tak daleko!

Spotkali się na środku łąki. Pucek ucieszył się bardzo z wizyty Pafnucego i zapewnił, że nic mu nie jest.

— Wlazłem na drut kolczasty — wyjaśnił. — Trochę mnie uszkodziło, ale sam widzisz, że już jest prawie w porządku. Na psie wszystko goi się szybko. Czy coś się stało?

— Stało się coś okropnego — powiedział Pafnucy. — Ale na szczęście nie jest to coś do biegania, tylko do rozmowy. Przyszedłem do ciebie po radę.

Opowiedział o wszystkim po kolei. O smugach obrzydliwej wody w jeziorku, o swojej wyprawie wzdłuż rzeczki, o ludziach, o myciu potwora w tamtym drugim stawie i o tym, co mówił Remigiusz. Oba psy słuchały bardzo uważnie.

— Widziałem to — powiedział Pucek. — No i popatrz, nie ma tego złego, co by na dobre nie wyszło. Przez tę moją nogę mój pan zawiózł mnie do weterynarza, bo cackają się ze mną wprost niemożliwie od czasu, jak uratowaliście leśniczego. Przejeżdżaliśmy właśnie tamtędy i na własne oczy widziałem, jak myli samochód. W dodatku teraz widzę dodatkową korzyść. Trochę musiałem poleżeć, więcej przebywałem między ludźmi i usłyszałem mnóstwo rzeczy, także i na ten temat.

— Opowiedz wszystko — poprosił Pafnucy.

Karuś leżał obok i na razie nie wtrącał się do rozmowy.

— Mój pan też widział ten samochód — powiedział Pucek. — I mój pan mówi, że tak sobie pozwalają, ponieważ nie ma leśniczego. To znaczy leśniczy jest, ale z tą swoją złamaną nogą nie może jeszcze chodzić i nie pilnuje lasu tak, jak pilnował przedtem. Wiem, że jeszcze nie będzie mógł chodzić przez trzy tygodnie.

— Przez trzy tygodnie zapaskudzą tę wodę kompletnie — powiedział smutnie Pafnucy. — Marianna mówi, że już za tydzień zdechną wszystkie ryby.

— Może nie będzie tak źle — pocieszył go Pucek. — Ale chyba macie rację, coś trzeba zrobić. Wiem, że tamto miejsce, tamta łączka nad wodą, bardzo się ludziom podoba i przyjeżdżają tam sobie na piknik.

— Na co? — zainteresował się Pafnucy.

— Na piknik — powtórzył Pucek i zaczął wyjaśniać. — To jest takie jedzenie na świeżym powietrzu. Normalnie ludzie jadają w domach, ale czasem zauważają, że na świeżym powietrzu jest przyjemniej, i wtedy biorą ze sobą wszystkie potrzebne rzeczy i robią sobie obiad gdzieś nad wodą.

— Rozumiem — powiedział Pafnucy. — Takie jedzenie nad wodą nazywa się piknik.

— Właśnie — powiedział Pucek. — Samo jedzenie nikomu by nie szkodziło, a śmieci już umiecie sprzątać, ale oni zawsze przyjeżdżają samochodami i korzystają z wody, żeby te swoje samochody umyć. Myją je szamponem.

— Czym? — zainteresował się znów Pafnucy.

— Szampon to takie specjalne coś do mycia. Różnych rzeczy. Czasem myją w tym nawet psa i nie wyobrażasz sobie, ile trzeba wysiłku, żeby przestać tym cuchnąć. Każdy pies musi potem wytarzać się w czymś normalnym, na przykład w oborze...

— A ludzie go wtedy łapią i myją drugi raz — wtrącił z rozgoryczeniem Karuś.

— Czy samochody też się muszą potem wytarzać w oborze? — spytał z zaciekawieniem Pafnucy.

— Samochody nie — odparł Pucek. — One to jakoś wytrzymują. Poza tym, same z siebie cuchną nie do zniesienia, więc możliwe, że jest im wszystko jedno. Ale dla wody, dla trawy, dla ryb i w ogóle dla zwierząt to jest okropnie szkodliwe. Ludzie o tym wiedzą.

— To dlaczego robią to w lesie? — oburzył się Pafnucy.

— Bo nie mają gdzie — powiedział Pucek. — Tak twierdzą. Poza tym robią to z głupoty. I nielegalnie.

— To co to znaczy? — spytał Pafnucy.

— To znaczy, że im nie wolno — wyjaśnił Pucek. — Jest zakaz wylewania tych obrzydliwości do wody i gdyby leśniczy ich złapał, musieliby zapłacić straszną karę. Nie robili tego, jak leśniczy pilnował, prawda? Mieliście czystą wodę?

— Czystą — przyznał Pafnucy. — Zawsze do tej pory była czysta.

— No właśnie. Przez te kilka dni, kiedy byłem chory, nasłuchałem się mnóstwo i dlatego tyle wiem. Malutka odrobina tego świństwa, a do tego bardzo rzadko, to jeszcze nic, nie zaszkodzi nikomu, ale tak dużo i tak często to już jest coś, co może zniszczyć cały las. Poza tym usłyszałem jeszcze coś i spróbuję ci o tym powiedzieć, ale przypuszczam, że lepiej zrozumiałaby to Marianna.

— Dlaczego? — spytał Pafnucy.

— Bo to dotyczy wody — odparł Pucek. — Sam to rozumiem zaledwie piąte przez dziesiąte. Otóż woda oczyszcza się sama wtedy, kiedy przez coś przepływa.

Pafnucy zastanawiał się chwilę.

— Przepływa przez wielki kawał lasu i nic — powiedział. — Do Marianny dopływa brudna.

— Bo to nie tak — powiedział Pucek. — Ona musi przepływać nie na wierzchu, tylko tak bardziej pod spodem. Przez coś. Przez ziemię albo przez piasek, albo przez różne inne rzeczy. Rozumiesz, z jednej strony wchodzi w te rzeczy, a z drugiej wychodzi i jak wychodzi, już jest czystsza.

— Rozumiem — powiedział Pafnucy. — To znaczy, może niezupełnie rozumiem, ale rozumiem, jak to powiedzieć Mariannie. Ona będzie wiedziała. Czy radzisz nam zrobić coś, żeby woda przepływała pod spodem?

— Obawiam się, że to może być dla was za trudne — powiedział w zamyśleniu Pucek, pocierając sobie nos. — Ale przychodzi mi do głowy drugi sposób. Przedtem ludzie nie myli samochodów w lesie, bo się bali leśniczego i tej strasznej kary. Może trzeba wykombinować coś, żeby znów się bali.

— Leśniczego? — spytał Pafnucy.

— Leśniczego nie ma, więc czegoś innego. Powinno się może... Powinno się może...

— Coś im zrobić w samochód — podpowiedział Karuś. — O te swoje samochody boją się najbardziej. Wiem z całą pewnością.

— Może ich także ktoś przestraszyć — zaproponował Pafnucy. — Na przykład wilki.

— A ty nie? — zdziwił się Karuś.

Pafnucy pokręcił głową.

— Ja chyba nie, bo o mnie każdy od razu wie, że jestem łagodny i nieszkodliwy.

— Ale jeden człowiek przed tobą uciekł — przypomniał Pucek. — Ludzie w ogóle są tępi nie do uwierzenia, zanim się zorientują, jaki jesteś, już poszaleją ze strachu. To chyba jedyne wyjście, spróbować ich przestraszyć. Oczywiście można im także popsuć samochód. Zaraz ci powiem, gdzie on ma miejsce dobre do psucia.

Opowiedział Pafnucemu, że samochód jeździ na kołach i te koła można przedziurawić. Przedziurawienie jest bardzo łatwe, wystarczy taki drut kolczasty, na jakim skaleczył sobie łapę, albo czyjeś ostre zęby, albo gwóźdź. Na przedziurawionych kołach żaden samochód nigdzie nie pojedzie.

Karuś popędził do wsi i po chwili wrócił, przynosząc w zębach wielki, trochę zakrzywiony gwóźdź. Położył go na trawie. Pafnucy przez ten czas zdążył się trochę zastanowić.

— Ale jeżeli taki samochód nie będzie mógł odjechać, ci ludzie zostaną tam już na zawsze — powiedział bardzo rozsądnie, oglądając gwóźdź. — Wcale tego nie chcemy. Wolimy, żeby w ogóle nie przyjeżdżali.

— Jeżeli ciągle będzie ich tam spotykało coś złego, przestaną przyjeżdżać — zapewnił Pucek.

— Można im także zrobić krzywdę z wierzchu — powiedział Karuś. — Byłem świadkiem, jak się strasznie awanturowali, bo jeden drugiemu taki samochód podrapał i pogniótł. Bardzo tego nie lubią. Moglibyście spróbować też im coś podrapać i pognieść.

Pafnucy zaczął się obawiać, że nie zdoła zapamiętać tych wszystkich informacji. Milczał przez chwilę i powtarzał sobie w myśli to, co usłyszał.

— Podrapać i pognieść — powiedział, bo to była ostatnia wiadomość. — Podrapać i pognieść. Jak podrapać? Tak?

Drapnął bardzo mocno łapą i wydrapał z łąki porządny pas trawy. Oba psy aż zaskomlały z zachwytu.

— Pierwszorzędnie! — zawołał Pucek i wybuchnął śmiechem. — Pafnucy, jedno takie twoje drapnięcie na każdym samochodzie i już ich macie z głowy!

— Mam nadzieję, że nie boisz się do nich podejść? — spytał Karuś.

— Nie, to oni jego się boją — powiedział Pucek, bardzo rozśmieszony.

Pafnucy ciągle wyobrażał sobie to drapanie i gniecenie. Klementyna, Matylda i Kikuś mogliby wskoczyć na taki samochód i trochę zatupać kopytkami. Klemens mógłby opuścić głowę i użyć swoich rogów. Ani jeleń jednakże, ani sarny nie podejdą do obcych ludzi za żadne skarby świata. Wilki też wolą być ostrożne. Może dziki? Jeżeli dzik kłapnie paszczęką, może nie tylko pognieść, ale nawet przedziurawić bardzo twarde rzeczy. Dziki wprawdzie też boją się ludzi, ale zapach jedzenia bardzo wzmaga ich odwagę, a ludzie przecież przywożą ze sobą piknik...

— Można także dziobać — powiedział Karuś. — Raz widziałem, jak jedna kura dziobnęła samochód, bo siedziało na nim coś jadalnego. Od razu zaczęli ją odpędzać z wielkim krzykiem. Przypominam wam, że znajduję się tu tylko chwilowo, na ogół mieszkam w miejscu, gdzie jest dużo samochodów. Dawno zauważyłem, że ludzie się o nie strasznie troszczą.

— Chyba teraz pójdę i wszystko wszystkim powtórzę — powiedział Pafnucy. — Naradzimy się razem. Możliwe, że jeszcze wrócę, żeby was o coś więcej zapytać, ale teraz lepiej nie, bo mogę zapomnieć. Dziękuję wam bardzo.

— Nie ma za co — powiedział Karuś. — Na wszelki wypadek będę się trzymał blisko lasu, żebyś mógł mnie łatwo znaleźć.

— Pomyślności, Pafnucy! — zawołał Pucek, kiedy Pafnucy już się zaczął oddalać.

Marianna wróciła od bobrów dopiero rano i Pafnucy czekał na nią, powtarzając sobie pod nosem wszystkie wiadomości, jakie powinien przekazać. Troszeczkę mu się pomieszały.

— Czekaj — powiedziała Marianna po dłuższej chwili słuchania. — Przestaję rozumieć cokolwiek. Dziki mają drapać wodę pod spodem? Co to znaczy?

— Mnie się wydawało, że to ptaki powinny przegryzać coś pod spodem — rzekł słuchający również borsuk. — Też, przyznaję, nie rozumiem. Jeszcze nie widziałem gryzącego ptaka.

Pafnucy zdenerwował się trochę, bo od początku tego się właśnie obawiał. Spróbował zacząć jeszcze raz.

— Owszem, wilki do przestraszenia nadają się nieźle — zgodziła się po następnej chwili Marianna. — Tylko dlaczego ma się to odbywać przez ziemię albo przez piasek?

— Nie, to nie tak — poprawił Pafnucy pośpiesznie i z zakłopotaniem. — To są dwie oddzielne rzeczy. Przestraszenie jest dla ludzi, a piasek dla wody.

— Po co wodzie piasek? — spytał do reszty skołowany borsuk, ale na szczęście w tym miejscu Marianna odgadła.

— Ach! — zawołała. — Oni pewnie mówili o oczyszczaniu wody! Jeżeli woda przesączy się przez dużą ilość ziemi i piasku, i kamyków, zrobi się czysta! Wszystkie świństwa zostaną w tym piasku. To masz na myśli?

— Tak — powiedział z ulgą Pafnucy. — To jest jedna sprawa.

— A drugą sprawą jest przestraszanie? — upewnił się borsuk. — Nie mam nic przeciwko temu, tylko co nam z tego przyjdzie?

Pafnucy znów chciał powiedzieć wszystko razem. O tym, że przestraszeni ludzie uciekną, nie myjąc samochodu, a potem wcale nie przyjdą, o tym, że powinno im się zrobić krzywdę w samochód, bo to ich zupełnie zniechęci, i o tym, jak ta krzywda ma wyglądać. Okazało się, że ciągle jest tego za dużo.

— Myślałam, że już skończyliśmy ze spodem — powiedziała Marianna. — Woda nie przepłynie po wierzchu, tylko pod spodem. Co to za nowy spód?

— Samochodu — powiedział Pafnucy. — Te cuchnące potwory nazywają się samochody. Pod spodem mają takie coś, dość miękkie do przegryzania, zapomniałem, jak to się nazywa. Takie nogi, co się kręcą.

Borsuk miał inne wątpliwości.

— A dlaczego dziki mają zjeść piknik? — zapytał. — I dlaczego muszą go jeść nad wodą? Nie mogą gdzie indziej? I czy to jest w ogóle jadalne?

Pafnucy usiadł i chwycił się za głowę.

— To takie strasznie trudne! — zawołał żałośnie. — Jak oni do mnie mówili, wydawało się łatwe. Nie pytajcie mnie razem, tylko oddzielnie, bardzo was proszę!

— Dobrze — powiedziała Marianna. — Skończmy ze spodem. Mają nogi pod spodem. Normalna sprawa. Co ma być z tymi nogami, obojętne, czy się kręcą, czy nie?

— Powinno się je poprzegryzać — powiedział szybko Pafnucy. — Ale mnie się wydaje...

— Żeby nie odjechali? — spytał podejrzliwie borsuk.

— No właśnie, na tych poprzegryzanych nogach nie odjadą w żaden sposób...

— Pafnucy, czyś oszalał? — krzyknęła ze zgrozą Marianna. — Mają tam zostać na zawsze?! I bez przerwy paskudzić naszą wodę?!

— Ależ nie! — zawołał zrozpaczony Pafnucy. — Przeciwnie! Ja właśnie mówiłem, że to zły sposób! I dlatego trzeba im zrobić krzywdę z wierzchu!

— No, wreszcie odczepił się od tego spodu — powiedziała z ulgą Marianna. — Krzywdę z wierzchu... Ale z krzywdą z wierzchu będą mogli odjechać?

— Oczywiście, że będą mogli i powinni nawet odjechać bardzo prędko!

Stopniowo, po kawałku, wszystkie informacje od Pucka i Karusia zostały przekazane. Wówczas Pafnucy nagle oprzytomniał i przestał się czuć wypchany niezrozumiałą wiedzą. Powtórzył rozmowę z psami bardzo porządnie i Marianna i borsuk pojęli wszystko.

— Nie możemy czekać, aż leśniczy wyzdrowieje i zacznie robić porządek, bo do tego czasu zatrują rzekę śmiertelnie — powiedziała stanowczo Marianna. — Musimy zastosować te wszystkie sposoby od razu. Zrobimy porządek sami, a leśniczy zajmie się tym później.

— Słusznie — pochwalił borsuk. — Do ludzi się nie zbliżę, to pewne, ale może przydałbym się do czegoś innego?

— Do kopania — powiedziała Marianna. — W razie gdybyśmy robili te warstwy do oczyszczania, ziemię, piasek i tak dalej, z pewnością trzeba będzie pokopać. Ale przez te rzeczy woda przesącza się bardzo powoli. Może warto zapytać bobry?

— A te inne krzywdy? — spytał Pafnucy.

— Pozwolicie, że się wtrącę — powiedział nagle z drzewa dzięcioł. — Słucham tu przez cały czas i chcę wam zwrócić uwagę, że najszybciej potrafią dziobać dzięcioły.

— Świetny pomysł! — ucieszyła się Marianna. — Wspomniałeś coś o jednej kurze, Pafnucy? Co to jest jedna kura w porównaniu z dwoma albo trzema dzięciołami!

— Siedmioma — poprawił dzięcioł. — Mieszka tu w pobliżu sześcioro moich krewnych. Myślę, że wszyscy się dadzą namówić.

— Nie wiem tylko, czy wytrzymacie — zatroskał się Pafnucy. — Oni mówili, że ci ludzie lecą i awanturują się ze strasznym krzykiem.

— O, krzyków i awantur znosić nie będziemy — odparł dzięcioł. — Ale zanim zaczną lecieć i krzyczeć, zdążymy zrobić dość dużo, bądź spokojny. Ludzie są beznadziejnie powolni.

— Możliwe, że dołączą się i dziki — powiedział borsuk. — Sądzę, że też wystarczy, jeśli każdy chapnie paszczą tylko jeden raz.

— Jeżeli ludzie będą uciekali w pośpiechu, zostawią wszystko — zauważyła Marianna. — Na pewno będzie w tym coś do jedzenia, chociażby ten piknik. Gwarantuję wam, że dzikom to się bardzo spodoba.

— W takim razie muszę chyba iść do nich? — westchnął Pafnucy i zaczął podnosić się z trawy.

— Nie, nie musisz — powiedział dzięcioł. — Ostatecznie, słucham was już dość długo i zdążyłem załatwić sprawę. Dziki już tu idą i prawdopodobnie przyleci także Remigiusz. Wszyscy zostali zawiadomieni.

— Jesteś genialny! — pochwaliła go Marianna. — Z tego zmartwienia zapomniałam, że Pafnucy nic nie jadł. Zanim przyjdą, akurat zdążymy załatwić śniadanie, a możliwe, że nawet obiad.

Remigiusz miał najdalej, więc przybiegł ostatni, kiedy już zgromadziły się sarny, dziki, wilki, kuny, wiewiórki, a także liczne ptaki. Na szczęście nie trzeba mu było wiele tłumaczyć, ponieważ trochę znał ludzi.

— Nie chcę was martwić, ale jak odchodziłem, przyjechały dwa samochody z całym stadem ludzi — powiedział i machnął ogonem w kierunku wilków. — Szczerze żałowałem, że nie mam was pod ręką. Były tam ludzkie dzieci i zdaje się, że wystarczyłoby tylko zawyć porządnie parę razy.

— Jeśli o to chodzi, możemy ich uszczęśliwić — powiedział zgryźliwie stary wilk. — Wyciem możemy służyć przez całe popołudnie, a także część nocy.

Wszystkie zwierzęta były przejęte, bo wszystkie piły wodę z rzeczki i zależało im bardzo, żeby ta woda była czysta. Dziki poczuły się ogromnie zainteresowane resztkami, które mogły pozostać po uciekających ludziach, i okazywały wyraźną ochotę do kłapania paszczęką. Dzięcioły omówiły sprawę między sobą i zgłosiły gotowość dziobania. Milczący i mrukliwy szczur wodny wymamrotał, że może spróbować czegokolwiek, co się nada do pogryzienia, nawet gdyby było zupełnie niejadalne. Uzgodniono, że wszyscy wyruszą w górę rzeczki wczesnym rankiem, żeby zdążyć na popołudnie.

Wieczorem przypłynęły dwa bobry.

— Odbyliśmy naradę — powiedziały do Marianny. — I mamy pewien pomysł. Niech ktoś dokładnie powie, jak tam jest, a potem pójdziemy i sprawdzimy osobiście.

Pafnucy nie odchodził nigdzie daleko i znajdował się w pobliżu, więc na pierwsze wołanie Marianny przybiegł z pośpiechem. Opisał bobrom bardzo porządnie rzeczkę, jeziorko przy łące i dalej znów rzeczkę, która niknęła w lesie.

— Dalej nie byłem, więc nie wiem — powiedział z żalem. — Bardzo was przepraszam, nie zdążyłem.

— Nic nie szkodzi — odparły bobry. — Wygląda na to, że nasz pomysł da się zrealizować. Otóż proponujemy, żeby zawrócić wodę i zabrać ją ludziom. Niech płynie tylko przez las.

Marianna zrozumiała to natychmiast, ale Pafnucy, który nie był wodnym zwierzęciem, gapił się na bobry ze zdumieniem.

— Jak zawrócić i zabrać? — spytał niepewnie.

— Zwyczajnie — odpowiedziały bobry uprzejmie. — Liczymy, oczywiście, na to, że inni nam pomogą, bo w końcu to nie będzie przecież nasze osiedle. Trzeba wykopać nowe koryto. Nie musi być wielkie, tylko trochę zagłębione, a resztę woda zrobi sama. Potem zagrodzić rzeczkę za korytem i już.

Pafnucy jeszcze niedokładnie rozumiał.

— Pafnucy, po prostu wykopie się kawałek miejsca na rzeczkę z tej strony, w lesie — wyjaśniła niecierpliwie Marianna. — Ominie się całkiem tamtą część, gdzie ona wychodzi z lasu. Woda popłynie i połączy się z dalszym ciągiem rzeczki bliżej nas i nikt już do niej nie dojedzie żadnym samochodem ani piknikiem. Bobry wymyśliły doskonale!

— Ale robota będzie potężna — ostrzegł borsuk, który już w ogóle się nie oddalał, żeby przypadkiem nie stracić jakiejś informacji. — Zanim zaczniemy robić te wysiłki, sprawdźmy, czy nie wystarczy metoda straszenia i krzywdzenia. Bo może się obejdzie.

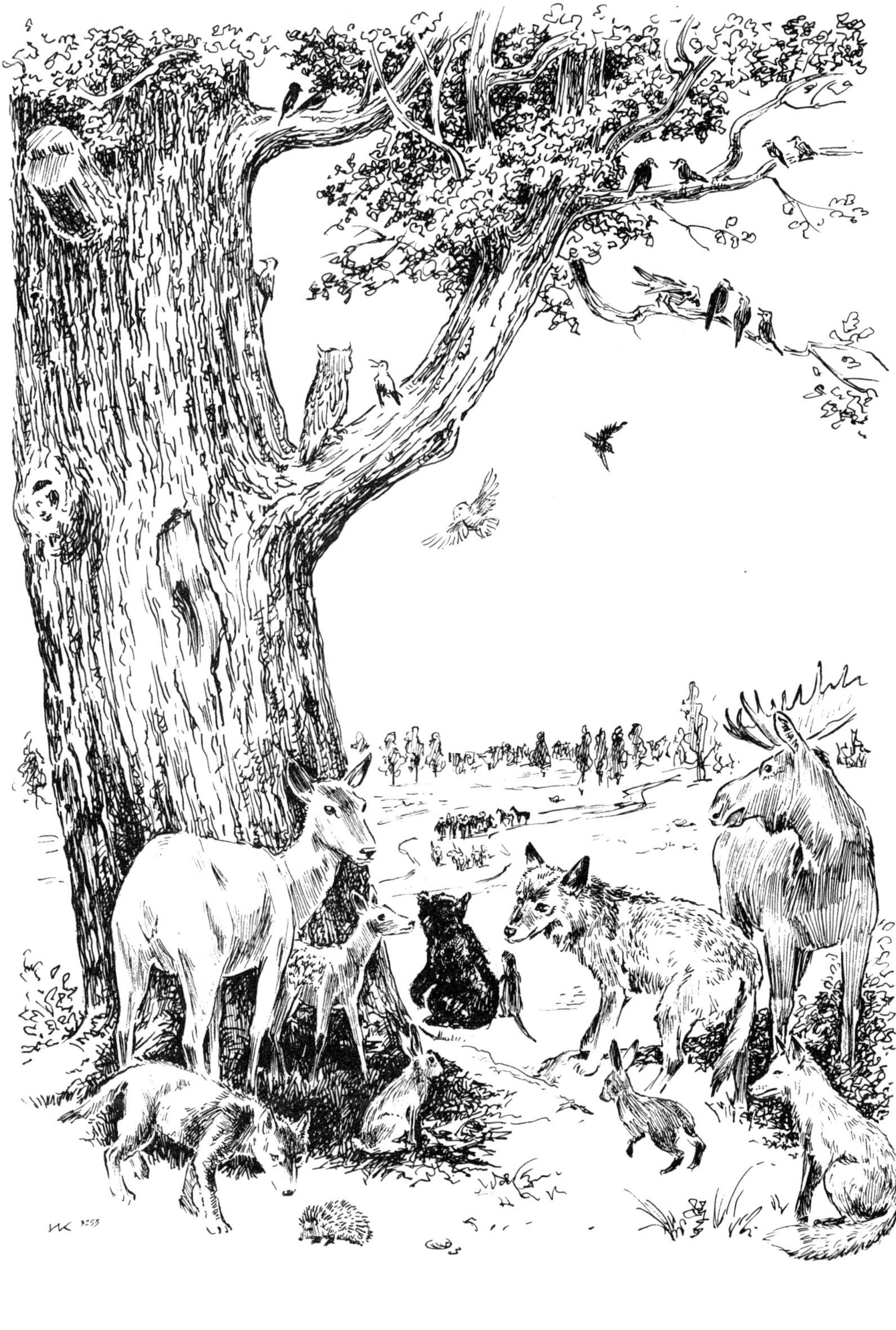

— Słuszna uwaga — powiedziały bobry. — W każdym razie pójdziemy tam i obejrzymy teren, tak na wszelki wypadek. Żeby w razie potrzeby wszystko było wiadome.

— Uważajcie bardzo na wodę, bo rano znów może płynąć trucizna — powiedziała Marianna.

— I tak wydaje nam się, że woda tu u ciebie jest odrobinę gorsza niż u nas — odparły bobry. — W żadnym wypadku nie zamierzamy czekać, aż to okropieństwo zniszczy nam życie. Wyruszamy od razu. Do zobaczenia!

— Spotkamy się jutro na miejscu! — zawołała za nimi Marianna.

Zaledwie minęło południe, wszyscy spotkali się na skraju lasu, na brzegu tego drugiego jeziorka. Nikt oczywiście nie wychodził na łąkę, bo daleko widać było ludzi, którzy pojawili się koło swoich domów. Szosą od czasu do czasu przejeżdżały samochody.

Marianna była wściekła. Kichała, pluła i prychała na wszystkie strony, bo do wyprawy zachęciła ją możliwość przybycia tu wodą. Usiłowała przepłynąć jak najdalej i natknęła się na grube smugi wstrętnej ohydy, tak że musiała wytarzać się w gęstej, mokrej trawie, żeby pozbyć się z siebie obrzydliwego zapachu. Teraz zaś po każdym przejeździe samochodu zaczynała kichać na nowo, bo w powietrzu pojawiała się dławiąca, wstrętna woń.

— Co to za szczęście, że nasz las jest duży — powiedziała. — Gdyby do tej szosy było bliżej, w ogóle bym tego nie zniosła. Czy ktoś widział bobry?

— Tu ich nie ma — powiedziała sarenka Klementyna. — Przespacerowałam się trochę i nie widziałam ich nigdzie blisko.

— Są w lesie, nad tamtą drugą częścią rzeczki — oznajmił jelonek Kikuś. — Byłem tam przed chwilą i widziałem, że oglądają brzegi.

— Ciekawe, jak długo będziemy czekać! — westchnął Euzebiusz, największy i najstarszy dzik.

— Śpieszy ci się do nich? — zdziwiła się Marianna. — Ja bym wolała, żebyśmy się wcale nie doczekali.

— W gruncie rzeczy ja bym też wolał — odparł Euzebiusz. — Ale ciekaw jestem trochę tego pikniku.

— Nie ma jeszcze wilków — zawiadomił z drzewa dzięcioł. — Sroka po nie poleciała. Mówiły, że przyjdą trochę później, bo się muszą wyspać. One przeważnie śpią w dzień.

— Uwaga! — zawołał ostrzegawczo Remigiusz. — Są!

Jeden jadący szosą samochód bardzo zwolnił, zjechał na łąkę i podjechał do samego jeziorka. Zatrzymał się blisko brzegu i zaczęli wychodzić z niego ludzie, dwie osoby większe i dwie mniejsze. Wszystkie zwierzęta, nie wiadomo jakim sposobem, od razu wiedziały, że te mniejsze są ludzkimi dziećmi.

Klementyna niespokojnie wezwała do siebie swoją córeczkę, Perełkę, i kazała jej odsunąć się w głąb lasu. Euzebiusz uczynił krok ku łące.

— Zaczynamy? — spytał z ożywieniem.

— Jeżeli chcesz, żeby coś po sobie zostawili, radziłbym ci poczekać — odparł Remigiusz. — Popatrzmy, co będą robić.

Ludzie zaczęli od razu wyciągać z samochodu różne rzeczy. Jedna osoba rozstawiła jakąś dziwną konstrukcję. Zwierzęta nie wiedziały, że jest to turystyczny stolik, i przyglądały się ze zdumieniem i zaciekawieniem.

— Będą jedli — zawiadomił Remigiusz z uciechą. — Nie zaczynają palić ognia, więc wszystko mają gotowe. Jeżeli wyjmują takie coś, zawsze im to służy do jedzenia.

Osoba wyciągnęła także i rozstawiła turystyczne krzesła, a potem wielką torbę, z której zaczęła wydobywać paczki i pudełka. Remigiusz o wszystkim kolejno informował, widywał bowiem takich ludzi na wycieczce mnóstwo razy.

— Jeżeli będą tylko jedli, proponuję, żeby im dać spokój — powiedział. — Paskudztwa z tego nie będzie, najwyżej trochę śmieci. Wypłaszamy wyłącznie takich, którzy spróbują myć to swoje pudło.

— Eeeeee... — powiedział Euzebiusz z wyraźnym rozczarowaniem.

Ludzie nadal kręcili się wokół samochodu i ciągle z niego coś wywlekali. Niektóre rzeczy rzucali na trawę, inne układali na stoliku. Wszystkie zwierzęta patrzyły na to z ogromnym zainteresowaniem, nawet Marianna przestała kichać.

Największy człowiek wyciągnął wreszcie wiaderko, podszedł do jeziorka, nabrał wody i wylał ją na dach samochodu. Remigiusz zerwał się na równe nogi.

— Zaczyna się! — krzyknął zduszonym głosem. — Uwaga! Do roboty! Dzięcioły pierwsze!

Siedem dzięciołów poderwało się równocześnie, furknęło i wszystkie opadły na dach samochodu. Ludzie nagle znieruchomieli i patrzyli na to w osłupieniu. Największy człowiek trzymał w ręku pełne wiaderko, bo właśnie znów nabrał wody. Dzięcioły przystąpiły do pracy.

Dzięcioły mają bardzo twarde i silne dzioby. Kują nimi drewno tak szybko, że brzmi to jak terkotanie. Wszystkie razem zaczęły kuć dach samochodu, chociaż było im bardzo niewygodnie, bo nie miały się czego trzymać. Uderzenia były przez to nieco słabsze, ale w zupełności wystarczyły, żeby poprzebijać cienką blachę. Okropny, brzęczący, metaliczny terkot brzmiał przez chwilę nad łąką, aż echo odbiło go w lesie.

Człowiek z wiaderkiem krzyknął strasznie, rzucił naczynie i runął w kierunku swego samochodu. Dzięcioły spodziewały się tego. W mgnieniu oka poderwały się i furknęły do lasu.

— No proszę! — powiedział dumnie Remigiusz. — Nie mówiłem?

— To nie ty mówiłeś, to Karuś — zwrócił mu delikatnie uwagę Pafnucy.

— Rzeczywiście — powiedziała równocześnie Marianna z wielkim zadowoleniem. — Tę rzecz z wodą już zgubili.

— Ale wrzeszczą okropnie — stwierdziła z niesmakiem Klementyna i odsunęła się odrobinę za drzewa.

Ludzie na łące miotali się jak szaleńcy. Dzieci popędziły kawałek za dzięciołami, ale zostały od razu zawrócone. Wszyscy biegali wokół samochodu, macali dach, wspinali się na palce i usiłowali go obejrzeć. O żadnym myciu oczywiście nie mogło już być mowy, bo przez dziurki woda wlałaby się im do środka.

— Ejże, to świetny pomysł! — powiedział borsuk, zdumiony sukcesem.

— Jeśli mają zwiewać, trzeba ich postraszyć — przypomniał Remigiusz. — Pafnucy, no...!

— A my? — spytał niecierpliwie Euzebiusz.

— Wy za chwilę — zarządził Remigiusz. — Zobaczymy, co powiedzą na Pafnucego.

Pafnucego to wszystko trochę rozbawiło, bo ludzie zachowywali się bardzo śmiesznie. Sam był ciekaw, co powiedzą na niego. Niewiele myśląc, wybiegł z lasu i pojawił się na łące.

Nikt w tym całym zamieszaniu nie zauważył, że szczur wodny podpłynął, wylazł na brzeg i, kryjąc się w gęstej trawie, zaczął się zbliżać do samochodu. Po drodze znalazł coś, co zostało rzucone, i z dużym pośpiechem przystąpił do obgryzania tego. Nikt mu w tym nie przeszkadzał. Ludzie przestali wreszcie macać dach, rozejrzeli się i zaczęli podnosić porozrzucane przedmioty. Szczur wodny zniknął błyskawicznie. Jeden człowiek trafił na obgryziony przez niego przedmiot, podniósł go i znów strasznie krzyknął, ponieważ cały narożnik gumowego dywanika samochodowego pod nogi przestał istnieć i zostały z niego tylko nierówne strzępy.

Zgrupowani nad wodą ludzie oglądali dywanik i wcale nie widzieli Pafnucego. Pafnucy podszedł bliżej. Nie miał cierpliwości czekać, aż się wreszcie rozejrzą porządnie, i postanowił zwrócić na siebie ich uwagę. Podniósł się na tylne nogi i ryknął potężnie.

To, co nastąpiło potem, omal nie spłoszyło wszystkich zwierząt, ukrytych w lesie. Z wrzaskiem panicznego przerażenia ludzie runęli do samochodu, przewracając po drodze stolik i krzesła i gubiąc wszystko, co trzymali w rękach. Wepchnęli się do środka głowami do przodu, pozatrzaskiwali drzwi, samochód gwałtownie ruszył prosto do wody, zatrzymał się i równie gwałtownie ruszył do tyłu. Znów się zatrzymał, wykręcił i w wielkim pędzie wyjechał na szosę, podskakując gwałtownie na różnych nierównościach.

Dopiero kiedy zniknął z oczu, zwierzęta przestały być skamieniałe. Pierwszy wyskoczył na łąkę Remigiusz.

— Pafnucy, wracaj! — zawołał, pękając ze śmiechu. — Co za świetne przedstawienie! Schowaj się, niech cię inni nie widzą!

Zaraz za nim wypadło z lasu całe stado dzików, które, przepychając się wzajemnie, w szalonym pośpiechu zaczęły próbować wszystkiego, co zostało po ludziach. Pafnucy, okropnie zaskoczony wrażeniem, jakie wywołał, opadł na cztery łapy i wycofał się z tego zamieszania. Marianna w lesie aż popiskiwała z zachwytu.

— Cóż to za świetny sposób! — wykrzykiwała. — Żadnego paskudzenia! Sam Pafnucy wystarczył! W życiu bym nie przypuszczała, że ci ludzie są tacy głupi!

— Niewygodnie — powiedział dzięcioł. — Nie ma o co zaczepić pazurów. Ale robota łatwa.

— Głupio trochę dziobać coś, w czym nie ma nic do jedzenia — rzekł jego krewniak.

— Za to jakie to użyteczne! — wykrzyknęła Marianna. — Proszę was, poświęćcie się! Nikt nie zrobi tego równie dobrze!

Akurat na tę chwilę nadeszły bobry i stanęły zdumione, bo wszyscy podskakiwali, wykrzykiwali i wybuchali śmiechem. Opowiedziano im czym prędzej o tym, co działo się na łące, i bobry rozweseliły się również.

— Co do zmiany koryta rzeki, nie ma sprawy — powiedziały. — Sprawdziliśmy wszystko i można to zrobić w ciągu tygodnia. Pod warunkiem, że ktoś pomoże kopać. Ale skoro straszenie udaje się tak dobrze, nie musimy jeszcze zaczynać. Przygotujemy się tylko na wszelki wypadek.

Dziki wróciły z łąki zachwycone bezgranicznie.

— Nie wiem, które to było, ten piknik, ale chyba wszystko — powiedział Euzebiusz. — Trafiłem na same znakomite rzeczy, nigdy w życiu nie jadłem nic równie dobrego. Trochę mało, jak na całe nasze stado, i plątały się tam jakieś niepotrzebne dodatki, ale lepiej mało niż wcale. Doskonały pomysł! Remigiusz, mam nadzieję, że oni jeszcze przyjadą?

Remigiusz na nowo wybuchnął śmiechem.

— Przypuszczam, że tak — powiedział. — Jeszcze jest wcześnie. Dawno się tak nie ubawiłem!

— W takim razie czekamy — zdecydowały dziki, oblizując się. — Stanowczo warto!

— Ja też poczekam — postanowiła Marianna. — Szczególnie, że potem będę mogła spokojnie wrócić wodą. Wczorajsze obrzydlistwo z pewnością już spłynęło.

Następny samochód przyjechał po godzinie. Wyszły z niego tylko dwie osoby i ku wielkiemu żalowi dzików, wcale nie wyjęły niczego do jedzenia, tylko od razu zabrały się do mycia. Dzięcioły wystartowały już po pierwszym chluśnięciu i nikt inny nie miał nic do roboty, ponieważ okropnie zdenerwowani ludzie zrezygnowali z mycia i odjechali natychmiast. Na szosie zatrzymali się, spotkali bowiem jakiś inny samochód i wszyscy widzieli z daleka, że ludzie z owych dwóch samochodów rozmawiali ze sobą. Tamci z tego drugiego wysiedli i obejrzeli podziobany dach, po czym zawrócili i odjechali razem w tę samą stronę.

— Coś mi się wydaje, że jedni drugich zniechęcili do tego miejsca — powiedział po zastanowieniu Remigiusz. — Szkoda, że odjechali. Byłoby lepiej, gdyby zostali i zniechęcali wszystkich.

Przed wieczorem przyjechały jeszcze dwa samochody razem. Ludzkich osób wyszło z nich sześć i, zdaniem dzików, zaczęły zachowywać się bardzo przyzwoicie. Wszystkie wyjmowane rzeczy układały na trawie bez żadnych stolików i najwyraźniej w świecie przygotowywały się do jedzenia. Pojawiła się

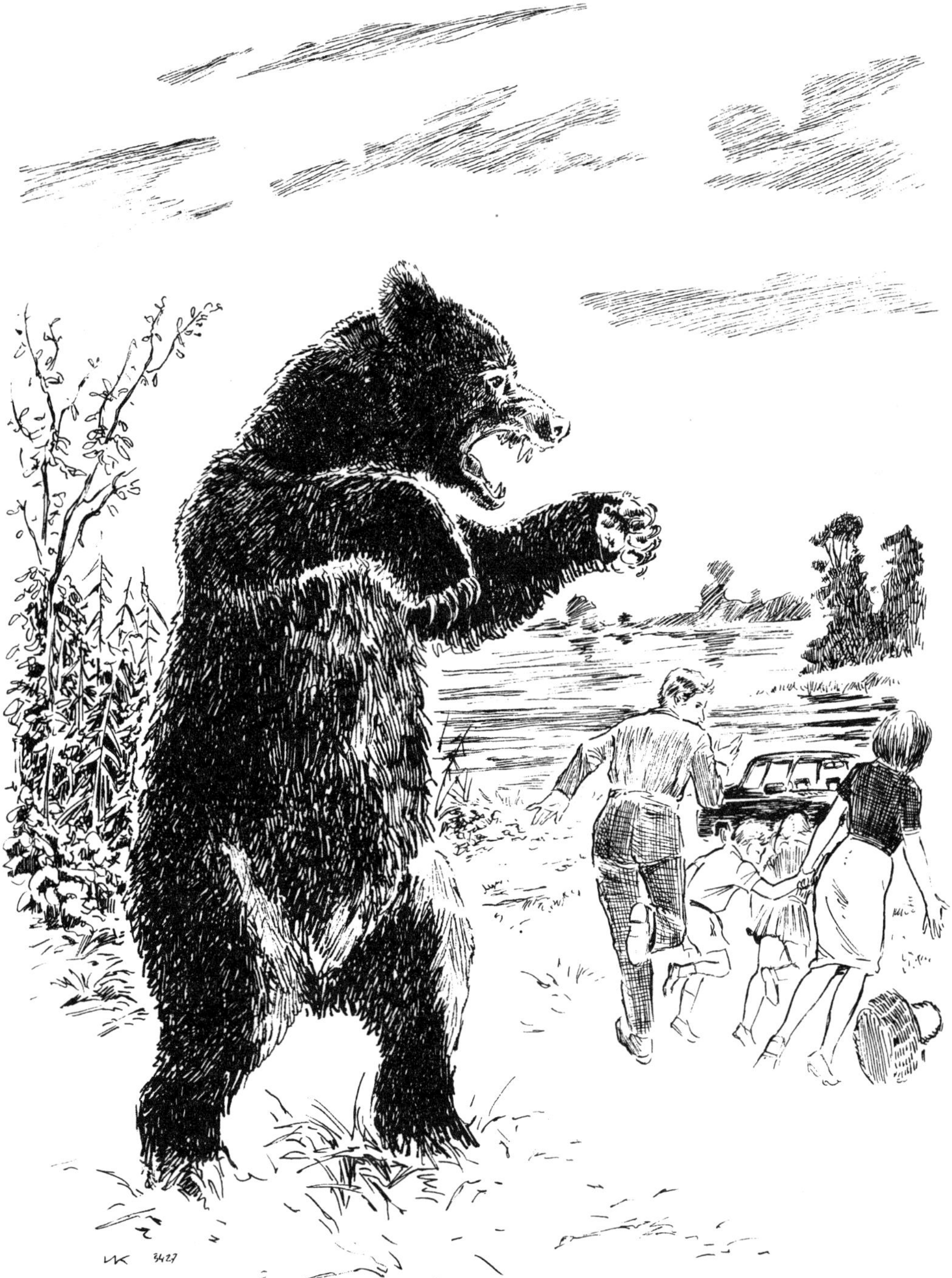

jednak pewna drobna komplikacja. Mianowicie cztery osoby zajmowały się tym wyciąganiem i układaniem, a dwie od razu pomaszerowały po wodę.

— Uwaga! — zaczął ostrzegawczo Remigiusz, ale Euzebiusz przerwał mu od razu.

— Przepraszam cię bardzo, czy nie można by chwilę zaczekać? — spytał błagalnie. — Tak jak poprzednim razem. Mam wrażenie, że oni jeszcze wszystkiego nie wyjęli. Byłaby taka szkoda, gdyby z tym odjechali!

— Zastanów się, co mówisz! — skarciła go Marianna. — Będzie większa szkoda, jeżeli napuszczą trucizny do wody!

Remigiusz miał duże doświadczenie i załatwił sprawę ugodowo.

— Nic, nic, nie obawiaj się — rzekł uspokajająco. — Dopóki leją samą wodę, nic złego się nie dzieje. Niebezpieczeństwo pojawi się dopiero, jak zaczną robić pianę. Na razie niech wyjmują, możemy zaczekać. Tylko dzięcioły powinny być przygotowane do ataku.

— Dziękuję ci bardzo — powiedział Euzebiusz.

W wielkim napięciu i wśród nerwowego prychania Marianny przeczekali kilka chluśnięć. Tamte cztery osoby przestały wyjmować rzeczy i zaczęły krzątać się wokół tego, co już zostało wyjęte. Euzebiusz powęszył.

— Jaki cudowny zapach! — szepnął z zachwytem.

— Nie wiem, gdzie on widzi ten cudowny zapach — parsknęła Marianna. — Ja czuję samą obrzydliwość!

Jeden człowiek postawił wiaderko z wodą obok samochodu i sięgnął po coś do środka.

— Teraz! — krzyknął gwałtownie Remigiusz. — Dzięcioły, już!!!

Dzięcioły rozdzieliły się na dwie grupy i powietrze zafurkotało. Trzy spadły na jeden dach, cztery na drugi. Brzęczący terkot zagrzmiał ogłuszająco. Ludzie zbaranieli tak, że dzięcioły zdążyły wykonać bardzo porządną pracę, zanim spłoszył je pierwszy przeraźliwy krzyk. Ludzie rzucili się do samochodów i poprzewracali wiaderka. Znów zaczęło się macanie i oglądanie podziobanych dachów, znów jedna osoba podniosła jakiś przedmiot i wydała następny okrzyk, bo szczur wodny był bardzo pracowity. Ludzkie zamieszanie trwało, osoby naradzały się i z daleka widać było, że nikt nie wie, co zrobić.

— No i co to ma być? — zniecierpliwiła się Marianna. — Jeszcze nie zrezygnowali? Będą tu stali do jutra? Pafnucy, przestrasz ich!

Pafnucy posłusznie podniósł się i wymaszerował z lasu na łąkę. Za nim wysunęło się pilnie węszące stado dzików z Euzebiuszem na czele.

Ludzie odwrócili się nagle i zobaczyli ich. Wszyscy znieruchomieli kompletnie. Przestali się odzywać i tak stali naprzeciwko siebie, sześć ludzkich osób i jeden niedźwiedź, a do nich przysuwało się powoli duże stado dzików.

Pafnucy w gruncie rzeczy wcale nie miał w sobie skłonności do straszenia Wydawało mu się, że powinien może coś powiedzieć. Odchrząknął.

Wszystko nastąpiło natychmiast potem w jednym i tym samym momencie. W ludzkich uszach chrząknięcie Pafnucego zabrzmiało jak groźny ryk. Sześć osób rzuciło się w popłochu ku samochodom, po drodze jednak chwycili z trawy jakieś przedmioty.

— O nie! — zawołał na to Euzebiusz z wielkim oburzeniem.

Najmłodszy i najbardziej lekkomyślny dzik nie wytrzymał. W szalonym tempie runął na jeden z samochodów, dopadł go, kłapnął paszczą, kwiknął okropnie i natychmiast uciekł. Ludzie wrzasnęli. Z lasu dobiegło nagle głuche, ponure, przeciągłe wycie. Tego już było za wiele.

Remigiusz, piejąc z uciechy, chwytał się za brzuch i fikał koziołki, a ze śmiechu łzy płynęły mu z oczu.

— Wilki! — pokrzykiwał. — Cudo! W najlepszym momencie! Patrzcie, co oni robią! Nie mogę, pęknę chyba!

Ludzie na łące prawie dostali szału. O żadnym podnoszeniu niczego już nie myśleli, wepchnęli się do samochodów na oślep, samochody ruszyły, omal się nie zderzając ze sobą, uciekły z łąki, jeden przodem, a drugi tyłem. W ciągu minuty już ich nie było widać.

Dziki nie czekały nawet, aż im znikną z oczu, tylko od razu zajęły się tym, co leżało na trawie. Euzebiusz wrócił do lasu uszczęśliwiony bezgranicznie.

— Jest to absolutnie najpiękniejsza zabawa ze wszystkich możliwych — oznajmił. — Ja się stąd nie ruszę. Kto wpadł na ten cudowny pomysł? Będę mu wdzięczny do końca życia!

— Pafnucy — powiedziała, chichocząc, Marianna.

— Nic podobnego — zaprzeczył sprawiedliwie Pafnucy. — To Pucek. I Karuś.

— W takim razie kochamy Pucka i Karusia — powiedział Euzebiusz. — Pafnucy, ciebie też! Piknik, cóż to za znakomite jedzenie!

Wszyscy byli do tego stopnia rozbawieni, że prawie zaczęli pragnąć przyjazdu następnych samochodów. Zaczynało się jednak już zmierzchać i Remigiusz oznajmił, że na dalsze rozrywki nie ma szans.

— Nikt więcej nie przyjedzie — zawyrokował. — Ludzie nie potrafią nic robić w ciemnościach. Uzgodnijmy, co ma być jutro, bo jeden dzień straszenia to za mało. Jeszcze się nie przyzwyczaili, że tu jest niedobrze.

— My zostajemy — powiedziały dziki od razu. — Znamy ten teren i czujemy się tu doskonale. Nie musimy nigdzie odchodzić.

— Przyjdziemy trochę wcześniej niż dziś, bo widzę, że tu bywa bardzo śmiesznie — obiecał wilk. — Mam wrażenie, że niezbędny jest także Pafnucy i, oczywiście, dzięcioły.

— O, my będziemy od rana — powiedziały dzięcioły. — Znalazłyśmy tu kilka bardzo pociągających drzew i nie zostawimy ich własnemu losowi. Praca jest wprawdzie trochę nerwowa, ale rozumiemy, że konieczna.

Wszyscy postanowili trzymać się blisko, żeby obejrzeć następne przedstawienie. Do domu zdecydowały się wracać tylko bobry.

— Mamy co opowiadać, bo to było bardzo zabawne — oznajmiły. — W każdym razie pamiętajcie, że do przesuwania rzeczki jesteśmy gotowe w każdej chwili.

— Dziękujemy wam bardzo! — powiedziała Marianna. — Dziękuję wszystkim! Gdybym wiedziała, że wyjdzie z tego taka komedia, możliwe, że byłabym znacznie mniej zdenerwowana...

— Pafnucy, ja chyba przyjdę do lasu i pomieszkam z wami — powiedział Pucek po kilku dniach. — Aż mnie korci. Znów zrobiliście jakieś zamieszanie! Opowiedz mi, co tam było, a ja ci potem powiem, co mówią ludzie.

Łapa już mu się zagoiła i biegał zupełnie dobrze. Obaj z Karusiem czekali na skraju lasu, mając wielką nadzieję, że Pafnucy się pojawi, bo Karuś już za dwa dni wraca do domu. Pafnucy przyszedł podzielić się wrażeniami i opowiedzieć o wynikach straszenia.

Odpowiedział zatem Puckowi bardzo chętnie. Wszystko opowiedział porządnie i dokładnie, a oba psy z radości aż się tarzały po trawie.

— Nie wiemy, co by było, gdyby nas nie było — powiedział na końcu. — Ale teraz o żadnym paskudzeniu wody nawet mowy nie ma. Nikt nie umył przez ten czas ani jednego samochodu i Marianna zupełnie wróciła do równowagi. Żadne świństwo nie płynie. Ale...

— Zaraz — przerwał mu Pucek. — Muszę ci powiedzieć, co ludzie mówią. Nic kompletnie nie rozumieją i nie mogą pojąć, dlaczego ptaki dziobią samochody. Wygadują straszne brednie, że w tym lesie panuje wścieklizna, że rzucił się na nich wielki, dziki niedźwiedź, że z lasu wypadła wataha rozżartych wilków, że straszne stado dzików próbowało ich poszarpać na kawałki i że tajemnicza siła pożera wszystko, co się położy na trawie. Pafnucy, co to jest ta tajemnicza siła?

— Szczur wodny — powiedział Pafnucy. — Mało mówi, ale bardzo szybko gryzie i nie jest wybredny. Nie robi mu żadnej różnicy, co to jest to coś do pogryzienia.

— Świetnie wam wyszło — pochwalił Karuś. — I w dodatku ci ludzie nawet nie mogą się skarżyć. W ogóle nie mogą się przyznać, że chcieli umyć samochody, bo to jest zabronione.

— A czy zauważyliście, że tych amatorów mycia jest coraz mniej? — spytał Pucek.

— Owszem, zauważyliśmy — odparł Pafnucy. — Głównie dziki zwróciły na to uwagę. Z początku było ich dużo, a teraz przyjeżdża najwyżej jeden dziennie. I całe szczęście, bo...

— Zaraz — przerwał mu znów Pucek. — Mogę ci powiedzieć, dlaczego tak jest. Zawsze ich było najwięcej z tej okolicy, bo tacy zupełnie obcy ludzie tego miejsca nie znają. A ci z tej okolicy już wszyscy wiedzą, że czają się na nich straszne zwierzęta. Nikt miejscowy już nie przyjedzie, bo wszyscy się boją. Ale zdaje się, że byli jacyś, których nic złego nie spotkało. Usiedli, zjedli obiad i spokojnie odjechali. To prawda? Byli tacy?

— Oczywiście — odparł Pafnucy. — Nawet dwa razy. Wypędzaliśmy tylko tych, którzy chcieli myć samochody. Ci, którzy tylko jedli, mogli sobie siedzieć, chociaż dzikom było bardzo żal. Ale zostawili im trochę czegoś, więc się pocieszyły.

— Szkoda, że nie widziałem tego, co się tam działo — powiedział z żalem Pucek. — Ale biegać już mogę, może bym tam skoczył któregoś dnia?

Pafnucy westchnął.

— No właśnie nie wiem — rzekł niepewnie. — Muszę wam powiedzieć, że zwierzętom już się to trochę znudziło. Dzięcioły mówią, że obtłukują sobie dzioby, a wilki czują się zmęczone tym zrywaniem się codziennie. One w dzień wolą spać. Jeszcze tylko dziki czatują, bo im się to podobało najbardziej. Będziemy chyba musieli poprosić bobry, żeby załatwiły sprawę z rzeczką.

— Jaką sprawę z rzeczką? — spytał Pucek.

— Trzeba ją namówić, żeby popłynęła inaczej — wyjaśnił Pafnucy. — Żeby ominęła ludzi i popłynęła tylko przez las. Bobry to potrafią.

— Bardzo dobry pomysł — pochwalił Karuś. — W ten sposób odczepicie się od ludzi. My to co innego, jesteśmy przyzwyczajeni, ale dla was takie częste kontakty z ludźmi wcale nie są dobre. Nie wiadomo, co im może wpaść do głowy.

— Niech tylko leśniczy wyzdrowieje, od razu skończą się wszystkie kłopoty — powiedział pocieszająco Pucek. — Za dwa tygodnie będzie chodził po lesie.

— On już chodzi, ale tylko blisko domu — powiedział Pafnucy i oblizał się. — Jedną nogę ma trochę inną niż drugą, ale my wiemy, że choroba z tej nogi już mu wyszła.

Wszystkie zwierzęta bardzo interesowały się leśniczym, który przed kilkoma tygodniami złamał nogę, i były ciekawe, jak się czuje. Ciągle ktoś chodził do niego z wizytą, odwiedzała go nawet Klementyna z Perełką, wiadomo było bowiem, że leśniczy jest niezwykle porządnym człowiekiem i można się go wcale nie bać. Najczęściej jednak bywał u niego Pafnucy.

Leśniczy doskonale wiedział, że to właśnie Pafnucy uratował mu życie, grzejąc go ciepłym, niedźwiedzim futrem. Był mu niezmiernie wdzięczny i specjalnie się starał przy każdej wizycie częstować go czymś nadzwyczajnie dobrym. Na samo wspomnienie pierniczków, które piekła żona leśniczego, Pafnucy w ogóle nie mógł przestać się oblizywać. Wstępował do leś-

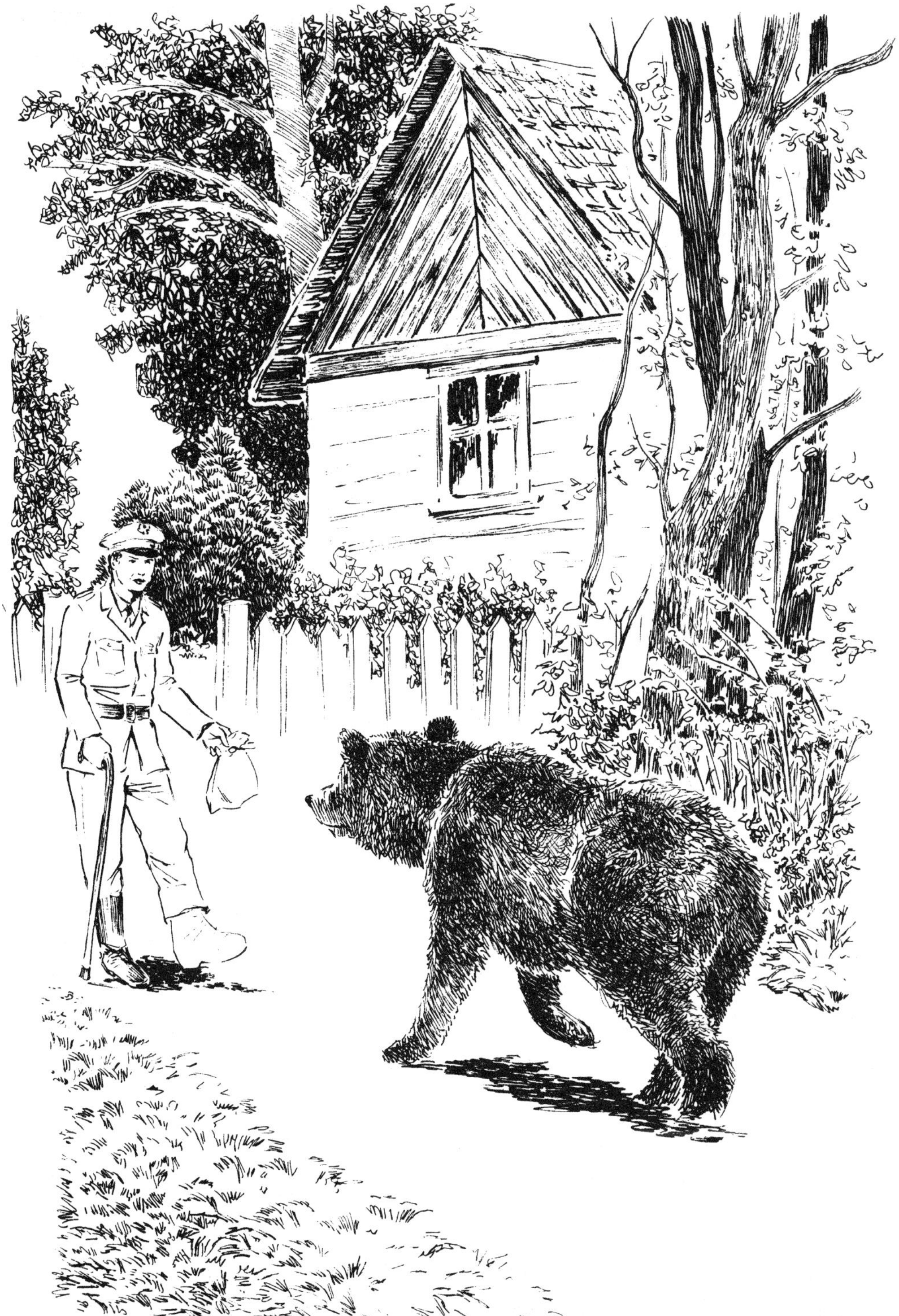

niczówki prawie codziennie, leśniczy zaś, który na złamanej nodze miał gips, wychodził do ogrodu i spotykał się z nim przy furtce ogrodzenia. Wszyscy czekali, żeby wreszcie obie nogi miał jednakowe i swobodnie chodził po lesie, bo był najlepszym w świecie opiekunem zwierząt.

— Dwa tygodnie — powtórzył Pucek. — Przez dwa tygodnie jakoś wytrzymacie. W ostateczności możecie ich straszyć co drugi dzień.

— Ja bym radził załatwić sprawę z rzeczką — powiedział Karuś stanowczo.

— Pewnie masz rację — zgodził się Pafnucy. — Ale i tak jest lepiej niż było, a dziki kazały wam powiedzieć, że kochają was nad życie. Bo z tym straszeniem to był przecież wasz pomysł.

Pożegnał się z Karusiem i wrócił do lasu, żeby wszystko opowiedzieć Mariannie.

Bobry w gruncie rzeczy bardzo lubiły roboty ziemno-wodne. Kiedy Marianna przypłynęła, żeby im powiedzieć o konieczności przesuwania rzeczki, od razu zostawiły swoje osiedle pod strażą zaledwie sześciu, a cała reszta wielką gromadą wyruszyła w drogę.

W kopaniu nowego koryta rzeczki wzięli udział wszyscy. Wilki kopały głównie w nocy, a dziki bardzo wcześnie o poranku i późnym wieczorem. Przez resztę dnia upierały się pilnować łączki i samochodów.

Minął tydzień i oto pewnego dnia zdumieni ludzie na miejscu małego jeziorka na łączce ujrzeli rozległy, błotnisty dół. Cała woda zniknęła. Weszli kawałek do lasu, żeby zobaczyć, co się stało z rzeczką, i okazało się, że rzeczka płynie sobie wesoło tak samo, jak płynęła, tylko trochę zmieniła trasę. Omija skraj lasu i łąkę i cała mieści się w głębi puszczy. Nikt nie wiedział, jak to się stało, i nikt nie mógł tego zrozumieć.

I dopiero leśniczy, kiedy po następnym tygodniu zaczął swobodnie chodzić, odgadł prawdę. Obejrzał teren i od razu wiedział, że całą sprawę załatwiły bobry. Zlitował się trochę nad ludźmi i zmienił nieco bobrzą tamę, tak, żeby malutki kawałeczek rzeczki płynął ku łączce. Ten malutki kawałeczek po pewnym czasie wypełnił błotnisty dół i znów pojawiło się prześliczne jeziorko, nad którym można było posiedzieć i zrobić sobie piknik. Leśniczy ustawił także wielką tablicę z napisem, że mycie samochodów w tym miejscu jest surowo wzbronione, ale na wszelki wypadek zrobił jeszcze tak, żeby woda z jeziorka nie wracała prosto do leśnej rzeczki, tylko przesączała się przez kawałek ziemi i piasku. Znał ludzi bardzo dobrze i wiedział, czego się po nich można spodziewać. Oczywiście, dowiedział się także o niezwykłych wydarzeniach i dziwnych rzeczach, jakie w czasie jego nieobecności działy się na łące, i chociaż nie znał poglądów Marianny, to jednak domyślił się, że zwierzęta po prostu ratowały swój dom.

— Co za szczęście, że nam się udało — powiedziała w kilka dni później Marianna, wyciągnięta na przybrzeżnej trawie obok Pafnucego. — Gdybyśmy czekali do powrotu leśniczego, musiałabym się chyba wyprowadzić. Ludzie są naprawdę okropni.

— A jednak — powiedział Pafnucy, kończąc jeść ryby — gdyby nie to paskudzenie, byłoby mi bardzo przykro ich straszyć. Wolałbym się z nimi zaprzyjaźnić.

— Na to nie licz — ostrzegł borsuk. — Podobno jeden człowiek na sto tysięcy nadaje się do zaprzyjaźnienia. Reszta jest do niczego.

— Przy okazji odnieśliśmy dodatkową korzyść — zawiadomił z drzewa dzięcioł. — Bobry wcale nie posprzątały po pracy. Specjalnie zostawiły cały bałagan i tyle tam teraz leży pogryzionego i pościnanego drewna, że wejście do lasu zrobiło się prawie zagrodzone. Leśniczy tego nie usunie, bo sam widziałem, jak oglądał ten drewniany śmietnik i chichotał.

— I bardzo dobrze — powiedziała Marianna. — Wcale nie chcę, żeby nam się plątali po lesie, bo zupełnie nie wiadomo, co im jeszcze może wpaść do głowy.

— Nikt nie chce — powiedział borsuk.

I rzeczywiście, zadowoleni byli wszyscy, z wyjątkiem dzików. Jedne jedyne dziki czuły odrobinę rozczarowania, bo w żaden sposób nie mogły zapomnieć, jaki cudowny smak miał pozostawiony przez ludzi piknik…

5. ZABŁĄKANA DZIEWCZYNKA

Pewnego pięknego dnia do niedźwiedzia Pafnucego przyfrunął dzięcioł.
— Słuchaj, Pafnucy — powiedział z zakłopotaniem. — W środku lasu siedzi ludzkie dziecko. I bardzo płacze.

Pafnucy był właśnie ogromnie zajęty. Cała zarosła poziomkami polanka, na której się akurat znajdował, czerwieniła się tak, że prawie nie było widać liści. Poziomki były wielkie, słodkie i dojrzałe i Pafnucy aż pomrukiwał z zachwytu. Zbierał je i zjadał, zbierał je i zjadał i zupełnie nie mógł przestać.

Miał jednakże bardzo dobre serce. Kiedy dzięcioł powiedział, że ludzkie dziecko płacze, poziomki zaczęły mu smakować odrobinę mniej. Zjadł jeszcze kilka, podniósł głowę i popatrzył na dzięcioła.

— I co? — spytał niepewnie.
— No właśnie nie wiem co — odparł dzięcioł. — Nikt nie wie. Przysłała mnie tu do ciebie Klementyna. Powiedziała, że nie może patrzeć na ten płacz i może ty coś poradzisz.

Pafnucy poczuł się tak samo zakłopotany, jak dzięcioł. Nigdy dotychczas nie miał do czynienia z ludzkim dzieckiem i w ogóle sobie nie wyobrażał, co można byłoby z nim zrobić.

W dodatku dziecko płakało, a zatem było zapewne nieszczęśliwe. Pafnucemu zawsze bardzo żal było nieszczęśliwych osób i wyraźnie czuł, że powinno się je pocieszać.

— I co? — powtórzył, jeszcze bardziej niepewnie.

— Nie wiem — powiedział dzięcioł cierpliwie. — Może byś tam poszedł i sam popatrzył.

— A gdzie to jest? — spytał Pafnucy.

— Z tamtej strony, pomiędzy szosą a jeziorkiem — rzekł dzięcioł. — Tam, gdzie leśna ścieżka dochodzi do krzaków. Za polanką z żółtymi kwiatkami.

Pafnucy wiedział, gdzie to jest.

— Przed polanką — poprawił. — Krzaki są bliżej, a polanka dalej.

— Możliwe — zgodził się dzięcioł. — Zależy, z której strony patrzeć. To ludzkie dziecko podobno przyszło od strony szosy, więc miało bliżej polankę, a dalej krzaki. Ptaki tak powiedziały. Widziały je, jak szło.

— Rozumiem — powiedział Pafnucy i pomyślał, że wobec tego po drodze do ludzkiego dziecka ma jeziorko, a w jeziorku swoją przyjaciółkę, wydrę Mariannę. Zanim dotrze do dziecka, będzie mógł się naradzić z Marianną.

Zjadł jeszcze kilka poziomek i kiwnął głową.

— Dobrze — powiedział. — Pójdę tam i popatrzę.

— Ja polecę i też popatrzę — powiedział dzięcioł i odfrunął.

Pafnucy ruszył w drogę. Dopóki nie doszedł do końca polanki z poziomkami, szedł bardzo wolno, bo takie zupełne zostawienie słodkich, czerwonych owoców, bez zjedzenia ani jednego, było po prostu niemożliwe. Szedł jednak, wcale się nie zatrzymując, i tylko zbierał je po drodze i może nawet szedł nie tak całkowicie prosto, bo kępki, w których czerwieniło się bardziej, ciągnęły go z magnetyczną siłą. Doszedł wreszcie do skraju polanki i wówczas ruszył znacznie szybciej.

Marianna leżała na brzegu jeziorka i wygrzewała się na słońcu.

— Pafnucy! — zawołała radośnie na widok Pafnucego. — Jak to dobrze, że jesteś! Już chciałam posłać kogoś po ciebie, bo mi tu ptaki wykrzykują, że coś się wydarzyło. Nie wiem co, żaden nie powiedział nic konkretnego. Słyszałeś może?

— Tak — powiedział Pafnucy. — I właśnie tam idę.

— A co się stało? — spytała Marianna.

— Podobno siedzi w lesie ludzkie dziecko — powiedział Pafnucy.

Marianna zerwała się z trawy.

— Jak to, siedzi ludzkie dziecko? — spytała z niepokojem. — Gdzie siedzi? Dlaczego dziecko? Tylko dziecko? Czy są także ludzie?

Pafnucy chciał odpowiedzieć na wszystkie pytania po kolei, ale okazało się, że zna odpowiedź tylko na jedno. Wiedział o ścieżce, krzakach i polance z kwiatkami, bo o tym zawiadomił go dzięcioł, ale o niczym więcej nie miał pojęcia.

— To dziecko podobno bardzo płacze — powiedział trochę żałośnie.

— Och! — powiedziała Marianna.

Przez chwilę w milczeniu patrzyli na siebie.

— To znaczy, że jest samo — zawyrokowała wreszcie Marianna. — Bez ludzi. Nie wiem, skąd się tam wzięło, ale chyba rzeczywiście musisz iść i popatrzeć. Możliwe, że coś trzeba będzie zrobić.

— No właśnie! — ożywił się Pafnucy. — Myślałem, że może mi powiesz, co.

— A skąd ja mam wiedzieć co, dopóki nic nie wiem! — zirytowała się Marianna. — Idź zaraz, zorientuj się, o co chodzi, i przyjdź mi powiedzieć. Potem się zastanowimy. Nie jedz po drodze, przygotuję ci obiad.

Pafnucy uznał, że jest to bardzo mądra propozycja. Podniósł się z trawy i pomaszerował w las.

Po dość krótkim czasie usłyszał z daleka jakieś dziwne dźwięki. Zwierzęta mają doskonały słuch i słyszą nawet najcichsze szelesty z bardzo dużej odległości, Pafnucy wiedział zatem, że dźwięki są jeszcze dość daleko. Zatrzymał się jednak i przez chwilę słuchał.

Dźwięki dobiegały raz ciszej, raz głośniej i do niczego nie były podobne. Pafnucy znów ruszył przed siebie. Maszerował, trochę posapując z zakłopotania, aż do chwili, kiedy zatrzymała go sarenka Klementyna. Dziwne dźwięki były już bardzo blisko.

— No, wreszcie jesteś! — zawołała Klementyna. — Czekaj, nie pchaj się tam! Tam siedzi ludzkie dziecko!

Pafnucy zatrzymał się, wciąż nie mając pojęcia, co należy uczynić.

— I co? — spytał z troską.

— Chyba nie możesz tak wyjść i pokazać się temu dziecku — powiedziała zmartwiona Klementyna. — Ono się może śmiertelnie przestraszyć. Wiesz przecież, że ludzie się ciebie boją.

— To co mam zrobić? — zapytał Pafnucy.

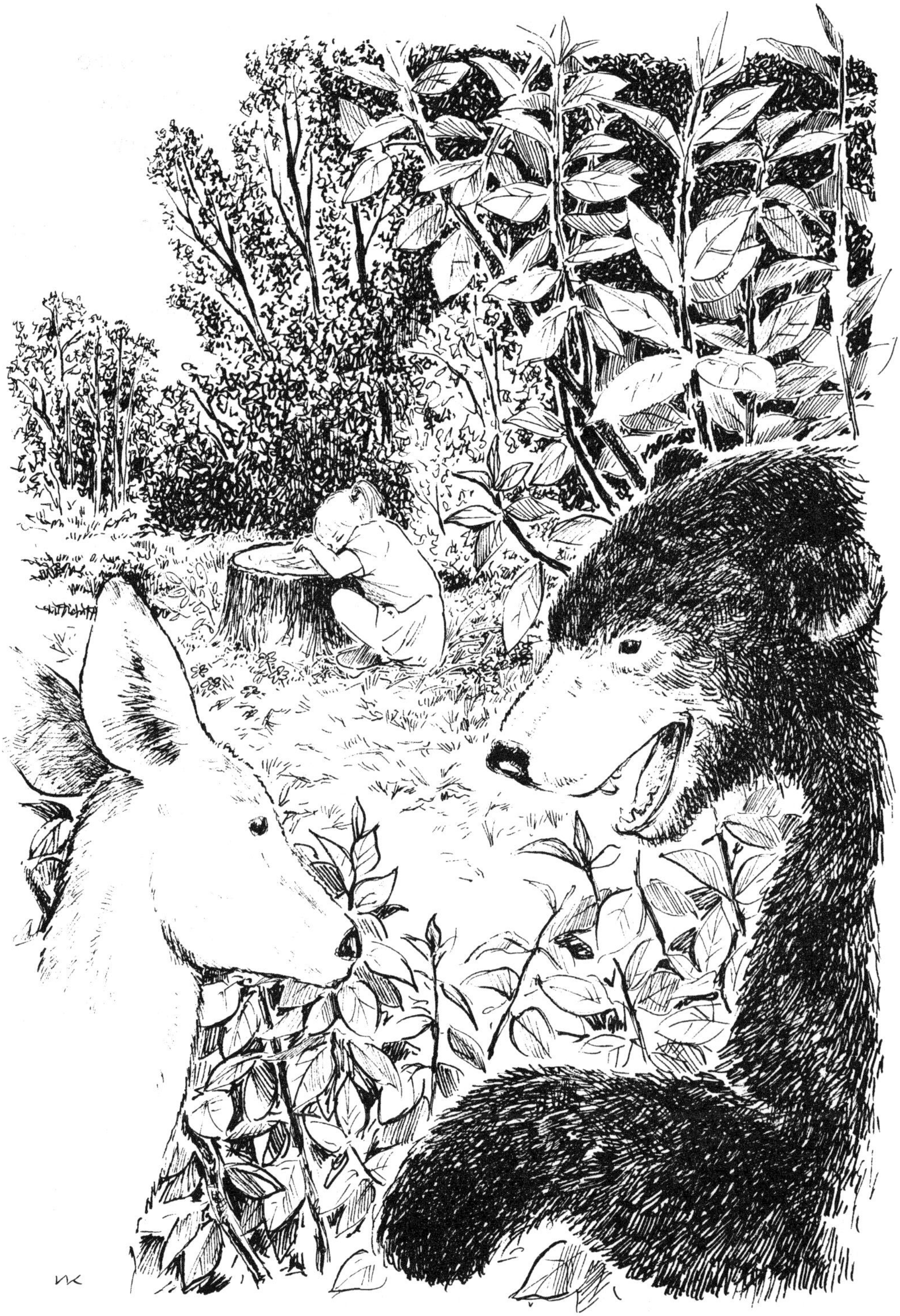

— Nie wiem — wyznała Klementyna. — Wyjrzyj jakoś ostrożnie i popatrz, a potem się zastanowimy.

Pafnucy kiwnął głową i cichutko, delikatnie, podkradł się do polanki. Ukryty za gęstymi krzakami, odchylił sobie sprzed nosa kilka gałązek i spojrzał. Źródło dźwięków znajdowało się przed nim.

Na środku małej polanki siedziała dziewczynka w żółtej sukience. Obejmowała ramionkami niski pieniek i gorzko płakała, lejąc obfite łzy z oczu.

— Mamusiu! — szlochała żałośnie. — Mamusiu, mamusiu, mamusiu...!

Pafnucy przyglądał się przez całą minutę i zrobiło mu się jej tak żal, że o mało nie wybiegł z krzaków, żeby pocieszyć to ludzkie dziecko, najwyraźniej w świecie okropnie nieszczęśliwe. Powstrzymała go Klementyna.

— Serce mi się kraje, kiedy na to patrzę — powiedziała, zgnębiona. — Jak pomyślę, że moje dziecko mogłoby tak płakać, to aż mi się coś robi. Gdzie Perełka?

Perełka, jej córeczka, znajdowała się blisko. Kryjąc się wśród gałęzi, wyciągała szyję i patrzyła na dziewczynkę szeroko otwartymi oczami, sama przestraszona niewiele mniej i też bliska płaczu. Zaciekawiona była również, więc krok po kroczku, kawałeczek po kawałeczku, przesuwała się przez krzewy ku polance.

— Perełko, trzymaj się przy mnie — powiedziała nerwowo Klementyna. — Pafnucy, co by tu zrobić? Nie możemy tego przecież tak zostawić?

— Mam wrażenie, że ono coś mówi, to ludzkie dziecko — powiedział z namysłem Pafnucy. — Nie wiem co. Jest chyba dziewczynką?

— Dziewczynką, z całą pewnością — powiedziała Klementyna. — Czuję to wyraźnie. Jeżeli coś mówi...

— Remigiusz! — przerwał jej gwałtownie Pafnucy. — Niech ktoś poleci po Remigiusza! Tylko on rozumie ludzką mowę i może nam powiedzieć, co ta dziewczynka mówi.

Nad ich głowami siedziały na drzewie trzy ptaki, dzięcioł, kos i zięba. Wszystkie trzy zerwały się od razu.

— Polecimy po Remigiusza! — zawołały. — Nie wiadomo, gdzie jest, więc poszukamy go w trzech różnych stronach. Zaraz wrócimy!

Furknęły tak głośno, że zapłakana dziewczynka je usłyszała. Przestraszyła się hałasu w gałęziach, poderwała głowę, zachłysnęła się, po czym znów opadła na pieniek, płacząc jeszcze bardziej. Perełka posunęła się kroczek do przodu.

— Może ona jest głodna? — powiedział niepewnie i ze współczuciem Pafnucy.

— Nie wiem, czy jest głodna w tej chwili, ale będzie głodna z pewnością — odparła niespokojnie Klementyna. — Nie dość, że przestraszona, to jeszcze głodna, okropne! Pafnucy, czujesz przecież, że ona się boi?

Pafnucy kiwnął głową. Przestrach dziewczynki czuło się wyraźnie. Pomyślał, że ktoś powinien ją uspokoić, ale wcale nie wiedział, kto i w jaki sposób mógłby to zrobić.

— Czego ona się boi, nie potrafię sobie wyobrazić! — odezwała się z drzewa nad nimi kuna, zdenerwowana i trochę zirytowana. — Przecież nic się nie dzieje i nikt jej nie robi nic złego. To ona robi hałas i aż mi od tego wszystko drętwieje. Skąd ona się tu w ogóle wzięła?

— Ptaki mówią, że przyszła od strony szosy — wyjaśniła Klementyna. — Zbierała sobie poziomki, widziały to. Potem przestała zbierać i pewnie chciała wrócić, ale zabłądziła.

— W lesie? — zdziwiła się kuna.

— Ja też jestem zdziwiona — powiedziała Klementyna. —

Ale ptaki mówią, że tak to wyglądało, jakby zupełnie nie wiedziała, w którą stronę powinna iść. Zbierała także kwiatki.

— I gdzie ma te kwiatki? — spytała kuna.

— Zgubiła je — odparła Klementyna. — Najpierw szła zwyczajnie, potem zaczęła być niespokojna, potem biegła i wtedy zgubiła kwiatki. Tak mówiły ptaki. Wołała coś i wołała, a potem zaczęła płakać. Przyszła tutaj i już została.

— No tak, ludzie w lesie zachowują się beznadziejnie — stwierdziła kuna. — Co ona mówi?

— Nie wiemy — powiedział smutnie Pafnucy. — Może Remigiusz będzie wiedział.

Od strony szosy przyleciała nagle sroka.

— A, to tutaj siedzi to dziecko — powiedziała. — No, no, przeszło wielki kawał lasu! A tam już go ludzie szukają.

Wszystkie zwierzęta zainteresowały się tą wiadomością bardzo gwałtownie i wszystkie, z wyjątkiem Pafnucego, poczuły także lekki niepokój. Ludzie zawsze stanowili dla nich jakieś niebezpieczeństwo i nikt nie chciał, żeby pojawiali się w lesie.

— Gdzie szukają? — spytała Klementyna.

— Blisko szosy — odparła sroka. — W ogóle są ciężko wystraszeni i pewnie odjadą.

— Powiedz to jakoś porządnie — poprosiła kuna.

— Wiesz może, dlaczego ta dziewczynka przyszła tutaj? — spytał równocześnie Pafnucy.

Sroka kiwnęła łebkiem kilka razy, bardzo zadowolona.

— Wiem wszystko — oznajmiła. — Widziałam, jak to było, bo akurat siedziałam na tej wielkiej brzozie, która tam rośnie. Jeden samochód się zepsuł, stał z boku i ludzie wyjmowali z niego różne rzeczy. Kilka było takich ślicznych, świecących i miałam na nie wielką ochotę. Myślałam, że może je zostawią i uda mi się... No, wiecie...

— Ukraść — podpowiedziała kuna.

— Powiedzmy, zabrać sobie do gniazda — poprawiła sroka.
— Ale cały czas się tam kręcili. No i przyjechał drugi samochód i też się zatrzymał. W tym drugim samochodzie też byli ludzie i to dziecko. Wszyscy wyszli. Ludzkie dziecko najpierw siedziało w środku, widziałam, że spało, a potem się obudziło i weszło do lasu. Ludzie robili coś przy tym zepsutym samochodzie, a dziecko zbierało w lesie poziomki i odchodziło coraz dalej. Znikło mi z oczu. Nie zajmowałam się nim, bo te rzeczy tak świeciły... tak świeciły... No mówię wam, świeciły po prostu przecudownie i nie mogłam od nich oczu oderwać.

— Wariatka — powiedziała kuna.

Sroka się obraziła.

— Każdy ma swoje upodobania — rzekła sucho. — Czy ja ci wymawiam te wszystkie jajka, które kradniesz z naszych gniazd? Albo myszy? Do ust bym nie wzięła myszy!

— Nie kłóćcie się, błagam was — powiedziała nerwowo Klementyna. — Powiedz do końca, co było dalej?

Sroka skrzeknęła gniewnie. Kuna też była ciekawa, jak to wszystko potoczyło się dalej, zdecydowała się więc srokę ułagodzić. Przeprosiła ją i przyznała, że każdy ma prawo do własnego gustu. Jeśli ktoś lubi świecące przedmioty, proszę bardzo, niech je sobie gromadzi. Sroka skrzeknęła z urazą jeszcze kilkakrotnie i wreszcie uspokoiła się.

— Ci ludzie wcale nie wiedzieli, że ich dziecko weszło do lasu — zaczęła opowiadać dalej. — Ciągle grzebali się przy tych samochodach i trwało to bardzo długo. Przypuszczam, że zrobili, co chcieli, bo w końcu zaczęli chować te swoje rzeczy, pochowali wszystko i dopiero wtedy zajrzeli do tego drugiego samochodu. I zobaczyli, że nie ma ich dziecka. Zaczęli latać dookoła i wrzeszczeć, weszli do lasu i szukali jak szaleńcy. Sama byłam ciekawa, gdzie się to ich dziecko podziało, bo nigdzie nie było go widać. Pchali się coraz dalej i dalej, ale na szczęście przyplątały się wilki. Te młode wilczęta, nie najmniejsze, tylko te średnie, bawiły się i chyba trochę zlekceważyły sprawę, bo pokazały się ludziom. Może sobie zrobiły taki żart. Ludzie dostali istnego szału, uciekli z powrotem na szosę, ale nie odjechali. Jeszcze tam są i wyraźnie widać, że nie wiedzą, co zrobić, a do lasu już teraz boją się wejść. Gdyby ich jeszcze Pafnucy przestraszył...

— Nie chcę — powiedział Pafnucy stanowczo i zdecydowanie.

— Nie to nie — zgodziła się sroka. — Bez ciebie też nie wejdą. Świecącego już nie było, więc poleciałam zobaczyć, dokąd to dziecko poszło.

Na sąsiednim drzewie coś zaszeleściło, spadła szyszka i na gałęzi pokazała się wiewiórka.

— Ją przestraszyły dziki — powiedziała. — To dziewczynka, prawda? Mam na myśli ludzkie dziecko.

— Dziewczynka — potwierdziła coraz bardziej zmartwiona Klementyna. — O dzikach nikt nic nie mówił. Jak ją przestraszyły?

— Och, zajęte były jedzeniem i na nic nie zwracały uwagi — wyjaśniła wiewiórka. — Akurat byłam przy tym. Ta dziewczynka szła i nagle coś zawołała. Wtedy ją zobaczyły. Spłoszyły się oczywiście i dosyć gwałtownie popędziły w las, wiecie, jak to jest z dzikami, bezmyślnie narobiły okropnego łomotu i przeraziły ją do nieprzytomności. Zaczęła uciekać w drugą stronę, nawet nie spojrzała, że dzików już dawno nie ma. W końcu trafiła tutaj. Co z nią zrobimy?

— Najlepiej byłoby oddać ją ludziom — poradziła kuna.

— Ja też uważam, że powinno się ją oddać ludziom — poparła kunę Klementyna. — Nie wiem tylko, jak to zrobić.

Przytulona do pieńka dziewczynka ciągle płakała głośno i coś wołała. Za krzakami mignęła nagle ruda smuga i obok Pafnucego pojawił się lis Remigiusz.

— Co ma być? — spytał niechętnie. — Ptaki oderwały mnie od takiej znakomitej, tłustej kaczki. Co się tu dzieje? Skąd to dziecko?

— O, jak dobrze, że już jesteś! — zawołał z ulgą Pafnucy. — To jest ludzka dziewczynka.

— Tyle to ja sam widzę — skrzywił się Remigiusz. — I co?

— I ona coś mówi — powiedział Pafnucy. — To znaczy, nam się wydaje, że ona coś mówi, i może ty zrozumiesz co. Bo w ogóle nie wiemy, co zrobić.

Remigiusz wzruszył ramionami i słuchał przez chwilę.

— Woła swoją matkę — oznajmił. — Mówi „mamusiu, mamusiu".

— Och...! — wyrwało się Klementynie z największym współczuciem.

Remigiusz rozejrzał się dookoła.

— Gdzie ta jej mamusia? — spytał gniewnie. — Ptaki coś gadały, ale pędziłem tu jak szalony i nic nie zrozumiałem. Ta mała jest tu sama? Ludzie ją tak puścili do lasu? Co to ma znaczyć?

Klementyna, kuna, sroka i wiewiórka zaczęły mu na wyścigi wyjaśniać całą sprawę. Remigiusz na szczęście był lisem bardzo inteligentnym i doświadczonym, zdołał więc to poczwórne opowiadanie jakoś zrozumieć. Dziewczynka cały czas płakała.

Mała sarenka Perełka w żadnych wyjaśnieniach nie brała udziału. Z wielkim przejęciem i zaciekawieniem, wpatrzona w to ludzkie dziecko, kroczek po kroczku wysuwała się z krzaków. Nawet nie zauważyła, kiedy wysunęła się całkowicie. Dziewczynka uniosła głowę, zobaczyła ją i nagle zamilkła.

Odgłos rzewnego płaczu ucichł w jednej chwili. Wszyscy spojrzeli na polankę. Perełka stała nieruchomo, a dziewczynka patrzyła na nią bez najmniejszego drgnięcia.

— Bambi! — zawołała ze zdumieniem i niedowierzaniem.

Nie poruszyła się, ciągle uczepiona pieńka, więc Perełka również stała, nie uciekając. Zdenerwowana Klementyna czujnie przyglądała się im obu.

— Bambi? — powtórzyła niepewnie dziewczynka. — Bambi, to ty?

— Co ona mówi? — spytał Pafnucy Remigiusza.

— Nie mam pojęcia — odparł Remigiusz, zakłopotany. — O ile znam ludzi... Zdaje się, że próbuje rozmawiać z Perełką i nadała jej nowe imię. Bambi. Nie wiem, dlaczego. Nie wymagajcie ode mnie zbyt wiele.

Perełka nie bała się dziewczynki, ale również nie wiedziała, co zrobić. Poruszyła głową i obejrzała się na Klementynę. Klementyna wyraźnie czuła, że żadnego niebezpieczeństwa nie ma, więc nie wzywała córki do siebie, tylko postanowiła też pokazać się na polance. Powoli wysunęła się z krzaków i stanęła obok Perełki.

Dziewczynka puściła pieniek i przykucnęła obok.

— Bambi, to twoja mamusia? — spytała z wielkim zaciekawieniem i zachwytem.

— Jakiś galimatias tu się robi — oznajmił Remigiusz. — Mówi do Perełki „Bambi" i pyta, czy Klementyna jest jej matką.

— Co to jest Bambi? — zainteresowała się kuna.

— A skąd ja mam to wiedzieć? — odparł Remigiusz. — W każdym razie przypuszczenie, że Klementyna jest matką Perełki, ma swój sens. Niegłupie dziecko.

Perełka i Klementyna stały nieruchomo, a dziewczynka wpatrywała się w nie z coraz większym zachwytem. Wiewiórka chciała się temu przyjrzeć lepiej. Na górze zasłaniały jej widok gałęzie, zbiegła zatem niżej po pniu sosny i upuściła wielką szyszkę, z której przedtem wyjadała ziarenka. Szyszka z szelestem i hałasem uderzyła w ziemię. Dziewczynka odwróciła się gwałtownie i zerwała spod pieńka.

— Och, wiewiórka! — krzyknęła.

Przestraszona jej ruchem Perełka w mgnieniu oka skoczyła w las, a za nią skoczyła Klementyna. Dziewczynka odwróciła się ku nim.

— Bambi! — zawołała rozpaczliwie. — Nie uciekaj! Zostań ze mną! Mamusiu!

Znów płacząc, popędziła za sarenkami. Zatrzymały ją gęste krzaki i wysoka trawa. Zaczęła się przez nie przedzierać, powoli i niezdarnie, bo przeszkadzały jej gałęzie, różne dołki i sterczące w trawie pieńki.

— Chce, żeby Perełka z nią została — przetłumaczył Remigiusz. — Wie, że wiewiórka to wiewiórka, i wiewiórki się chyba nie boi. Perełki też nie. W tym tempie daleko nie zajdzie.

— Muszę to wszystko opowiedzieć Mariannie — zdecydował się nagle Pafnucy. — Idę. Naradzę się z nią i wrócę. Jestem pewien, że ona wymyśli coś mądrego!

Marianna była już bardzo zniecierpliwiona, bo jej zdaniem Pafnucy przepadł na całe wieki. Ze zdenerwowania przygotowała cały, wspaniały obiad w postaci stosu tłustych, świeżych ryb. Pafnucy zobaczył ten stos z daleka i mocno przyśpieszył kroku.

Bardzo szczęśliwie się stało, że tuż za nim przybiegła kuna, bo inaczej nie wiadomo, kiedy i jak zostałyby przekazane Mariannie wszystkie wiadomości. Pafnucy nie mógłby przecież mówić wyraźnie z pełnymi ustami, a ryby wyglądały tak zachęcająco i apetycznie, że po prostu musiały zostać zjedzone natychmiast. Marianna nie była w stanie czekać ani chwili dłużej, kuna zatem zastąpiła Pafnucego, który tylko od czasu do czasu pomrukiwał potakująco. Skończyli razem, kuna mówić, a Pafnucy jeść.

— Nikt z was nie ma ani odrobiny rozumu — powiedziała Marianna z oburzeniem i zgorszeniem. — Jeżeli ta mała nie boi się Perełki i chce, żeby Perełka z nią została, to dlaczego one obie uciekły? Należało zostać! Niech mi Klementyna nie wmawia, że takie dziecko jest niebezpieczne!

— Myślę, że one wrócą — powiedziała kuna. — Uciekły przez zaskoczenie.

— Powinny wrócić stanowczo! — rozkazała Marianna. — Czy jest tu jakiś ptak? O, dzięcioł! Leć do Klementyny i powiedz, żeby się przestała wygłupiać!

— Wiewiórka też się jej podobała — zauważył Pafnucy, oblizując się i wycierając usta. — Takie mam wrażenie.

— No więc wiewiórka niech też wróci! — uzupełniła polecenie Marianna. — Niech się tam kręci koło niej. Leć i powiedz im to!

Dzięcioł był ptakiem życzliwym i uczynnym, a przy tym rozsądnym. Wiedział, że tę ludzką dziewczynkę należy chociaż trochę uspokoić, żeby nie robiła takiego nieznośnego hałasu, nie płakała głośno i nie krzyczała. Nie odezwał się wcale, tylko od razu poleciał.

— Teraz możemy się zastanowić nad dalszym ciągiem — oznajmiła Marianna. — Widzę tu kilka nieprzyjemności. Największa to, oczywiście, ludzie.

— Myślisz, że przyjdą aż tutaj, żeby odnaleźć swoje dziecko? — spytał Pafnucy.

— A jak to sobie inaczej wyobrażasz? — prychnęła Marianna. — Różnych głupstw szukają, a nie szukaliby dziecka? Boję się, że przyjdzie ich wielka gromada i bardzo mi się to nie podoba. To jedna sprawa. A druga to ta, że dziecko płacze i muszę się przyznać, że też mi go żal. Czy ono coś jadło?

— Klementyna mówi, że ptaki mówiły, że jadło poziomki — przypomniała kuna.

— Poziomki? — zastanowiła się Marianna. — Same poziomki? Nie jest to dużo, ale dziecko też nie jest duże. Może poziomki mu wystarczą?

— Eeee, nie — powiedział z powątpiewaniem Pafnucy, kręcąc głową. — Chyba nie...

— W ogóle chcę to dziecko zobaczyć! — powiedziała Marianna. — Gdzie ono teraz jest?

— Szło od polanki w stronę bobrów — powiedział Pafnucy. — Ale bardzo powoli, więc chyba jest prawie tam, gdzie było.

— Bez sensu — skrytykowała Marianna. — Pcha się w głąb lasu. Trzeba je było namówić, żeby poszło w stronę końca.

— Jak namówić? — spytał Pafnucy. — Popychać?

Pod krzakami zaszeleściło i pojawił się borsuk. Za nim widać było jego żonę i trzy małe, przewracające się po trawie borsuczęta.

— Słyszę, że znów są kłopoty — powiedział borsuk. — Co do pchania ludzkiego dziecka, to chyba lepiej je ciągnąć.

— Co masz na myśli? — zaciekawiła się Marianna.

— Mam na myśli Perełkę — wyjaśnił borsuk. — O ile dobrze usłyszałem, dziecko zaczęło gonić Perełkę. Gdyby Perełka miała odrobinę rozumu...

— W jej wieku trudno wymagać — przerwała Marianna. — Ale Klementyna może iść razem z nią i chyba wiesz, że dzięcioł już do nich poleciał.

— Owszem, i to mnie napełnia odrobiną nadziei — przyznał borsuk. — Bo wszystko inne wydaje mi się przerażające. Do szukania dziecka ci ludzie wydelegują całe tłumy i musimy coś zrobić jak najszybciej. Nie wiem, czy nie zaangażować twojego przyjaciela, Pafnucy, tego Pucka.

— Pucka koniecznie! — wykrzyknęła Marianna. — Ale problem w tym, że Pucek jest z zupełnie innej strony lasu niż szosa, a dziecko zginęło tym ludziom na szosie. Będą go szukać od strony szosy.

— Nie ma znaczenia — powiedział stanowczo borsuk. — Klementyna z Perełką poprowadzą dziecko w kierunku szosy, a Pucek poprowadzi ludzi od szosy w kierunku dziecka i gdzieś tam się spotkają. Tak to widzę. Ruszcie się.

— Wszyscy się ruszmy — powiedziała żona borsuka. — Wezmę dzieci i też tam pójdę. Szkoda mi takiego małego dziecka, chociaż jest ludzkie.

— W takim razie ja też idę — zdecydowała się Marianna.

Nie zdążyli jednakże uczynić nawet jednego kroku, bo ze strasznym wrzaskiem i skrzekiem nadleciała nagle sroka.

— Ratunku! — krzyknęła przeraźliwie. — Klementyna żąda pomocy! Ludzkie dziecko idzie do bagna!

Wszyscy przerazili się tak bardzo, że przez długą chwilę nie mieli pojęcia, co zrobić. Wiedzieli doskonale o bagienkach, które znajdowały się w niektórych miejscach i były niezbyt duże, ale za to bardzo głębokie. Rosła na nich piękna, zielona trawa, do której nikomu nie wolno było się zbliżać, żeby się nie utopić. Trawa wyglądała łagodnie, tworzyła równą powierzchnię i ludzkie dziecko mogło próbować przez nią przejść, przekonane, że wybiera łatwiejszą drogę.

Sroka skakała po drzewie i ciągle wrzeszczała. Skrzeczała coś o motylu i o dzikach. Nikt nie mógł tego zrozumieć i nie było czasu na długie zastanawianie się.

— Pędźmy tam najszybciej, jak kto potrafi! — rozkazał borsuk. — Wszyscy w drogę!

Sroka poprowadziła, nie czekając na nikogo. Kuna pomknęła za nią po drzewach, a Marianna po ziemi. Pafnucy wytężył siły i popędził z największą szybkością, na jaką mógł się zdobyć. Za nim sunął borsuk, a za borsukiem jego żona i dzieci.

Kuna, Marianna i Pafnucy dobiegli na miejsce prawie równocześnie i ujrzeli widok po prostu przerażający. Mała dziewczynka w żółtej sukience stała na mchu zaledwie o krok od bagienka. Nie płakała już, tylko wyciągała rączkę, a przed nią siedział na trawie ogromny, kolorowy motyl. Widać było, że chce go dosięgnąć, lada chwila zatem uczyni ten jeden krok ku niemu. I wówczas wpadnie do bagienka.

Z motylem, oczywiście, nikt się nie umiał porozumieć.

— Cofnąć ją! — zażądała nerwowo kuna. — Cofnąć ją! Jak ją cofnąć?!

— Pójdę i złapię ją, i przeniosę — zaproponował Pafnucy i już postąpił ku dziewczynce.

— Pafnucy, oszalałeś! — wrzasnęła Marianna. — Usłyszy cię, zobaczy i ucieknie prosto tam! Ktoś inny! Gdzie ta piekielna wiewiórka?!

— Tutaj jestem — powiedziała zrozpaczona wiewiórka. — Ten podły motyl przyleciał i jak na złość, specjalnie, siadał jej pod nogami! Poszła za nim i macie...!

— Perełka! — zawołała Marianna.

— Perełka nie może! — skrzeknęła sroka. — Ma za wąskie kopytka, zapadnie się prędzej niż to ludzkie dziecko. Nie wolno jej tu podchodzić!

— Nie mogę na to patrzeć! — rozzłościł się borsuk. — Co tu zrobić...?

W tym momencie z krzaczków wypadły jego dzieci, małe borsuczęta, przewracając się przez siebie wzajemnie, turlając się po mchu i robiąc mnóstwo hałasu. Dziewczynka obejrzała się i zobaczyła trzy małe, śmieszne stworzonka.

— Ach, jakie śliczne! — zawołała z zachwytem.

Przykucnęła, wyciągnęła rączkę i powolutku, prawie na czworakach, posunęła się ku małym borsuczętom, oddalając się odrobinę od bagienka. Wszyscy patrzyli na to z zapartym tchem. Borsuczęta trochę się przestraszyły i chciały uciekać, ale zatrzymała je ich matka, żona borsuka.

— Spokojnie — powiedziała. — Jestem tutaj. Pobawcie się przez chwilę, tylko w tamtą stronę proszę nie biegać. Tutaj, tutaj, pod krzakiem!

Borsuczęta uspokoiły się od razu, cofnęły troszeczkę i zagapiły na dziewczynkę. Dziewczynka przyczołgała się jeszcze kawałek ku nim.

— Kici, kici — powiedziała. — Pieseczki, jakie śliczne, kochane! Chodźcie, nie uciekajcie!

— O rany! — jęknął Remigiusz w krzakach.

— A, jesteś tu? — fuknęła na niego Marianna. — Mów, co ona mówi! Niech chociaż tyle pożytku będzie z ciebie!

— Mówi, że są śliczne — rzekł Remigiusz.

— Ależ to bardzo miłe dziecko! — zawołała ze wzruszeniem żona borsuka.

— Tylko uważa je równocześnie za kotki i za pieski — tłumaczył dalej Remigiusz. — Chce się z nimi bawić, jak sądzę. Cofnijcie się nieco, niech się odsunie dalej od bagienka. Jeszcze ciągle jest w niebezpieczeństwie.

Wszystkie zwierzęta przesunęły się w głąb lasu. Borsuczęta również przelazły dalej, gramoląc się przez gałęzie i przez siebie wzajemnie. Zupełnie przestały się bać i na nowo zaczynały się bawić, co dziewczynce spodobało się ogromnie. Posuwała się za nimi, trochę w kucki, a trochę na czworakach, i coraz większa przestrzeń zostawała pomiędzy nią a zdradliwą, bagienną łączką.

Pafnucy czekał tylko do chwili, kiedy za dziewczynką został kawałek terenu, na który można było wejść. Wiedział, że tam już mu się nic pod nogami nie zapadnie. Zdecydowanym krokiem, chociaż bardzo cichutko, przedostał się pomiędzy dziewczynkę i bagno i usiadł.

Najpierw usiadł na samym skraju twardego terenu. Po chwili dziewczynka przelazła za borsuczętami jeszcze kawałek i Pafnucy usiadł dalej. Potem jeszcze dalej. I w końcu siedział w lesie, w zupełnie bezpiecznym miejscu, a podstępne bagno zostało za nimi.

Dziewczynka zmęczyła się i z westchnieniem usiadła na trawie. Nad jej głową przefrunął następny wielki i piękny motyl. Obejrzała się za nim i nagle dostrzegła Pafnucego.

Wszystkie zwierzęta na moment aż wstrzymały oddech, pewne, że to ludzkie dziecko znów się przerazi i zacznie płakać, a może uciekać. Tymczasem nic podobnego nie nastąpiło. Dziewczynka ucieszyła się wyraźnie.

— Ach, Puchatku, jak urosłeś! — zawołała bez żadnego lęku. — Jaki jesteś duży! Czy przyszedł z tobą Prosiaczek?

— Zdawałoby się, że wiem dużo o ludziach — mruknął z irytacją Remigiusz. — Ale to dziecko doprowadzi mnie do obłędu! Pafnucy, ona cię nazywa Puchatkiem i pyta o jakiegoś prosiaczka. Wiem, co to jest prosiaczek, znam te stworzenia osobiście, podobne są do dzieci dzików, ale pojąć nie mogę, skąd coś takiego miałoby się znaleźć w lesie!

— To wszystko jedno, jak ona mnie nazywa — powiedział Pafnucy stanowczo. — Ważne, żeby całkiem odeszła od bagienka, bo na samą myśl, że może tu wrócić, robię się okropnie zdenerwowany.

— Wszyscy są zdenerwowani — odezwała się kuna z gałęzi. — Niech ta Perełka się ruszy!

Pafnucy bardzo ostrożnie i powoli podniósł się, przeszedł kilka kroków i znów usiadł. Równocześnie poruszyła się Perełka, a po pniu drzewa zbiegła wiewiórka. Dziewczynka je dostrzegła.

— Bambi, jesteś! — ucieszyła się. — I wiewiórka! I Puchatek! Pomóżcie mi! Zgubiłam się w lesie! I jeść mi się chce i nóżki mnie bolą, i nie wiem, gdzie jest moja mamusia! Pomóżcie mi!

— Jest głodna, zmęczona i żąda od was pomocy — przetłumaczył z satysfakcją Remigiusz.

— Przede wszystkim trzeba ją odciągnąć z tego miejsca — oznajmiła stanowczo Marianna. — Jeśli życzy sobie piesków, kotków i prosiaczków, niech tu ktoś przyprowadzi jakieś dziecko dzika, możliwie najmniejsze, i któreś z małych wilcząt. Perełko, odejdź kawałek, może ona pójdzie za tobą!

Marianna również nie bała się wcale i nie zwracała nawet uwagi na to, że może być widoczna. Wydając polecenia, uniosła się nieco i dziewczynka ją zobaczyła. Nie miała najmniejszego pojęcia, że Marianna jest wydrą, ale zachwyciła się nią niezmiernie.

— Jamniczek! — zawołała, uszczęśliwiona. — Jaki śliczny!

Remigiusz zachichotał.

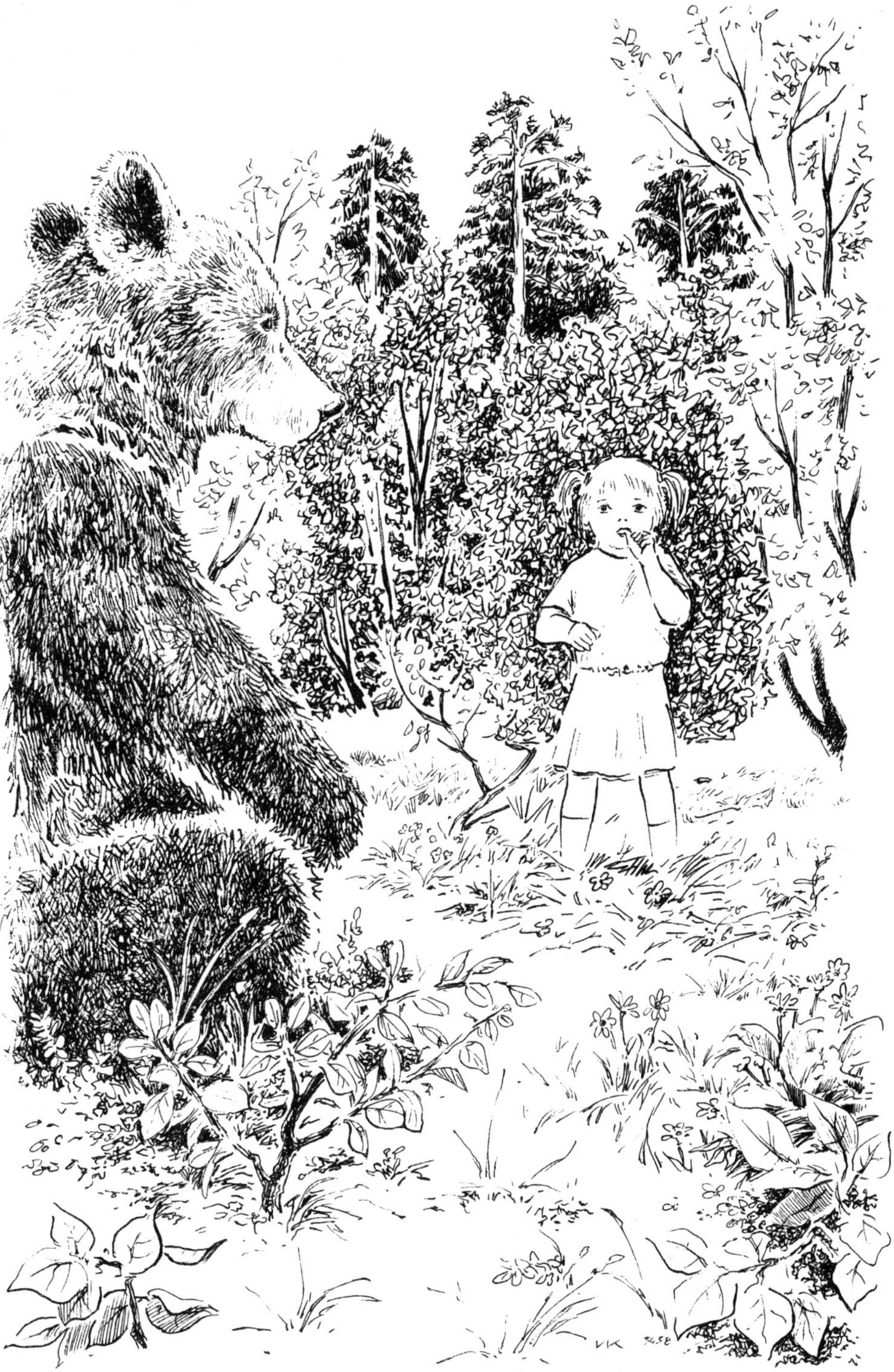

— Gratulacje! — prychnął do Marianny. — Ona uważa cię za rodzaj psa. Ale twierdzi, że jesteś prześliczna.

— Bardzo słusznie — pochwaliła Marianna. — Co do psa, nie bądźmy drobiazgowi. To jest bardzo inteligentne dziecko i bezwzględnie uważam, że należy ją uratować.

W krzakach rozległo się kwiknięcie i wszyscy ujrzeli małe dziecko dzika, tym się tylko różniące od prawdziwego prosiaczka, że było czarne i troszeczkę bardziej kudłate. Dziewczynce nie robiło to różnicy.

— O, jest Prosiaczek! — ucieszyła się. — Proszę, zaprowadźcie mnie do Krzysia!

Remigiusz aż zgrzytnął zębami.

— Już mi się zdawało, że można ją zrozumieć — rzekł gniewnie. — Coś nowego, jakiegoś Krzysia jej się zachciało! Pojęcia nie mam, co to jest!

Dziewczynka nie bała się już wcale. Przyzwyczaiła się do zwierząt, które nie robiły jej nic złego, a prosię dzika ogromnie ją rozśmieszało. Wciąż tylko wzywała do siebie Pafnucego i Perełkę i szła za nimi w głąb lasu, coraz wolniej i z coraz większym wysiłkiem, bo była bardzo zmęczona. Dotarła wreszcie do jednego z licznych miejsc, na których rosły poziomki, usiadła i zaczęła je zbierać i zjadać.

— Puchatku, są poziomki! — zawołała do Pafnucego. — Chodź prędko, bardzo dobre!

— Zdaje się, że po raz pierwszy widzę ludzką istotę, która ma dość rozumu, żeby się nie bać Pafnucego — rzekł w zadumie Remigiusz z krzaków. — Szczerze wam powiem, że nie mam pojęcia, co zrobić. Jak znam ludzi, nie zostawią tej sprawy w spokoju.

— Zięba mówi, że odjechali — zwróciła uwagę kuna, przyczepiona do kolejnej gałęzi i z wielkim zainteresowaniem wpatrzona w polankę. — Została tylko jedna osoba, zdaje się, że matka tej dziewczynki. Siedzi na skraju lasu i płacze.

— To znaczy, że wrócą w większej gromadzie — przepowiedział ponuro Remigiusz. — Poza tym, oni obydwoje jedzą z takim apetytem, że sam zaczynam być głodny. Nie wymagacie, mam nadzieję, żebym się zaczął odżywiać poziomkami?

— Dam ci rybę — obiecała gniewnie Marianna.

— Nie przepadam — skrzywił się Remigiusz. — Poza tym nie o mnie idzie. Ostrzegam was, że tu wejdą dzikie tabuny. W poszukiwaniu tego dziecka rozdepczą las! Zastanówcie się nad tym!

Remigiusz miał rację. Wszyscy byli tak zajęci dziewczynką, że prawie zapomnieli o największym niebezpieczeństwie. Pafnucy, który miał popędzić do Pucka, razem z ludzkim dzieckiem zjadał poziomki na polance i wydawał się zupełnie zadowolony. Perełka i borsuczęta bawiły się beztrosko. Słowa Remigiusza przypomniały, że to wcale nie koniec kłopotów.

— Pafnucy, zostaw te poziomki! — zawołała Marianna. — Trzeba się porozumieć z psem! Wieczór się zbliża!

— My ją tu zabawimy, a ty pędź — powiedziała na nowo zatroskana Klementyna.

Pafnucy uświadomił sobie, że spoczywają na nim ciężkie obowiązki. Oderwał się od doskonałego podwieczorku, odszedł z polanki i ruszył pędem.

Słońce zaczynało zachodzić, kiedy zdyszany i sapiący niedźwiedź dotarł do wielkiej łąki za lasem. Swojego przyjaciela, psa Pucka, dostrzegł z daleka. Pucek był bardzo zajęty, bo musiał zagonić do domu wszystkie krowy i owce. Obiegał je dookoła, obszczekując i popędzając, a krowy maszerowały powolnym i majestatycznym krokiem. Pafnucy wyszedł z lasu, żeby się Puckowi pokazać.

— Cześć, Pafnucy! — zawołał Pucek, przebiegając w pędzie obok niego. — Za chwilę przyjdę, tylko muszę tu spełnić obowiązki! Czy coś się stało?

Pafnucy zaczekał, aż Pucek znów będzie przebiegał obok niego, i obmyślił sobie przez ten czas, co powinien powiedzieć.

— Ludzkie dziecko jest w lesie! — krzyknął głośno.

Pucek zahamował tak gwałtownie, że poślizgnęły mu się wszystkie cztery łapy. Odwrócił się do Pafnucego.

— Co mówisz? — spytał, zaskoczony. — Czy ja dobrze słyszę?

— Ludzkie dziecko — powtórzył pośpiesznie Pafnucy. — Siedzi w lesie. Zabłądziło.

— O rany boskie! — zdenerwował się Pucek i odwrócił się do krów. — Jazda do domu! Wiecie, gdzie mieszkacie, możecie iść same! Nie czekajcie na mnie!

Szczeknął jeszcze dwa razy i podbiegł do Pafnucego.

— Mów prędko! — zażądał. — One są beznadziejne, będę musiał je trochę pogonić. Co z tym dzieckiem? Skąd się wzięło w lesie?

Pafnucy chciał powiedzieć wszystko równocześnie i wyszło mu bardzo dziwne zdanie.

— Spało i biegło dziki wilki dzieci borsuka, pieski kotki o mało nie utopiło się w bagnie Marianna zjada poziomki i nie chcemy wielkiego stada! — oznajmił jednym ciągiem.

Pucek przez chwilę wyglądał jak osłupiały.

— Nie, czekaj — powiedział po chwili. — To było chyba zbyt prędko. Niemożliwe, żeby Marianna jadła poziomki i skąd się wam wzięły pieski i kotki?

— To były dzieci borsuka — wyjaśnił Pafnucy. — To dziecko uważa, że to są pieski i kotki. Remigiusz mówi, że nie wszystko umie przetłumaczyć. Może ja ci to opowiem od początku?

Pucek usiadł obok niego, nie zwracając już uwagi na krowy.

— Tak — powiedział stanowczo. — Powiedz od początku.

Pafnucy porządnie i po kolei wyjaśnił mu całą sprawę. Pucek słuchał w milczeniu i robił się coraz bardziej zdenerwowany.

— Okropne — powiedział. — Dlaczego tak późno przychodzisz? Zaraz się zacznie robić ciemno!

Pafnucy wyjaśnił, że nie mógł przyjść wcześniej, bo ludzkie dziecko poszło do bagna, a potem rozmawiało z nim, więc nie chciał być niegrzeczny. W dodatku znajduje się bardzo daleko, po drugiej stronie jeziorka. Pucek zdenerwował się bardziej.

— Czekaj — powiedział. — Niech się przez chwilę zastanowię. Mógłbym tam iść, oczywiście, ale to będzie trwało. Nie znam lasu tak jak wy i musiałbym wszystko wywęszać. Mogę wywęszyć ścieżkę dzików i ścieżkę saren, mieszkanie wilków i twoje ślady, ale nie wiem, co komu z tego przyjdzie. Gdyby to chociaż było w dzień!

— To co byś zrobił? — spytał z nadzieją Pafnucy.

Pucek rozważał sprawę.

— Jedno z dwojga — rzekł. — Mógłbym prowadzić tę dziewczynkę... Czy ona się bardzo boi?

— Nie — odparł Pafnucy. — Najpierw bała się po prostu okropnie, a potem zupełnie przestała się bać. Teraz już nie boi się wcale.

— Jeżeli się nie boi, mógłbym ją pociągnąć za sukienkę — powiedział Pucek. — Ale przecież nie w ciemnościach! Wasz las jest gęsty i nierówny, nie mogłaby iść po ciemku. Albo mógłbym przyprowadzić do niej tamtych ludzi, którzy będą szukali, gdyby mi ktoś pokazywał, gdzie ona jest. Ale znów to samo, nie w ciemnościach!

— Więc może w dzień? — podpowiedział Pafnucy.

— W dzień tak — powiedział Pucek. — Ona chyba jakoś wytrzyma do jutra? Czekaj, niech pomyślę...

Pafnucy czekał, a Pucek myślał. Pafnucy wiedział, że w tamtej dalekiej stronie lasu mieszkają wilki, które wielką ludzką gromadą zdenerwują się z pewnością. Będą musiały uciec z własnego domu. Trochę obok zaś mieszka jeden dzik, stary odyniec, bardzo nietowarzyski i awanturniczy, który nie znosi w ogóle nikogo. Może się rozzłościć i nawet tych ludzi zaatakować, a wtedy oni zrobią mu coś złego. Po drodze mieszkają wiewiórki, bo rośnie tam wielki i wspaniały gąszcz leszczyn, na których znajdują się orzechy, i wiewiórki urządziły sobie domy w najbliższych okolicznych dziuplach. Spłoszą się bardzo, a ludzie mogą poniszczyć i połamać leszczyny...

Pucek nagle wymyślił.

— Wiem! — zawołał z ożywieniem. — Mam pomysł! Pafnucy, ty się chyba dogadasz z leśniczym?

Pafnucy potwierdził. Owszem, z leśniczym można się było porozumieć.

— Proponuję — powiedział Pucek — żebyś doprowadził leśniczego do dziewczynki. Z pewnością on umie chodzić po lesie szybciej, niż to dziecko. Potem poprowadzisz go w kierunku ludzi, a ja poprowadzę ludzi w to samo miejsce, tak, żeby się spotkali. Ktoś mi będzie pokazywał, gdzie to jest, żebym nie musiał szukać i węszyć. W ten sposób wejdą do lasu tylko mały kawałek i już ja się postaram, żeby nie zniszczyli za wiele. Co ty na to?

Pafnucy już od połowy propozycji kiwał głową. Pomysł Pucka bardzo mu się spodobał.

— Czy mam go od razu zacząć prowadzić? — spytał z zapałem.

— Obawiam się, że nie — odparł Pucek. — Przecież zaraz będzie ciemno. Zrobimy tak: najpierw, o najwcześniejszym świcie, ktoś mnie zaprowadzi do tamtych ludzi. Jestem pewien, że zaczną poszukiwania bardzo wcześnie. A ty w tym czasie popędzisz do leśniczówki i poprowadzisz leśniczego do dziecka. Uzgodnicie jakieś miejsce i ktoś mi o nim powie, na przykład któryś ptak. Zacząć trzeba przed wschodem słońca. To jesteśmy umówieni, wracaj teraz do lasu, a ja muszę skoczyć do tej głupiej krowy, która włazi w cudzą koniczynę. Cześć!

Zostawił Pafnucego i popędził do krowy, a Pafnucy zawrócił i popędził do lasu.

Na pierwszym drzewie czekała już na niego sroka.

— Marianna mówi, że powinieneś zjeść kolację — oznajmiła. — Zostawiła to dziecko i wróciła do domu, już tam czeka na ciebie. Dziecko siedzi, bo się bardzo zmęczyło, a Klementyna z Perełką leżą obok. Dziecko jest głodne.

Pafnucy zmartwił się bardzo. Też był głodny, więc rozumiał to dziecko doskonale. Pędził już w kierunku jeziorka, a sroka leciała nad nim i opowiadała.

— Borsuki też wróciły do domu i położyły dzieci spać — opowiadała. — Wilczęta się tam plączą, te najmniejsze, dziewczynka widziała jedno i wołała do niego „pieseczku". Ja też wracam do domu, bo dzień się kończy.

W lesie oczywiście było ciemniej niż na łące, ale Pafnucemu nie przeszkadzało to wcale. Dotarł do jeziorka Marianny dość szybko i od razu zobaczył leżące na brzegu ryby.

— Nie! — wrzasnęła Marianna, kiedy już sięgał po pierwszą. — Miej trochę przyzwoitości i najpierw powiedz, co powiedział Pucek! Jeśli zaczniesz jeść, wiem, że nie zrozumiem ani słowa, a moja cierpliwość wyczerpała się kompletnie! To dziecko jest nieznośne i żal mi go, i na samą myśl o tych jutrzejszych ludziach robię się chora! Mów natychmiast!

Pafnucy zdążył przełknąć pierwszą rybę i powstrzymał się przed zjedzeniem drugiej. Pośpiesznie powtórzył Mariannie całą rozmowę z Puckiem. Marianna uspokoiła się trochę i pochwaliła pomysł.

— Owszem, to mi się podoba — rzekła. — Tylko nie wiem, po co w ogóle ludzie mają tu wchodzić.

— Khy? — powiedział pytająco Pafnucy.

Marianna prychnęła z irytacją, ale zrozumiała pytanie.

— Przecież leśniczy też należy do ludzi — wyjaśniła niecierpliwie. — Może zabrać to dziecko i zaprowadzić je do ludzi bez żadnego wchodzenia. Czy ten Pucek nie może im powiedzieć, żeby po prostu zaczekali?

Pafnucy w ogromnym pośpiechu zdążył zjeść część ryb i na chwilę mógł się zatrzymać.

— Pucek uważa, że oni zaczną strasznie wcześnie — powiedział. — Tak wcześnie, że przedtem nic się nie zdąży zrobić.

— Dobry wieczór — odezwała się nagle nad ich głowami sowa.

Pafnucy przestał jeść, a Marianna przestała nerwowo wskakiwać do wody i obydwoje popatrzyli na sowę. Sowa siedziała na najbliższym drzewie. Przyleciała tak cicho, że nic a nic nie było słychać.

— Dzienne ptaki prosiły, żebym je zastąpiła — powiedziała spokojnym głosem. — Trochę za wcześnie dla mnie, ledwo się zdążyłam obudzić, ale niech będzie. Wiem, o co chodzi, i mam wam powiedzieć, co się dzieje. Chcecie o tym usłyszeć?

— Ależ tak! — wykrzyknęła Marianna. — Witaj, dawno cię nie widziałam. To doskonała myśl, przecież tobie nie przeszkadzają żadne ciemności.

— Przeciwnie — przyznała sowa. — Lubię ciemności. Otóż przystąpię do rzeczy, bo chciałabym jeszcze zjeść śniadanie. Na polance przy szosie siedzi matka tej dziewczynki i cały czas płacze. Właśnie przed chwilą przyjechali także inni ludzie, stoją tam trzy ohydne samochody i razem tych ludzi jest osiem sztuk. Próbowali wchodzić do lasu i świecili sobie takim dość przeraźliwym światłem, ale zrezygnowali.

— To bardzo dobrze, ale chciałabym wiedzieć dlaczego — powiedziała Marianna.

— Uważają, że źle widzą — wyjaśniła sowa. — Jeden człowiek wpadł nogą w dół, a drugi nabił sobie guza gałęzią. Jeżeli w jednym miejscu jest jasne światło, w drugim tym bardziej robi im się ciemno. Tak mówili. Zrezygnowali z szukania w nocy i zaczną o świcie. Ta matka ciągle rozpacza i mówi, że dziecko jest głodne, że jest mu strasznie zimno, umrze z tego zimna, zupełna bzdura. Że z pewnością chce pić, że wpadło do jakiegoś dołu i złamało nogę, że okropnie się boi i ze strachu się rozchoruje i że pożre je dzikie zwierzę. Nie wiem, skąd ona chce wziąć dzikie zwierzę. Jeszcze inne brednie mówi, ale nie wszystko zapamiętałam, bardzo was przepraszam.

— Ty rozumiesz, co ona mówi? — spytał Pafnucy z szacunkiem.

— Ja rozumiem wszystko — odparła sowa pobłażliwie. — Nawet obce języki.

— To świetnie! — ucieszyła się Marianna. — W ten sposób, dzięki tobie, możemy mieć komplet informacji! I co ci ludzie zamierzają zrobić?

— Potworną rzecz — rzekła sowa. — O świcie ma przyjechać więcej samochodów i o wiele więcej ludzi. Mają to być specjalni ludzie, którzy nazywają się policja i wojsko. Wszyscy wejdą do lasu blisko siebie, człowiek obok człowieka, i będą szli, zaglądając pod każdy krzaczek i do każdej dziury. Możecie sobie wyobrazić, jak się wilki ucieszą, kiedy im zaczną zaglądać do nory.

Marianna i Pafnucy aż skamienieli ze zgrozy.

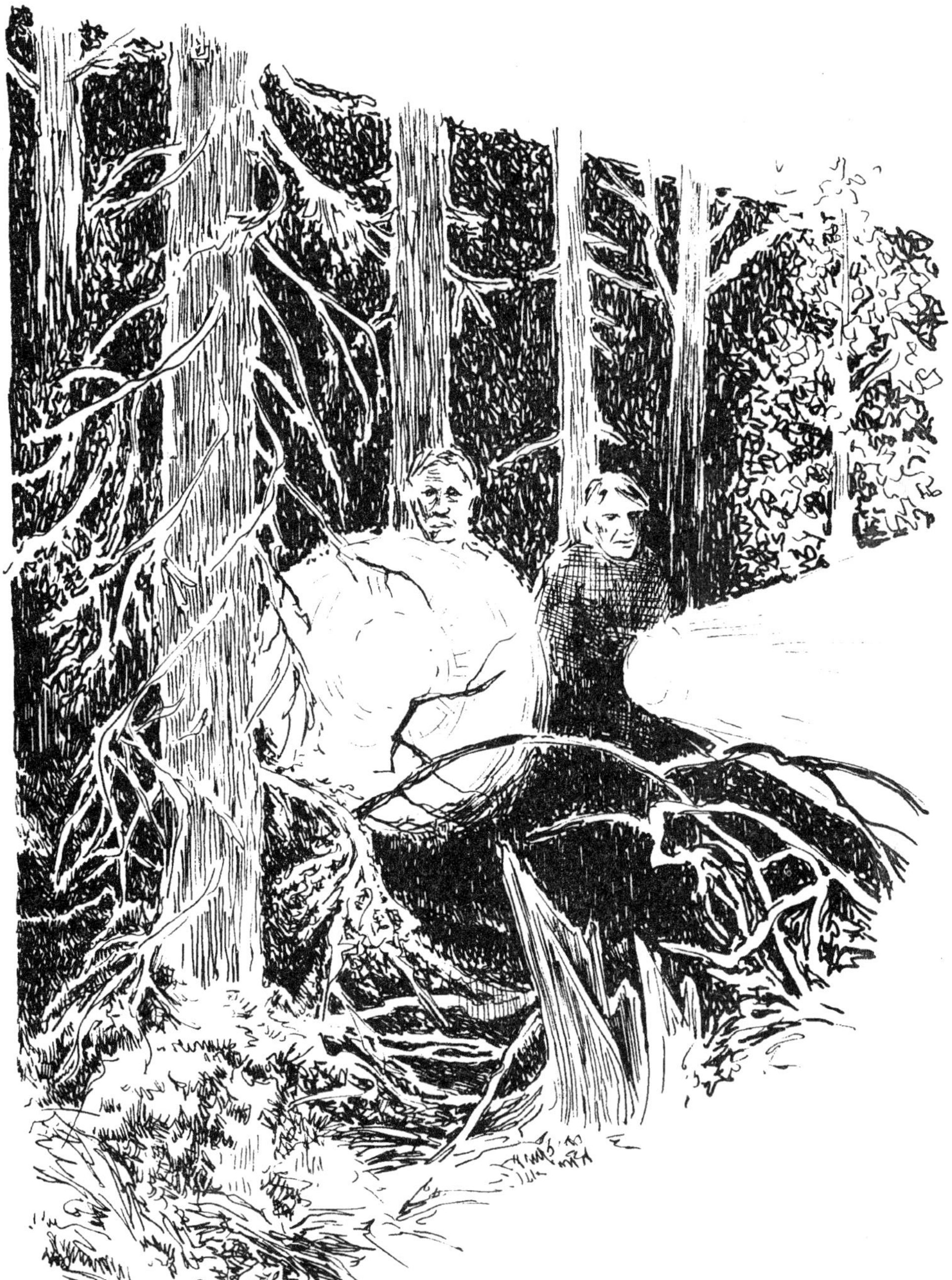

— I przywiozą ze sobą specjalne psy — ciągnęła sowa. — Te psy będą węszyły, aż wywęszą dziecko. Wszystkie małe zwierzątka i ptaki dostaną nerwicy, a Klementyna oszaleje.

Marianna wzdrygnęła się okropnie.

— Och nie! — powiedziała stanowczo. — Do tego nie można dopuścić! Myśmy tu wymyślili znacznie lepszy sposób! Pafnucy pójdzie do leśniczego!

— Leśniczy to niezła myśl — pochwaliła sowa. — Opowiedzcie mi o tym sposobie.

Pafnucy zdążył już zjeść wszystkie ryby i mógł wziąć udział w opowiadaniu. Oboje z Marianną wyjaśnili sowie, na czym pomysł polega. Sowa z uznaniem kiwała głową.

— Mam dodatkową propozycję — rzekła w końcu. — Niech ten leśniczy pójdzie z dzieckiem do leśniczówki. I Pucek również zaprowadzi ludzi do leśniczówki. Od tamtej strony prowadzi do leśniczówki droga odpowiednia dla ludzi. Pójdą drogą i nie będą deptać lasu.

— To jest dopiero najwspanialszy pomysł! — rozpromieniła się Marianna. — Ty naprawdę jesteś genialna!

— Ale jest jeden kłopot — powiedziała sowa. — Jest to jedyna sensowna obawa tej matki. Mianowicie dziewczynce będzie zimno. Ja wiem, że jest lato i piękna pogoda, nie denerwujcie mnie głupim przypominaniem, ale ludzie odczuwają to inaczej. Po upalnym dniu noc wydaje się im chłodna, a ta dziewczynka to jest małe dziecko. Zmarznie z pewnością.

— To co zrobić? — spytał Pafnucy bezradnie.

— Ogrzewać ją! — rozkazała sowa. — Wiem, że ogrzewaliście leśniczego w znacznie gorszych warunkach. Tym bardziej ogrzejecie dziecko. Byle do rana, potem załatwi się resztę. Pokażę ci, gdzie ona teraz jest.

Sowa była ptakiem bardzo mądrym i jej rady miały sens. Pafnucy nie zwlekał ani chwili, wytarł usta i ruszył w las. Sowa bezszelestnie popłynęła nad nim i pokazała mu drogę.

O wczesnym świcie kłopoty nie tylko nie zmniejszyły się, ale pojawiło się ich więcej. Dziewczynce wprawdzie było ciepło, bo z jednej strony przez całą noc ogrzewała ją Klementyna, a z drugiej Pafnucy, okazało się jednak, że biedne dziecko śpi, z całej siły wczepione w gęste niedźwiedzie futro. Pafnucy w ogóle nie mógł się ruszyć.

— I co teraz zrobić? — spytał niepewnie. — Powinienem już iść do leśniczego i jakaś osoba powinna iść do Pucka. Mam ją obudzić?

— Wykluczone! — zaprotestowała Klementyna. — To dziecko powinno spać jak najdłużej! Jak się obudzi, zacznie płakać.

— Płakać będzie z pewnością — odezwała się z gałęzi sowa. — Nie rób sobie złudzeń, że nie. Wcześniej czy później, z Pafnucym czy bez Pafnucego, to już wszystko jedno.

— Będzie głodna — zatroskał się Pafnucy.

— Niech się żywi poziomkami — powiedziała sowa. — Co do ogrzewania, to niech się tu położy Perełka. Przykro mi, ale za chwilę mnie tu nie będzie, bo robi się zbyt widno i już mnie zaczyna razić w oczy. Musicie dać sobie radę sami. Pafnucy, rusz się!

Ktoś nagle ziewnął obok nich przeraźliwie. Obejrzeli się i ujrzeli Remigiusza. Sowa ucieszyła się na jego widok i uznała, że może już odlecieć. Pafnucy zaczął się ostrożnie odsuwać od dziewczynki.

— Pośpiesz się trochę — mruknął Remigiusz. — Najwyższy czas, żebyś zyskał swobodę działania.

Dziewczynka ciągle ściskała w rączkach kępki futra Pafnucego. Dzień zaczynał się robić coraz szybciej i nad ich głowami zaświergotała zięba.

— Hej, co się dzieje? — spytała. — Długo macie zamiar tutaj leżeć? Na szosę przyjechały samochody z ludźmi! Wilki są bardzo zdenerwowane! Ptaki się obudzą i za chwilę będziecie mieli informacje ze wszystkich stron, ale może byście coś zrobili?

— No właśnie próbuję — powiedział żałośnie Pafnucy.

Z furkotem nadleciała sroka.

— Hej, Pafnucy! — wrzasnęła. — Ten twój Pucek czeka pod lasem i pyta, gdzie jesteś!

Skrzek sroki obudził dziewczynkę. Pafnucy czym prędzej wydobył futro z jej rączek i odsunął się, na jego miejscu zaś ułożyła się Perełka. Równocześnie trawy rozchyliły się i pojawiła się Marianna z dużą, tłustą rybą w pyszczku.

— Masz tu małą przekąskę — powiedziała. — I pośpiesz się, bo ptaki mówią, że ludzki najazd już się zaczyna!

Obudzona dziewczynka przez krótką chwilę przyglądała się sarenkom, po czym pogłaskała je delikatnie.

— Dzień dobry, Bambi — powiedziała. — Puchatku, chodź tutaj! Och, jaka jestem głodna!

— Pafnucy, ona ci nie da spokoju — ostrzegł Remigiusz. — Zejdź jej z oczu. Poza tym jest głodna, nie jedz przy niej, bo się zrobi głodna jeszcze bardziej. Rusz się w ogóle, masz dużo latania!

Pafnucy przełknął rybę błyskawicznie i otworzył usta, żeby coś powiedzieć, ale wtrąciła się Marianna.

— Pafnucy w dwie różne strony nie pójdzie! — zawołała gniewnie. — Łatwo ci gadać, a może też byś się ruszył?

Dziewczynka uświadomiła sobie, że ciągle jest zagubiona w lesie i zaczęła płakać. Przytulała buzię do Klementyny i rozpaczała żałośnie, wołając swoją mamusię. Remigiusz odsunął się nieco.

— Co za hałas to dziecko robi — mruknął z niechęcią. — Mogę się ruszyć i uważasz, że co wyniknie z mojego ruszania?

— Nie zadawaj głupich pytań! — wrzasnęła zdenerwowana tym głośnym płaczem Marianna. — Pafnucy poleci do leśniczego, a ty do Pucka!

— Oszalałaś chyba?! — oburzył się Remigiusz. — Ja do psa?!

— Tak jest, ty do psa! — uparła się Marianna. — Nic ci nie zrobi, jest uprzedzony! Dogadasz się z nim doskonale!

— Akurat! — prychnął Remigiusz. — Lis z psem! Cha, cha!

Nadleciał dzięcioł i wykrzyczał do wszystkich, że robi się strasznie późno. Za chwilę wzejdzie słońce, ludzie już się zbierają i wchodzą do lasu. Marianna kłóciła się z Remigiuszem. Dziewczynka płakała. Przestraszona Perełka błagała Klementynę, żeby pozwoliła jej odejść, ponieważ boi się takiego hałasu. Nadbiegła zirytowana wilczyca i usiłowała coś powiedzieć. Sroka skrzeczała na gałęzi.

— Bambi! — rozpaczała we łzach dziewczynka. — Puchatku! Mamusiu! Puchatku, wróć! Mamusiu!

W lesie zrobił się istny sądny dzień. Remigiusz nie wytrzymał tego pierwszy.

— Dobrze! — warknął wściekle do Marianny. — Niech ci będzie! Wolę już stado psów niż to jedno ludzkie dziecko! Gdzie oni włażą, ci ludzie?

— Cały czas usiłuję wam to powiedzieć! — zawołał z drzewa zirytowany dzięcioł. — Zaczynają od ostatniej poręby, blisko mieszkania wilków!

— Po to przyszłam, żeby wam to powiedzieć! — wrzasnęła wilczyca. — Róbcie coś, lada chwila mi wlezą do domu! I daję wam słowo, że kogoś z nich ugryzę!

Dziewczynka siedziała na mchu, oparta o Klementynę, i płakała coraz głośniej. Marianna odwróciła się do ogłuszonego nieco Pafnucego.

— Do leśniczego! — wrzasnęła okropnie. — Leć czym prędzej! Do Pucka pójdzie Remigiusz, jazda, bo ja tu szału dostanę!

Pafnucy i Remigiusz nie czekali już ani chwili i ruszyli w dwie różne strony z największą szybkością.

Remigiusz zwolnił dopiero na skraju lasu. Potem zatrzymał się i ostrożnie wychylił zza krzaka. Od razu ujrzał wielkiego, białego, kudłatego psa, który niecierpliwie biegał wzdłuż drogi i spoglądał w stronę lasu.

Pafnucy na widok Pucka ukazałby się natychmiast, a możliwe nawet, że wołałby go z daleka, Remigiusz jednak nie miał ochoty ryzykować. W przyjaźni z psami nie pozostawał nigdy, zazwyczaj bowiem pilnowały najlepszego pożywienia i nie pozwalały go kraść. A dla Remigiusza było to ulubione zajęcie i ulubione potrawy. Usiadł za krzakiem i przekrzywił głowę, zastanawiając się, jak najlepiej i najbezpieczniej nawiązać porozumienie z psem.

Pucek biegał wzdłuż drogi, bardzo blisko lasu. Wiatr powiał od strony Remigiusza i przyniósł odrobinę lisiej woni. Pucek zatrzymał się nagle jak wryty.

Remigiusz doskonale wiedział, dlaczego biały pies stanął i węszy w jego kierunku. Uznał, że już dłużej czekać i myśleć nie można.

— Hej, ty! — zawołał, nie wychylając się zza krzaka. — Przychodzę w imieniu Pafnucego! Zanim coś zrobisz, lepiej najpierw posłuchaj!

Pucek uczynił krok ku niemu, ale zatrzymał się.

— Ty jesteś lisem? — powiedział podejrzliwie.

— Jestem, no to co? — odparł drwiąco Remigiusz. — Nie było nikogo innego pod ręką, a Pafnucy musiał lecieć do leśniczego. Zawiesiłem na kołku wojnę z psami. Mógłbyś zrobić to samo.

Pucek wiedział, że w lesie rozgrywają się wydarzenia poważne. Przemógł się i postanowił zachować spokój.

— Dobra, nie będę się czepiał! — zawołał. — Co się tam dzieje? Słońce wschodzi, robi się późno!

— Dzieje się coś takiego, że wytrzymać nie można — odparł Remigiusz. — Dziecko wrzeszczy, wszyscy się kłócą, wilki dostają histerii, a ludzie włażą do lasu. Mam cię do nich zaprowadzić.

— W porządku — zgodził się Pucek z lekkim zakłopotaniem. — Głupio mi trochę, ale pójdę za tobą. To jest przeciwne naturze, tak zwyczajnie iść za lisem, bez żadnego polowania. Zrobię to ze względu na Pafnucego.

— Możesz mnie gonić — zaproponował Remigiusz. — Będę uciekał i możesz sobie wyobrażać, że uciekam naprawdę. Łatwiej ci pójdzie.

Pucek uznał, że to bardzo dobry pomysł. Wiedział jednak, że w lesie biega nieco wolniej od Remigiusza, który był znacznie mniejszy i swobodniej mógł się przedostawać przez różne przeszkody. Nie miał ochoty zgubić przewodnika.

— Dobrze, tylko nie popadaj w przesadę — zgodził się. — Pilnuj, żebym nadążył za tobą aż do tych ludzi.

— I wzajemnie! — zawołał Remigiusz. — Nie zapomnij się, w razie czego!

Machnął rudym ogonem i skoczył w las. Pucek odbił się potężnie i skoczył za nim.

Remigiusz mknął tak, jakby rzeczywiście goniły go myśliwskie psy, nie był bowiem pewien, czy Pucek nie wpadnie w zbyt wielki zapał i nie zapomni, z jakiej przyczyny pędzi za lisem. Pucek wytężał wszystkie siły, ponieważ obawiał się, że Remigiusz mu ucieknie. W ten sposób całą drogę przez wielki i gęsty las przebyli w tak rekordowym tempie, że czegoś podobnego nikt nie dokonał ani przedtem, ani potem.

Zwolnili dopiero, kiedy znaleźli się po dwóch różnych stronach wielkiej kępy brzóz, które wyrastały z jednego pnia i trzeba je było okrążać.

— Ty, koniec gonitwy! — zawołał niespokojnie Remigiusz, błyskawicznie zmieniając kierunek. — Jesteśmy blisko! Opamiętaj się trochę!

Pucek nie mógł zmienić kierunku równie szybko, bo żaden pies nie potrafi skręcać tak jak lis. Zahamował, ślizgając się na wszystkich czterech łapach i obiegł brzozy.

— Dobra, pamiętam, o co chodzi! — odkrzyknął niecierpliwie. — Jeszcze nie czuję ludzi! Gdzie oni są?

Remigiusz na wszelki wypadek przebiegł na drugą stronę kępy.

— Za chwilę będą! Jeszcze ci muszę pokazać drogę do leśniczówki! — krzyknął.

— Zaraz się opanuję! — obiecał Pucek.

Cały czas rozmawiali, obiegając dookoła wielką kępę brzóz. Obaj byli zdyszani i ziajali do siebie. Z drzewa przyglądał im się dzięcioł.

— Może byście tak już przestali, co? — zaproponował karcąco. — Cześć, Pucek! My się znamy.

Dopiero głos dzięcioła spowodował, że Pucek opamiętał się ostatecznie. Przestał gonić Remigiusza w kółko, usiadł i wywiesił język.

— Cześć, jak się masz! — zawołał. — Nawet nie zdążyłem zapytać, dlaczego to on przyszedł, a nie Pafnucy. Obecność lisa zawsze powoduje jakieś komplikacje.

— Ale przynajmniej przylecieliśmy w niezłym tempie — stwierdził ironicznie Remigiusz, siedzący z drugiej strony. — Mówiłem ci, że wszystko się przedłużyło, bo ta mała czepiała się Pafnucego.

— Wcale mi nie mówiłeś! — oburzył się Pucek.

— Nie? — zdziwił się Remigiusz. — No, może i rzeczywiście nie zdążyłem. W każdym razie zrobiło się późno i Pafnucy musiał iść do leśniczówki.

— Zwracam wam uwagę, że teraz jest jeszcze później — rzekł sucho dzięcioł. — Ludzie weszli duży kawał i są blisko wilków. Pilnuję tu cały czas i zawiadamiam was, że nadeszła ostatnia chwila.

— W takim razie ruszamy! — zadecydował Pucek i zerwał się na nogi.

Wchodzący do lasu całym wielkim szeregiem, ludzie ujrzeli nagle przed sobą dużego, białego psa. Pies zaszczekał głośno, przebiegł przed nimi i uczynił coś, co było bardzo podobne do zaganiania krów. Szczeknął na ostatniego człowieka na jednym końcu szeregu, przebiegł na drugi koniec i znów zaszczekał na ostatniego człowieka. Obszczekiwał tych ostatnich ludzi, biegając między nimi, tak wytrwale i stanowczo, że w końcu każdy zrozumiał jego żądanie, żeby zebrać się w jednym miejscu.

Równocześnie zaczęły szczekać i denerwować się psy, prowadzone na smyczach. Pucek załatwił z nimi sprawę między jednym szczeknięciem a drugim.

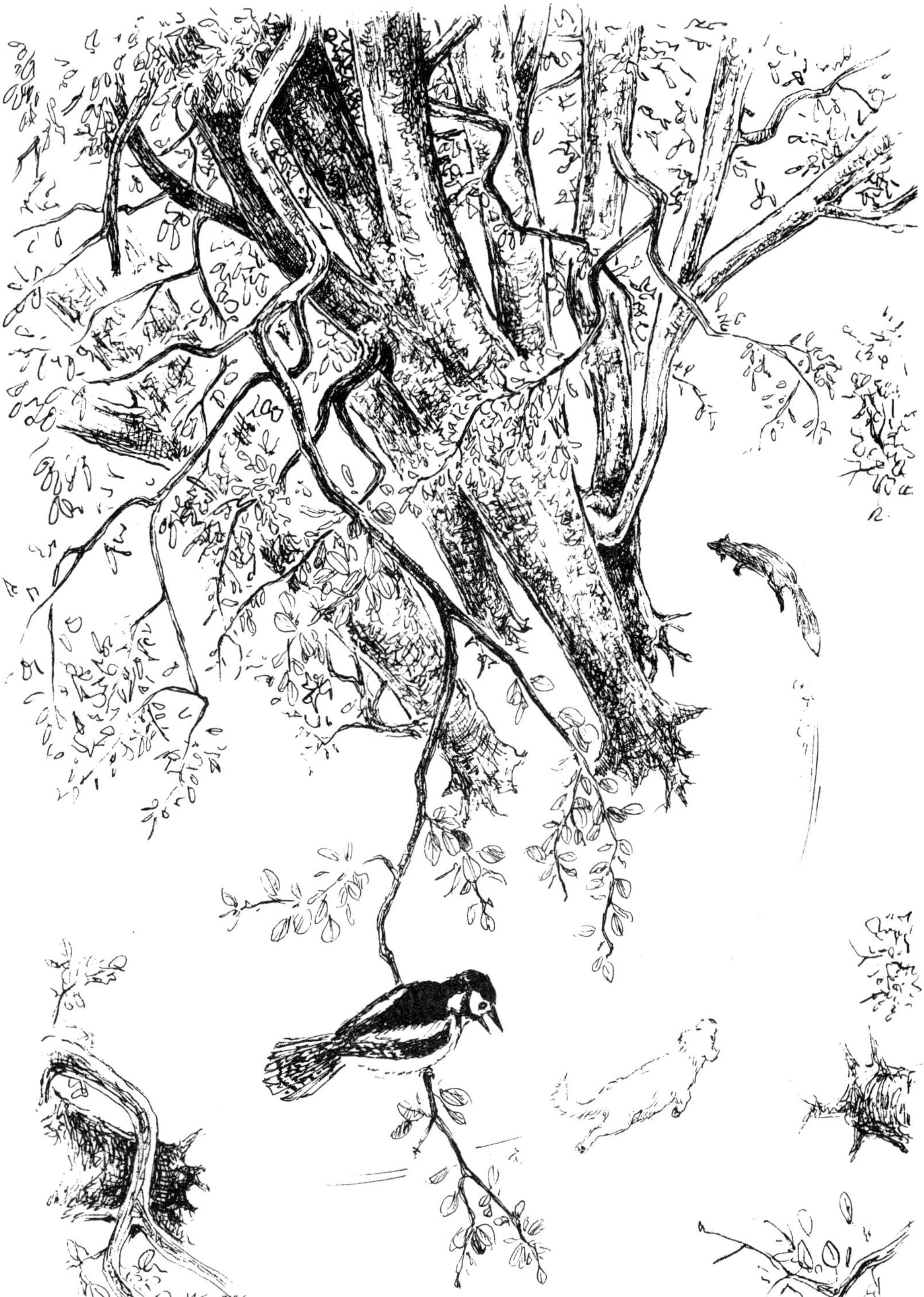

— Spokój, chłopcy! — zawołał. — Ja wiem, gdzie jest to dziecko, którego szukacie! Wszyscy za mną, doprowadzę was! I droga będzie łatwiejsza!

Zaangażowane przez ludzi psy policyjne prawie wszystkie znały Pucka osobiście i wiedziały, że można mu wierzyć. Zaczęły ciągnąć ludzi na smyczach, wiodąc ich do miejsca, które wskazywał Pucek.

Tymczasem Pafnucy dotarł do leśniczówki.

Leśniczy wstawał bardzo wcześnie. Był już ubrany i jadł śniadanie, kiedy jego własne psy zaczęły szczekać. Wyjrzał przez okno i zobaczył przed swoją furtką Pafnucego.

Bardzo lubił Pafnucego, zostawił zatem śniadanie i wyszedł, trzymając w rękach kilka herbatników. Pafnucy chętnie jadał herbatniki, teraz jednak, ku zdumieniu leśniczego, nawet na nie nie spojrzał. Już z góry postanowił sobie, że zachowa się tak samo jak Pucek, kiedy prowadzi ludzi, bo jest to sposób najlepszy. Zamiast przyjąć poczęstunek, odbiegł kilka kroków od furtki, zatrzymał się i obejrzał na leśniczego.

Leśniczy zdziwił się tak, że zatrzymał się również.

— Przestańcie mu mówić, że przyszedłem, bo on już mnie widzi — powiedział Pafnucy do szczekających psów. — Powiedzcie mu, żeby poszedł za mną!

— Po co? — zdumiał się jeden pies. — Co to za jakaś nowość?

— Ludzkie dziecko siedzi w lesie — wyjaśnił Pafnucy. — Trzeba, żeby do niego poszedł, bo jest małe, głodne i zmęczone.

— Rozumiemy — powiedziały psy. — Dobrze, spróbujemy ci pomóc.

Przestały szczekać i podbiegły do furtki, oglądając się na leśniczego. Pafnucy usiadł i czekał. Leśniczy, nie pojmując, co to znaczy, otworzył furtkę i wyszedł. Oba psy wybiegły również.

Pafnucy podniósł się, odmaszerował kilka kroków, znów się zatrzymał i obejrzał na leśniczego. Psy zrobiły dokładnie to samo. Leśniczy zaczął coś rozumieć.

— Dajcie spokój — powiedział z lekkim zakłopotaniem. — I tak bym przecież poszedł do lasu, ale chciałem skończyć śniadanie. O co wam chodzi?

Psy szczeknęły energiczniej, zawróciły kawałek, po czym znów podbiegły do Pafnucego i obejrzały się na swego pana. Leśniczy odgadł, że ma iść za nimi, i westchnął ciężko.

— Dobrze — powiedział. — Już idę. Poczekajcie chwilę, niech wezmę strzelbę.

Psy od razu przetłumaczyły Pafnucemu jego słowa. Leśniczy wszedł do domu i zaraz wyszedł ze strzelbą na ramieniu.

Pafnucy wstał i lekkim truchtem pobiegł w głąb lasu. Psy pobiegły za nim, a za nimi pomaszerował leśniczy, bardzo zaintrygowany zachowaniem niedźwiedzia.

Zwierzęta biegają po lesie znacznie szybciej niż ludzie, droga zatem potrwała dość długo. W końcu jednak dotarli do małej, zapłakanej dziewczynki, która siedziała pod drzewem i na widok leśniczego wydała okrzyk wielkiej radości.

Leśniczy o nic nie musiał pytać, od razu wiedział, że to dziecko zabłąkało się w lesie. Odwrócił się i popatrzył na Pafnucego, który zatrzymał się o kilka metrów dalej.

— Pafnucy, jesteś najmądrzejszym niedźwiedziem na świecie! — powiedział uroczyście. — Dziękuję ci bardzo i obiecuję ci cały wór kruchych ciasteczek z miodem!

Następnie wziął dziewczynkę na ręce i ruszył z nią w kierunku swojej leśniczówki, gdzie miał telefon i samochód. Samochód był specjalny, miał silnik elektryczny, nie hałasował i nie dymił. Dziewczynka zaś od razu zaczęła mu opowiadać, że spotkała w lesie prześliczne zwierzątka, misia Puchatka, Prosiaczka i Bambi.

— No i masz! — powiedziała Marianna do Klementyny. — Znów to samo, Puchatek i Bambi, nadała nam nowe imiona, ciekawe, dlaczego. Pafnucy, stanowczo musisz się tego dowiedzieć!

— Ach, moja droga — odparła uszczęśliwiona Klementyna. — Niech wymyśla imiona, jakie chce, najważniejsze, że została uratowana. Dawno się tak nie zdenerwowałam!

— Pafnucy, on powiedział, że jesteś najmądrzejszy na świecie — przetłumaczyły pośpiesznie psy leśniczego. — Dostaniesz ciastka z miodem. Zdaje się, że to lubisz.

— Kiedy dostanę? — zainteresował się Pafnucy.

— Pewnie jutro — odparły psy. — Musimy lecieć i przypilnować, żeby poszedł najkrótszą drogą. Cześć!

Prowadzący ludzi Pucek dowiedział się od ptaków, że ma za dużo czasu. Nie powinien dojść do leśniczówki wcześniej niż leśniczy z dziewczynką, bo ludzie nie zrozumieją, że należy spokojnie poczekać i mogą znów pchać się do lasu. Musi zatem przedłużyć ich drogę. Naradził się z pozostałymi psami, zmienił kierunek i poszedł przez gąszcza, pnie, krzaki i różne doły. Ludzie sapali i stękali, ocierali sobie pot z czoła, ale posłusznie szli za psami, które udawały, że pilnie węszą, i dążyły ciągle przed siebie.

Wreszcie dzięcioł zawiadomił, że leśniczy już prawie dociera do domu i można ludzi poprowadzić prosto. Pucek zawrócił znów w stronę wygodnej drogi, pobiegł szybciej i wkrótce wszyscy ujrzeli ogrodzenie leśniczówki. Zatrzymali się na chwilę i w tym momencie z lasu wyszedł leśniczy, niosący na rękach małą dziewczynkę w żółtej sukience.

— Owszem, spotkanie tego dziecka z jej mamusią widziałam na własne oczy i nikt mi nie musi o tym opowiadać — powiedziała z satysfakcją Marianna, wychodząc z wody. — Ale chciałabym wiedzieć całą resztę.

— Jaką resztę? — zainteresowała się kuna.

— Dlaczego Perełka nazywała się Bambi i dlaczego Pafnucy nazwany został Puchatkiem — odparła Marianna. — Tego nie rozumiem i bardzo mnie to intryguje.

— Ja wiem — powiedział pośpiesznie Pafnucy pomiędzy jedną rybą a drugą.

Siedział nad jeziorkiem i nareszcie mógł spokojnie zjeść obiad, który wypadł w porze podwieczorku. Po całym wczorajszym dniu i dzisiejszym poranku głodny był okropnie. Przez ludzkie dziecko nie tylko nie zdążył zjeść śniadania, ale także odbywał dalekie marsze i biegi. Na końcu zdążył jeszcze porozumieć się z Puckiem i teraz wiedział już wszystko.

— Jeżeli wiesz, powiedz natychmiast! — zażądał borsuk. — Ja też jestem ciekaw.

Marianna wiedziała, co będzie, jeśli Pafnucy zacznie opowiadać natychmiast, ale zawahała się, bo również była ciekawa. Nie zdążyła ostrzec borsuka.

— Kukek gy kogegał — rzekł Pafnucy. — Ko chą ochoky...

— Proszę? — zdumiał się borsuk, a kuna na gałęzi prychnęła.

Pafnucy przełknął pośpiesznie.

— Pucek mi powiedział — wyjaśnił. — To są osoby, które to dziecko zna z książek.

— Z czego? — spytała Marianna.

— Z książek — powtórzył Pafnucy.

— Co to są książki? — spytał borsuk.

— Nie wiem — odparł Pafnucy. — To jest coś, na co się patrzy oczami. Takie znaki to ma i te znaki można czytać.

— To chyba nic niezwykłego? — zauważyła Klementyna. — Wszystko pozostawia po sobie znaki, które można czytać. Dziki, wilki, zające i my. To się nazywa ślady. Czy to to samo?

— Nie — powiedział Pafnucy. — Ko kchaky kchawie ne kchaka chokyk...

— Na litość boską, nie zadawajcie mu żadnych pytań! — zdenerwowała się Marianna. — Zaczekajcie, aż on zje! Przecież to jest nie do zniesienia, ten bełkot!

— Myślałem, że może robić przerwy — rzekł borsuk. — Mógłby właściwie jeść te ryby po jednej i opowiadać pomiędzy nimi.

— Mógłby, ale sam widzisz, że nie jest do tego zdolny! — krzyknęła Marianna.

Pafnucy, po zjedzeniu połowy przygotowanych ryb, poczuł się już odrobinę mniej głodny. Spróbował spełnić życzenie borsuka.

— Książki to takie małe — wyjaśnił. — Ludzie mają to w domu, nie trzeba nigdzie chodzić, mogą tylko na to patrzeć i czytać. To tak, jakby ktoś opowiadał. I w tych książkach chą ochoky...

— Zrób mi uprzejmość i powtórz te ostatnie słowa jeszcze raz — poprosił cierpko borsuk.

Pafnucy przełknął.

— Są osoby — powtórzył.

Przez chwilę wszyscy milczeli i przyglądali mu się.

— I co te osoby? — nie wytrzymała kuna.

Pafnucy już chciał odpowiedzieć od razu, ale pohamował się. Przełknął rybę i zatrzymał się przed następną.

— I to dziecko zna te osoby z książek — powiedział. — Pucek słyszał, jak opowiadało swojej mamusi, że spotkało wszystkich. W jednej książce jest niedźwiedź, który wygląda tak samo jak ja i nazywa się Puchatek, i jest dziecko dzika, które nazywa się Prosiaczek, a w drugiej książce jest dziecko sarenki, które nazywa się Bambi...

Ryba wyglądała tak apetycznie, że dłużej nie mógł zwlekać i włożył ją do ust.

— Rozumiem, że to dziecko myślało, że spotkało w naszym lesie swoje osoby z książek? — upewniła się Marianna.

— Tak — przyświadczył Pafnucy. — Gyło kechge y chachecho che che chało.

— Chechechało — wymamrotał pod nosem borsuk z lekką irytacją. — Chechechało. Co to może być?

— A mówiłam! — krzyknęła Marianna i plusnęła w wodę.

— Sama go zapytałaś — wytknęła z gałęzi kuna.

Borsuk przyglądał się pilnie Pafnucemu i doczekał chwili przełknięcia. Powstrzymał go przed sięgnięciem po następną rybę.

— Zaraz, chwileczkę — powiedział. — Wyjaśnij mi, co to jest chechechało?

— Się nie bało — wyjaśnił posłusznie Pafnucy. — To dziecko było pewne, że spotkało te osoby, i dlatego się nie bało. Podobało mu się tu. Pucek mówi, że gdyby miało co jeść, bardzo chętnie zostałoby w naszym lesie dłużej. Y kchoye gegy...

— Nie! — wrzasnęła Marianna. — Słuchajcie, niech on zje do końca!

Z całego obiadu Pafnucego zostało już zaledwie kilka mniejszych ryb, wszyscy zatem zdecydowali się poczekać. Pafnucy chciał być uprzejmy, więc zjadł koniec obiadu w wielkim pośpiechu.

— I twoje dzieci — powiedział do borsuka — nadzwyczajnie się tej dziewczynce podobały, chociaż nie wiedziała, kim są. Pucek zapytał mnie o to, bo też nie mógł zrozumieć, skąd się u nas wzięły małe pieski i kotki, ale ja już wiedziałem, że to borsuki, i mogłem mu powiedzieć. Właściwie to ludzkie dziecko było całkiem sympatyczne.

— O tak! — przyświadczyła z głębokim przekonaniem żona borsuka.

— Pucek w ogóle kazał wam wszystkim bardzo podziękować — powiedział Pafnucy. — Remigiuszowi też. Powiedział, że ludzie powiedzieli, że on dostanie medal. To jest takie coś, co się wiesza na szyi i każdy od razu wie, że ten, co ma medal, jest strasznie ważny. I ma olbrzymie zasługi. Więc on jest teraz strasznie ważny wyłącznie dzięki nam. I powiedział, że my powinniśmy dostać medale, ale ludziom nie da rady tego wytłumaczyć, więc jego medal to jest właściwie nasz medal. I tylko jeden leśniczy wie, że wszystkie zwierzęta ratowały ludzkie dziecko, i bardzo nas kocha.

— No proszę! — powiedziała ze wzruszeniem Klementyna. — Zawsze wiedziałam, że leśniczy jest porządnym człowiekiem!

Wszyscy byli bardzo zadowoleni i dumni z siebie. Wiewiórka fiknęła koziołka na gałęzi, Marianna zanurkowała w wodzie i wyniosła Pafnucemu jeszcze jedną, dodatkową rybę. Dziki, które słuchały, stojąc w krzakach dookoła, zachrząkały głośno z wielką satysfakcją.

— Pafnucy, może teraz chciałbyś deser? — zapytały. — Chętnie wygrzebiemy ci najpiękniejsze kłącza!

— Dziękuję wam bardzo — powiedział Pafnucy. — Ale zdaje się, że na ten temat słyszałem coś niezmiernie interesującego i chyba na deser pójdę do leśniczówki…

6. Gość w lesie

Pewnego pięknego, letniego dnia niedźwiedź Pafnucy wracał od leśniczego do swojej przyjaciółki Marianny, po doskonałym, poobiednim deserze. Leśniczy wprost uwielbiał Pafnucego i pilnował, żeby zawsze były dla niego specjalnie upieczone ciasteczka z miodem. Pafnucy takie ciasteczka kochał nad życie.

Szedł sobie przez las bez pośpiechu, podskubując od czasu do czasu wielkie, dojrzałe, czarne jagody. Właściwie był tak najedzony, że nic więcej nie mógłby przełknąć, ale zauważył, że po każdych dziesięciu krokach pojawia się w nim jakby odrobina miejsca, akurat na kilka czarnych jagód. Wypełniał więc tę odrobinę miejsca i robił następne dziesięć kroków, zaciekawiony bardzo, czy jest to zjawisko trwałe. Zaczął się nawet zastanawiać, czy jakaś bardzo duża ilość kroków nie spowoduje pojawienia się miejsca na coś większego, na przykład na kilka ryb. Tak rozmyślając, wyszedł z jagodowych zarośli i wówczas ruszył nieco szybciej.

Marianna czekała na niego niecierpliwie.

— Dobrze, że już wróciłeś! — zawołała z daleka. — Słuchaj, Pafnucy, jest coś nowego!

Pafnucy właśnie stwierdził, że miejsca na kilka ryb jeszcze w sobie nie dostrzega, mógłby natomiast zjeść jakieś niewielkie, delikatne kłącze tataraku. Akurat odpowiednie zauważył w wodzie blisko brzegu, wygrzebał je zatem i zbliżył się do Marianny.

Marianna już zamierzała wskoczyć do jeziorka po ryby, ale przyjrzała się dokładniej Pafnucemu i zrezygnowała z zamiaru.

— Już cztery osoby przyleciały i opowiedziały jakieś brednie — oznajmiła. — Co prawda, rozumnych informacji nikt by się po nich nie spodziewał, ale jednak te brednie mnie intrygują.

— A kto to był, te cztery osoby? — zaciekawił się Pafnucy.

— Jedna sroka, jedna wiewiórka, jedno dziecko dzika i Kikuś — odparła Marianna. — Kikuś nawet nie był zbytnio przestraszony, ale on już powoli wyrasta na jelenia i coraz mniej się boi. Powiedział, że coś dziwnego weszło do lasu.

— Co dziwnego? — zainteresował się Pafnucy.

— Nie wiem — odparła Marianna. — Nikt nie wie. W każdym razie nie jest to ludzkie, chociaż podobno trochę pachnie ludźmi. Chciałabym, żebyś to obejrzał.

— A gdzie to jest? — spytał Pafnucy.

— W tamtej najostatniejszej stronie, gdzie jeszcze nie zdążyłeś być — powiedziała Marianna. — Tam, gdzie zaczyna się nasza rzeczka, i jeszcze zupełnie dalej. Podobno jest to duże, większe nawet od ciebie, więc myślę, że łatwo znajdziesz to coś. Wiem, że trzeba iść daleko, ale za to śniadanie miałbyś już przygotowane.

Pafnucy natychmiast pomyślał, że taki długi spacer z pewnością stworzy w jego wnętrzu mnóstwo miejsca dla tłustych, apetycznych ryb i różnych innych rzeczy i postanowił wyruszyć niezwłocznie. Najedzony był tak porządnie, że kolacja nie wydawała mu się potrzebna.

— Doskonale — powiedział. — Zaraz idę. Gdyby przyleciał jeszcze ktoś z jakimiś wiadomościami, niech mnie dogoni i powie, co wie. Albo gdyby ktoś wiedział dokładnie, gdzie to jest.

Marianna obiecała wysłać za nim wszelkich posłańców, szczególnie ptasich, i Pafnucy wyruszył.

Po drodze najpierw spotkał Kikusia i Klemensa. Klemens był ojcem Kikusia, potężnym, ogromnym, wspaniałym jeleniem. Kikuś podziwiał go ze wszystkich sił i próbował go naśladować, bo też bardzo chciał być potężnym, ogromnym, wspaniałym jeleniem, ale do tego, żeby dorównać Klemensowi, potrzebne mu było jeszcze co najmniej osiem lat. Usiłował zatem przynajmniej okazać się przeraźliwie grzeczny i doskonale wychowany i Klementyna sama by się zdziwiła, gdyby zobaczyła, jakim eleganckim młodzieńcem jest jej nieznośny synek, Kikuś. Klemens udawał, że nie zwraca na Kikusia żadnej uwagi, ale tak naprawdę był z niego bardzo dumny.

— Jak się macie — powiedział Pafnucy. — Cieszę się, że was spotykam. Podobno Kikuś widział coś dziwnego, co weszło do lasu.

Kikuś drgnął lekko i przyznał, że istotnie, widział coś. Nie było to straszne, tylko bardzo, ale to bardzo dziwne. Nie przyglądał się zbyt dokładnie, widział to z daleka, pomiędzy drzewami i przez krótką chwilę, bo na wszelki wypadek wolał się oddalić.

— Czy to było do czegoś podobne? — spytał Pafnucy.

Klemens nic nie powiedział, tylko popatrzył na Kikusia takim wzrokiem, że Kikuś poczuł się nieswojo.

— To nie było podobne do niczego — odparł z lekkim zakłopotaniem. — I nie było się czego bać, bo to było małe.

— Jak to? — zdziwił się Pafnucy. — Marianna mówiła, że wszyscy mówili, że było duże?

— Bo było duże, ale małe — wyjaśnił Kikuś stanowczo i poczuł się jeszcze bardziej nieswojo, ponieważ Klemens wciąż patrzył na niego z naganą. — No dobrze, mogę ci pokazać mniej więcej, gdzie to było. No dobrze, mogę tam wrócić, przyjrzeć się i zobaczyć, co to jest.

Klemens przestał na niego patrzeć, kiwnął leciutko głową i zaczął obskubywać kępkę tymianku. Kikuś zrozumiał, że jego decyzja była słuszna, rzeczywiście powinien tam pójść i rozpoznać, co to jest. Poczuł się znacznie lepiej, nie wdawał się już w żadne wyjaśnienia, tylko spokojnym krokiem ruszył w las.

Pafnucy, oczywiście, ruszył za nim.

Po pewnym czasie spotkali wiewiórkę. Siedziała na gałęzi w towarzystwie czterech swoich kuzynek i opowiadała im o tym czymś dziwnym, co widziała, jak weszło do lasu. Pafnucy i Kikuś zatrzymali się, żeby też posłuchać.

— Wielkie takie, dwa razy większe niż Pafnucy — opowiadała wiewiórka z przejęciem. — Wyciągnęło do góry rękę...

a może nogę... a może szyję... a może miało drąg... Pewnie drąg. Wyciągnęło ten drąg do góry i urwało sobie zeszłoroczny strąk akacji i schowało.

— Gdzie schowało? — spytała cioteczna siostra wiewiórki.

— Do kieszeni pod brodą — odparła stanowczo wiewiórka. — Wszystko tam chowało. Nie patrzyłam dłużej, uciekłam, bo miałam obawy, że dosięgnie i mnie i też mnie schowa do kieszeni pod brodą. Nie wiem, co to było.

— Na drąg nie zwróciłem uwagi — powiedział Kikuś do Pafnucego. — Bardzo przepraszam. Może mi trochę gałęzie zasłaniały.

— Nic nie szkodzi — pocieszył go Pafnucy. — Obejrzymy wszystko, jak tam dojdziemy.

— O, Pafnucy, dzień dobry — powiedziała jeszcze jedna wiewiórka, która właśnie nadbiegła bardzo zdyszana. — Nie musicie iść tak strasznie daleko, bo to idzie w głąb lasu. W naszą stronę. Już przeszło od rana wielki kawał drogi, chociaż wcale się nie śpieszy. Hałasuje krzakami i trzeszczy.

— Czy coś mówi? — spytała z zaciekawieniem inna wiewiórka.

— Mamrocze — odparła wiewiórka, która właśnie przybyła. — Tak mi się przynajmniej wydawało, że coś mamrocze pod nosem.

— Widziałaś, gdzie ma nos? — spytała pierwsza wiewiórka.

— Przypuszczam, że z przodu — odparła niepewnie ostatnia. — Wiesz, nie przyglądałam się zbyt porządnie...

Pafnucy zrozumiał, że więcej się nie dowie, dopóki sam tego czegoś nie zobaczy. Westchnął z rezygnacją i ruszył dalej.

Był już wieczór i słońce zaczynało zachodzić, kiedy obaj z Kikusiem poczuli nieznaną woń. Był to zapach trochę obcy, trochę swojski, z pewnością zwierzęcy, ale zupełnie nowy. Niczego podobnego w tym lesie nigdy dotychczas nie czuli.

Pafnucy pomaszerował prosto tam, skąd płynęła tajemnicza woń. Kikuś, który do tej pory biegł pierwszy, teraz mocno zwolnił i zaczął iść za nim. Usłyszeli hałas rozgarnianych i łamanych gałęzi, potem zobaczyli gwałtowne poruszenie krzaków i zarośli, a potem z tych zarośli coś wyszło. Zobaczyło Pafnucego i zatrzymało się. Pafnucy zatrzymał się również.

Od razu wiedział, że to coś jest zwierzęciem. Bez żadnych wątpliwości odgadł także, że jest zwierzęciem łagodnym, sympatycznym i dobrodusznym i nikomu nie grozi żadne niebezpieczeństwo. Zrozumiał też, co miał na myśli Kikuś, mówiąc, że jest duże, ale małe.

Duże było rzeczywiście, prawie o połowę większe od Pafnucego. Miało ogromne uszy i wprost niemożliwie długi nos, było pękate i szare. I było dzieckiem.

Wszystkie zwierzęta zawsze doskonale wiedzą, czy ktoś jest dorosły, czy nie, bez względu na to, czy jest duży, czy mały. Nie istniały tu kompletnie żadne wątpliwości. Tajemnicze, obce, nieznane zwierzę nie było zwierzęciem dorosłym, tylko dzieckiem. Nie takim zupełnie malutkim, ale średnim, trochę młodszym od Kikusia, ale z pewnością starszym od jego siostrzyczki Perełki.

Wielkie średnie dziecko nieznanego zwierzęcia stało i ciekawie wpatrywało się w Pafnucego. Pafnucy wiedział, że ono się nie boi, ale uważał, że jest gościem, więc to on, Pafnucy, powinien wykazywać inicjatywę. To znaczy, powinien zacząć rozmowę.

— Dobry wieczór — powiedział uprzejmie. — Kto ty jesteś?

— Dobry wieczór — odparło bardzo grzecznie dziecko zwierzęcia. — Ja jestem słoniątko.

— Proszę? — zdziwił się Pafnucy.

— Jestem słoniątko — powtórzyło dziecko zwierzęcia. — I nazywam się Bingo.

— Rozumiem — powiedział nic nie rozumiejący Pafnucy i usiadł. — Jesteś słoniątko i nazywasz się Bingo. Skąd się tu wziąłeś? Nie mieszkasz przecież w naszym lesie?

— Nie — przyznało słoniątko. — Mieszkam w cyrku. Ale chciałem zobaczyć, jak tu jest.

— Rozumiem — powiedział Pafnucy i zastanowił się, co właściwie słyszy. — Co to jest cyrk?

— To jest to, w czym ja mieszkam — odparło słoniątko. — Tam jest bardzo dużo ludzi.

— A, to dlatego...! — wyrwało się Kikusiowi.

— Co dlatego? — zaciekawiło się słoniątko.

— Nic, nic, nie chciałem być niegrzeczny — usprawiedliwił się Kikuś. — To dlatego czuje się od ciebie zapach ludzi!

— Tak — powiedziało słoniątko i poczekało chwilę, ale nikt nic nie mówił, więc dodało: — Czy mogę tu jeszcze pochodzić i sobie pooglądać?

— Oczywiście — odparł natychmiast Pafnucy. — Możesz chodzić, gdzie chcesz. Tam dalej jest jeszcze ładniej.

— Czy widzisz po ciemku? — spytał z zainteresowaniem Kikuś.

— Nie — odparło słoniątko. — To znaczy tak. Ale w dzień widzę lepiej, a w nocy śpię. Czy mogę się tu przespać do rana?

— Tak — powiedział Pafnucy. — Proszę bardzo. A rano zapraszamy cię dalej.

Słoniątko z wielkim zaciekawieniem przyglądało się Kikusiowi.

— Dziękuję — powiedziało. — Wiem, że ty jesteś niedźwiedziem, znam niedźwiedzie. Ale kogoś takiego, jak on, nie znam wcale, chociaż jest odrobinkę podobny do konia. Kim on jest?

I machnęło w stronę Kikusia tym swoim strasznie długim nosem.

Obaj, i Kikuś, i Pafnucy, byli tym nosem tak strasznie zainteresowani, że wręcz nie mogli od niego oczu oderwać. Wpatrywali się po prostu zachłannie, chociaż doskonale wiedzieli, że takie wpatrywanie się jest niegrzeczne. Ale absolutnie nie mogli się opanować.

— Ja jestem Kikuś — powiedział z lekkim roztargnieniem Kikuś, wciąż zajęty tym przeraźliwie długim nosem. — Bardzo młody jeleń.

— Znasz konie? — spytał Pafnucy.

— O, tak! — odparło słoniątko. — W cyrku jest bardzo dużo koni. I są także niedźwiedzie.

Pafnucy pomyślał, że ten cyrk to musi być coś szalenie skomplikowanego i bardzo wielkiego. Pomyślał, że trzeba będzie opowiedzieć o tym Mariannie, i od razu poczuł, że opowiadać powinno słoniątko osobiście. Zaprosił je zatem i umówił się, że będą na nie czekać nazajutrz nad jeziorkiem. Słoniątko bardzo chętnie przyjęło zaproszenie, a Kikuś zaofiarował się pokazać mu drogę.

Ledwie zaczęło świtać, Pafnucy pojawił się nad jeziorkiem. Dla wszystkich zwierząt taki wczesny letni ranek stanowił porę, kiedy budziły się, wstawały, jadły śniadanie, a pierwsze, oczywiście, zaczynały popiskiwać i świergotać ptaki.

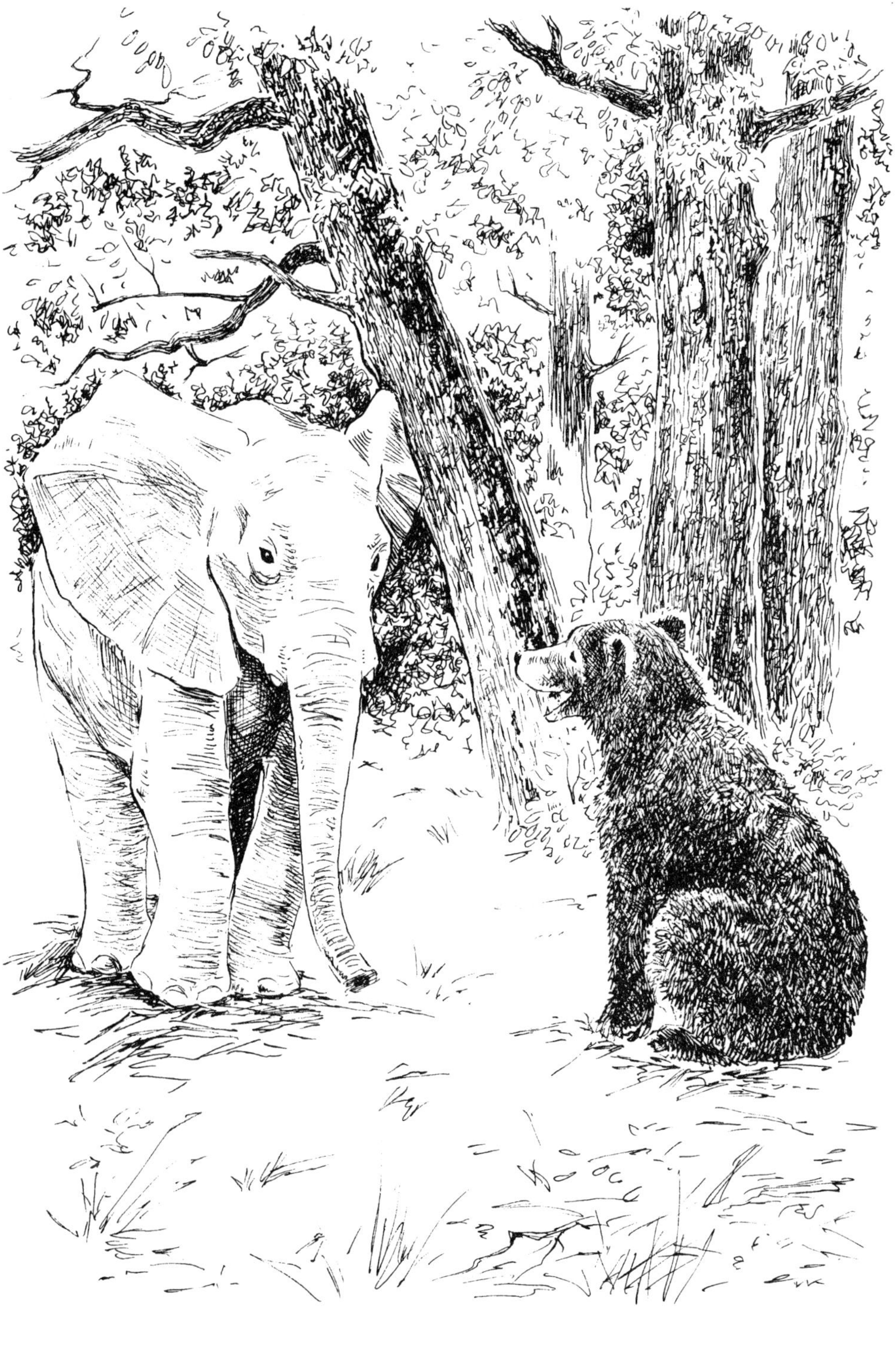

Marianna akurat ziewała i przeciągała się na trawie. Ujrzała Pafnucego, skoczyła do wody i od razu wypłynęła z rybą.

— Proszę! — powiedziała żywo. — Zjemy śniadanie razem. Jak ja będę jadła, ty będziesz mówił, a jak ty będziesz jadł, ja będę łowiła ryby. Ta pierwsza jest dla ciebie.

Znów wskoczyła do wody, wypłynęła z następną rybą i zaczęła ją zjadać.

— Mów! — rozkazała. — Widziałeś to coś?

— O, tak! — odparł Pafnucy. — I rozmawiałem z tym. To jest słoniątko. Ma na imię Bingo. Mieszka w cyrku. Przyszło do nas, żeby zobaczyć, jak tu jest.

Mariannę zaciekawiło to tak, że aż przestała na chwilę jeść.

— I co? — spytała. — Rzeczywiście jest takie duże?

— Owszem — powiedział Pafnucy. — Większe ode mnie. Ale jest dzieckiem.

Patrzył przy tym na rybę Marianny takim wzrokiem i tak wyraźnie przełykał ślinę, że Marianna poczuła się zawstydzona. Zostawiła resztki swojej ryby, wskoczyła do jeziorka i wyłowiła dwie następne.

— Proszę, to dla ciebie — powiedziała. — I jak to słoniątko wygląda?

— Ma wielkie uszy — powiedział Pafnucy, pośpiesznie wkładając rybę do ust. — I kaky okchokme gugy noch, chak chąch...

Marianna od razu wydała z siebie zirytowany syk. Pafnucy zreflektował się nieco, przełknął i zaczekał chwileczkę z trzecią rybą.

— Tak, już mówię — powiedział. — Bardzo cię przepraszam, ale śpieszyłem się i cały wczorajszy obiad gdzieś się podział, wcale go we mnie nie ma i bardzo zgłodniałem...

Wepchnął rybę do ust i chciał mówić dalej, ale Marianna go powstrzymała.

— Najpierw połknij — powiedziała niecierpliwie. — Poczekam z resztą śniadania, aż powiesz wszystko, bo bardzo mnie interesuje, co to jest chąch. Nie znam takiej rzeczy.

— Wąż — powiedział Pafnucy po przełknięciu ryby. — Ono, to Bingo, słoniątko, ma taki strasznie, okropnie, niemożliwie długi nos i rusza nim na wszystkie strony. Długi jak wąż. Nie wiem dlaczego.

— I mówiłeś, że gdzie mieszka? — spytała Marianna. — W cyrku? Co to jest cyrk?

— Nie wiem — odparł Pafnucy. — Ale musi to być coś bardzo ogromnie wielkiego, bo są tam konie i niedźwiedzie, i to słoniątko, i mnóstwo ludzi. Za to nie ma saren ani jeleni. I chyba więcej nie wiem.

— Jak to? — oburzyła się Marianna. — Tyle czasu cię nie było i nie dowiedziałeś się niczego więcej? Jeżeli to jest dziecko, to gdzie są jego rodzice? Co ono jada? Co tu robi i skąd się w ogóle wzięło? Czy umie pływać? Jak może wytrzymać z tymi ludźmi? Gdzie było przedtem? Co robi z tym nosem, skoro on jest taki długi, i czy mu to nie przeszkadza jeść? Czy ma ogon?

Zdenerwowana była tym brakiem informacji tak bardzo, że prawie przy każdym pytaniu wskakiwała do wody i wyławiała rybę. Niecierpliwie rzucała te ryby na trawę, a Pafnucy z wielkim zapałem korzystał z tego, że nie przestawała pytać. Odpowiedzi na jej pytania nie znał, więc nawet nie próbował nic mówić.

— Natychmiast musisz tam iść i wyjaśnić sprawę! — wykrzyknęła wreszcie Marianna. — Gdzie ono w ogóle jest, to słoniątko?

— Chkołoche kchoky... — zaczął Pafnucy i urwał, widząc spojrzenie swojej przyjaciółki. — W połowie drogi do końca lasu — powiedział po przełknięciu. — Było dalej, ale idzie w naszą stronę, bo ja je tu zaprosiłem.

— Co? — spytała zaskoczona Marianna.

— Zaprosiłem je, żeby tu przyszło — powtórzył Pafnucy. — Myślałem, że sama będziesz chciała posłuchać tego, co powie.

Marianna spojrzała na niego, zamilkła i zjadła do końca swoją rybę.

— Miałeś wyjątkowo doskonały pomysł — pochwaliła. — Kiedy ono tu przyjdzie?

— Nie wiem — odparł Pafnucy. — Myślę, że niedługo.

Marianna zaniepokoiła się, czy słoniątko trafi. Pafnucy wyjaśnił, że Kikuś ma mu pokazać drogę. Spod krzaka wylazł borsuk.

— Czy ja dobrze słyszę? — spytał zgryźliwie. — Zdaje się, że będziemy mieli gości?

— Owszem — przyświadczyła Marianna. — Przyjdzie tu coś, co się nazywa słoniątko Bingo. Pafnucy się za mało dowiedział i teraz nie mam pojęcia, czy to słoniątko na przykład jada ryby. Mogłabym przygotować przyjęcie.

— W tej kwestii nie widzę żadnych kłopotów — zauważył borsuk. — Ryb możesz wyłowić dowolną ilość, jeśli tamto stworzenie ich nie jada, na Pafnucego można liczyć z całą pewnością. Nie zmarnują się. Nie dosłyszałem, kiedy tu przyjdzie.

— Nie wiemy — powiedziała Marianna. — Pafnucy mówi, że niedługo.

Z głośnym ćwierkaniem nadleciała zięba.

— Hej, słuchajcie! — zawołała z wielkim przejęciem. — To coś, co przyszło do lasu, idzie w stronę wilków!

— Jak to w stronę wilków? — przerwała gwałtownie Marianna. — Przecież miało przyjść tutaj?

— Może zabłądziło? — ćwierknęła zięba.

— Przecież Kikuś miał mu pokazywać drogę! — oburzyła się Marianna.

— Kikusia tam nie ma — powiedziała zięba. — Poleciał do Klemensa, żeby się pochwalić, że widział to z bliska i wie, co to jest. Czekaj, przestań mi przerywać! Słuchajcie, na własne oczy widziałam, jak to małe wielkie przeszło przez gąszcz jeżyn! Ten wielki, stary gąszcz z samymi kolcami. Żadne zwierzę by tamtędy nie przeszło, no, może Pafnucy, ale też wątpię, a to przeszło tak, jakby w ogóle nic nie zauważyło! Jakby te jeżyny nie miały ani jednej igiełki! Co to ma znaczyć, co to jest za stwór?

— Słoniątko — powiedział Pafnucy. — Powiedziało, że jest słoniątkiem, ale o jeżynach i kolcach nie było mowy.

— Pafnucy, ono się od nas oddala! — wrzasnęła zdenerwowana Marianna. — Ten nieodpowiedzialny sowizdrzał zostawił je i poleciał, i ono już zabłądziło! Zrób coś!

— Chyba musisz tam iść i sam je przyprowadzić — powiedział borsuk. — Muszę przyznać, że też jestem ciekaw i chciałbym to zobaczyć.

— Rzeczywiście — przyznał zakłopotany Pafnucy. — Jeżeli Kikuś je zostawił, trzeba tam pójść...

Liście zaszeleściły i na gałęzi pojawiła się kuna.

— Kikuś już wrócił — oznajmiła. — Byłam tam. Zatrzymali się, rozmawiają teraz z dzikami. Słuchajcie...

— Z dzikami! — wrzasnęła Marianna. — Tu miało przyjść, a nie do dzików!

— Może spotkali je po drodze — zauważył łagodząco Pafnucy.

— Jeżeli będą rozmawiali z każdym, kogo spotkają po drodze, nie dojdą tu przez rok! — zirytowała się Marianna. — W ogóle zboczyli w inną stronę! Pafnucy...!

— Zaraz — powiedziała z gałęzi bardzo przejęta kuna. — Słuchajcie...

— Dobrze, już idę — powiedział Pafnucy. — Zięba pokaże mi, gdzie są.

— Czy ja mogę nareszcie coś powiedzieć? — zdenerwowała się kuna. — Słuchajcie, sprawdziłam tę kieszeń!

— Jaką kieszeń? — spytali wszyscy równocześnie.

Kuna była bardzo dumna z siebie.

— Wiewiórki mówiły, że ono ma pod nosem jakąś kieszeń, do której wszystko wkłada — rzekła tajemniczo. — To takie strasznie długie z przodu to podobno jest nos. Koniecznie chciałam zobaczyć, jak wygląda kieszeń pod nosem, wiecie, zaryzykowałam i zajrzałam z ziemi, od dołu. I wyobraźcie sobie, to wcale nie jest kieszeń! To są usta! Ono tamtędy jada!

— Jesteś pewna? — spytał podejrzliwie borsuk.

— Oczywiście! — wykrzyknęła kuna prawie z urazą. — Przyglądałam się długą chwilę, bo sama byłam zdumiona. Tam wkłada liście i gałązki, i trawę, i strąki akacji i zjada to. I połyka. To są usta, a nie żadna kieszeń!

— No, no — powiedział borsuk, nie mając pojęcia, jak się do tej wiadomości ustosunkować.

Marianna poczuła się zaciekawiona wprost szaleńczo.

— Chora będę, jeśli tego stworzenia nie zobaczę — oznajmiła stanowczo. — Pafnucy, przyprowadź je tu! Idź do niego i nie zostawiaj go ani na chwilę, bo znów gdzieś skręci!

— Skoczę i popatrzę, gdzie teraz są — zaofiarowała się zięba. — Potem przylecę i zaprowadzę Pafnucego. Zaczekajcie chwilę!

Furknęła i już jej nie było. Krzaki znów zaszeleściły i wyłonił się z nich lis Remigiusz.

— Cześć, jak się macie — powiedział. — Znacie ostatnią nowinę?

— Jaką ostatnią nowinę? — spytała Marianna. — O słoniątku?

— A, to już wiecie? — powiedział Remigiusz. — Specjalnie przyszedłem w tej sprawie. Ale heca! Słoniątko uciekło z cyrku i przyszło do lasu. Wiem o tym bezpośrednio od zwierząt. Nie było go tu jeszcze?

— Nie, ale ma przyjść — powiedziała Marianna. — Pafnucy już z nim rozmawiał. Wiesz może przypadkiem, co to jest cyrk?

— Niedokładnie — wyznał Remigiusz. — Jakaś mieszanina ludzi i zwierząt. Zwierzęta oczywiście już wiedzą, że to małe sobie poszło, i orientują się, dokąd, ale ludzie jeszcze się nie połapali. Zdaje się, że urwało im się w trakcie podróży, więc nie mają pojęcia, w którym miejscu. Będą go szukać gdzie indziej.

— Myślisz, że będą go szukać? — zaniepokoił się borsuk.

— No pewnie! — prychnął Remigiusz. — Ludzie zawsze wszystkiego szukają. Z chciwości, jak sądzę. Ale dużo czasu upłynie, zanim zgadną, że to jest w naszym lesie, więc na razie mamy spokój. Zamierzam to stworzenie obejrzeć.

— Może wiesz, co ono jada? — spytał Pafnucy.

— Jarzyny i owoce — odparł Remigiusz. — Trawę i liście. Nie wiem, czy coś więcej, ale w każdym razie ryb i mięsa nie lubi. W cyrku są jego rodzice, prosili, żeby się nim trochę zaopiekować. Doszło to do mnie przez posły.

— W takim razie nie można go zostawiać samego z tym postrzelonym Kikusiem! — zadecydowała stanowczo Marianna.

— Pafnucy, idź natychmiast i nie wracaj bez słoniątka!

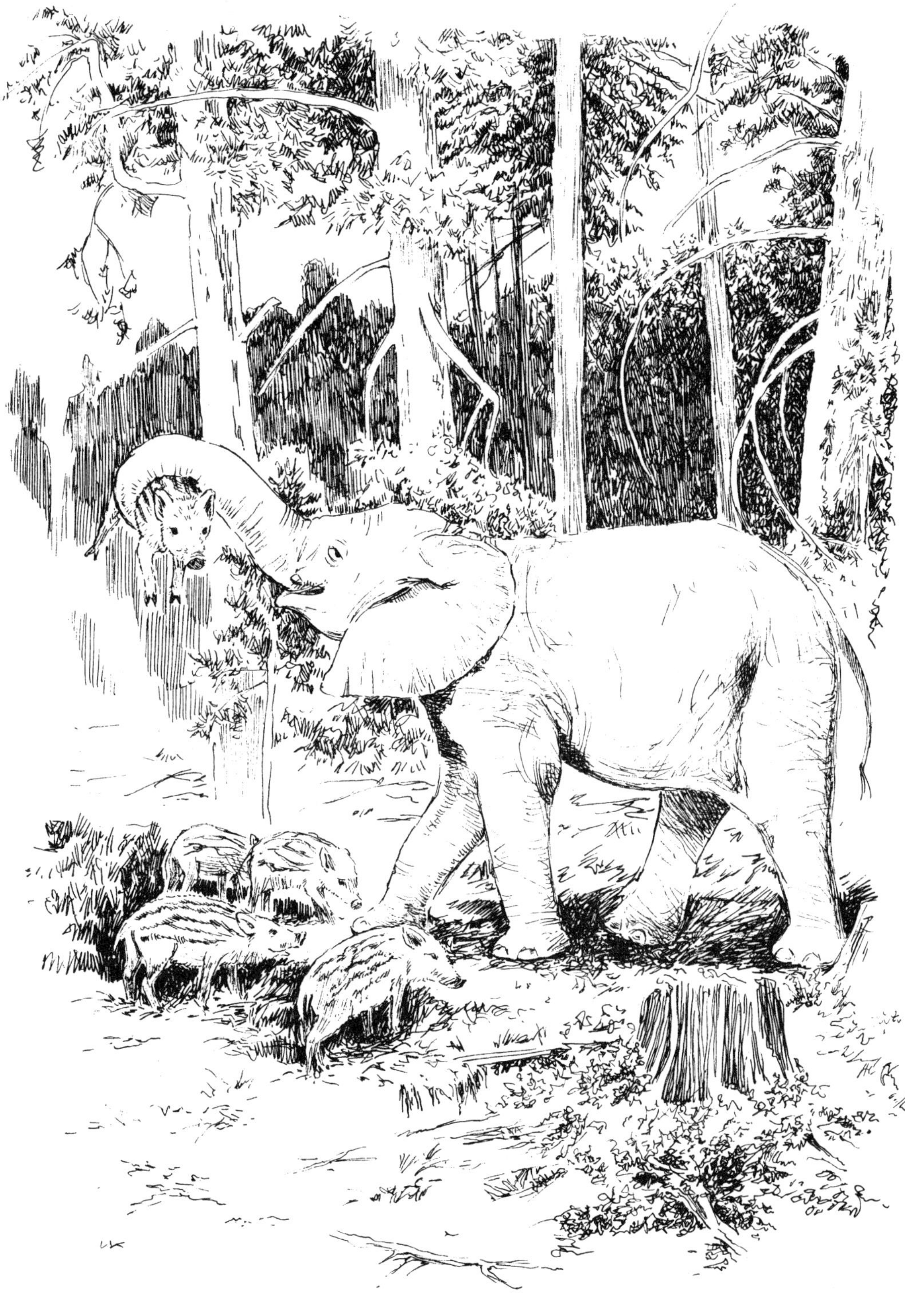

Ledwo Pafnucy zdążył zrobić dwa kroki, nadleciała sroka, przysłana przez ziębę.

— Pafnucy, chodź prędko! — zawołała. — To wielkie małe stworzenie zostanie z dzikami do jutra! Nie puszczą go! Bawią się razem. Ale śmiesznie!

— Jak śmiesznie? — krzyknęła za nią Marianna, ale sroka zdążyła już odlecieć.

Pafnucy przyśpieszył kroku i popędził za nią. Po gałęziach pomknęła kuna, a Remigiusz śmignął między trawami. Borsuk nie gonił sroki, za to postanowił pójść po swoją żonę i dzieci, żeby też zobaczyły słoniątko. Marianna została sama i z niecierpliwości zaczęła wskakiwać do wody z wielkim pluskiem i chlapaniem. Prawie za każdym wskoczeniem wyciągała rybę i obiadowy stos rósł i rósł...

Na leśnej polance znajdowało się stado dzików, a dookoła siedziały na drzewach wiewiórki i ptaki. Z krzaków na skraju polanki wyglądała Klementyna ze swoją córeczką Perełką i jej siostra Matylda, ze swoim synkiem Bobikiem. Był tam także Kikuś i dwa małe wilczki. Na środku stało słoniątko i bawiło się z dziećmi dzików.

Pafnucy, Remigiusz i kuna dotarli za sroką prawie równocześnie i na widok tej zabawy zdumieli się bezgranicznie. Małe dzieci dzików aż pokwikiwały z radości, a wszyscy dookoła przyglądali się zabawie, rozśmieszeni i zaciekawieni. Czegoś podobnego jeszcze nikt w lesie nie widział.

Dopiero po długiej chwili Pafnucy wylazł z zarośli.

— Dzień dobry, Bingo — powiedział uprzejmie. — Jak ty to robisz? To jest po prostu coś nadzwyczajnego!

Słoniątko na jego widok ucieszyło się wyraźnie.

— Dzień dobry! — powiedziało. — Jak to miło zobaczyć znajomą osobę. Wiem już, że masz na imię Pafnucy, Kikuś mi powiedział.

— To świetnie — powiedział Pafnucy. — Wcale nie chcę wam przerywać tej prześlicznej zabawy, ale jesteś zaproszony nad jeziorko i Marianna z borsukiem już tam czekają.

— Nad jeziorko! — zawołało słoniątko. — To znaczy, że tam jest woda?

— Oczywiście, że jest woda — zapewnił je Pafnucy.

Słoniątko odwróciło się do dzików.

— Bardzo was przepraszam — powiedziało grzecznie. — Ale muszę przyznać, że od wczoraj trochę mi brakuje wody. Chętnie pójdę nad jeziorko, a potem mogę tu wrócić.

— My też pójdziemy nad jeziorko — powiedziały dziki. — Nasze dzieci chybaby się popłakały, gdybyśmy nie poszli z tobą wszyscy.

Kuna zawróciła na gałęzi i pomknęła szybciej, chichocząc po drodze. Koniecznie chciała pierwsza opowiedzieć Mariannie o tej zabawie słoniątka z dzikami. Pafnucy przywitał się z Klementyną i z Matyldą i wszyscy razem ruszyli znacznie wolniejszym krokiem.

Borsuk właśnie wracał z żoną i z dziećmi, a Marianna wychodziła z wody z kolejną rybą, kiedy kuna zbiegła do nich po pniu.

— Słuchajcie, to nie do wiary! — zawołała z zachwytem. — Oni tu już idą wszyscy, ale przedtem to stworzenie bawiło się z dziećmi dzików! Ale jak! W życiu byście nie zgadli, oczom nie wierzyłam!

— Jeżeli natychmiast nie powiesz, jak się bawiło... — zaczęła złowieszczo Marianna.

— Ależ powiem! — przerwała jej kuna, wybuchając śmiechem. — Powiem natychmiast! Otóż słuchaj, wyobraźcie sobie, to wielkie małe wyciągało ten swój przeraźliwie długi nos, okręcało jego końcem dziecko dzika, podnosiło je i huśtało! Na oba boki! Kiwało nim strasznie śmiesznie i musiało to być bardzo przyjemne, bo te dzieciaki dzików aż kwiczały z uciechy. Ustawiały się w kolejce i każde dziecko chciało jeszcze raz!

— Rzeczywiście — powiedział zdumiony borsuk. — Przyznaję, że trudno sobie coś podobnego wyobrazić.

— W takim razie, czy to długie to rzeczywiście jest nos? — spytała podejrzliwie Marianna. — Może to jednak ręka albo noga?

— Głowy nie dam — odparła kuna. — Znajduje się w tym miejscu, gdzie każdy ma nos, a na nogach chodzi. Upewnisz się, jak przyjdzie.

— Czy oni w ogóle dotrą tu kiedykolwiek? — zdenerwowała się Marianna. — Chyba idą tyłem! Czekam od nieskończoności!

— Tylko od rana — poprawił borsuk.

Słoniątko jednak było spragnione wody, szło zatem nieco szybciej i Marianna ujrzała wreszcie upragniony widok. Z lasu, po drugiej stronie jeziora, pierwszy wyskoczył Remigiusz, za nim pojawił się Kikuś i wszystkie sarenki. Przeskoczyli rzeczkę i pobiegli brzegiem w kierunku Marianny. Następnie zaczęły wyłazić dziki, a razem z nimi Marianna ujrzała w końcu coś wielkiego, szarego, co szło na nogach podobnych do pni drzewnych albo do słupów. Machało ogromnymi uszami i kiwało wężowato długim czymś, co rzeczywiście było chyba nosem. Zobaczyło wodę i skierowało się wprost ku niej.

Wszyscy znieruchomieli po dwóch stronach jeziorka i patrzyli, co teraz będzie. Słoniątko weszło po kolana do wody, nabrało jej do owego długiego nosa, zgięło nos i całą wodę wlało sobie do ust. Nabrało wody drugi raz i uczyniło tak samo, za trzecim razem jednakże całą wodę wylało na siebie. Wyglądało to prawie jak fontanna. Potem oblało się znów i znów, z wyraźnym zadowoleniem i przyjemnością.

Wpatrzona w niezwykłą istotę Marianna wpadła w prawdziwy zachwyt.

— Ach, niech ono tu przyjdzie! — zawołała. — Pafnucy, przyprowadź je tu! Co za urocze stworzenie! Lubi wodę!

Nie wytrzymała, plusnęła do jeziora i w mgnieniu oka przepłynęła na drugi brzeg.

— Witaj, Bingo! — zawołała radośnie. — Jestem Marianna! Po tamtej stronie mam dom, chodź, zapraszam cię do siebie! Co to jest to długie, czy to nos? Czy możesz nalać wody na kogoś innego?

— To jest moja trąba — odparło słoniątko uprzejmie. — Owszem, rodzaj nosa. Oczywiście, że mogę nalać wody na wszystko.

Nabrało w trąbę wody i całą wylało na jednego dzika. Dzik kwiknął, ale wcale się nie obraził, bo dziki bardzo lubią wodę i wilgoć.

Marianna chlupnęła do wody i przepłynęła z powrotem. Słoniątko pomaszerowało brzegiem. Pafnucy wyszedł z lasu ostatni, pilnował bowiem, żeby nigdzie nie zboczyło, ale obok domu Marianny znalazł się pierwszy, bo wielki stos ryb widoczny był z daleka. Ulokował się obok tego stosu ryb i oczywiście, na początku wizyty, nie mógł brać udziału w rozmowie.

Marianna obejrzała słoniątko ze wszystkich stron. Słoniątko było grzeczne i uprzejme, pokazywało się bardzo chętnie i odpowiadało na wszystkie pytania, bo chciało się zaprzyjaźnić z całym lasem. Wyjaśniło, że jego trąba jest nie tylko nosem, ale także czymś więcej, ponieważ może nią chwytać różne rzeczy. Bierze nią jedzenie i wkłada sobie do ust. Oprócz tego trąba służy także do trąbienia.

— Do trąbienia? — zdziwiła się Marianna. — Jak to? Czy to znaczy, że możesz zatrąbić?

— Oczywiście, że mogę — odparło słoniątko, bardzo dumne ze swoich możliwości. — O, tak!

Uniosło trąbę w górę i zatrąbiło tak potężnie i przeraźliwie, że aż Remigiusz zatkał sobie uszy, a Kikuś odskoczył co najmniej o trzy metry. Marianna z zachwytu wskoczyła do wody, robiąc wielką fontannę, i wyskoczyła natychmiast.

— A co jeszcze potrafisz zrobić? — spytała z szalonym zainteresowaniem.

— O, mnóstwo rzeczy — pochwaliło się słoniątko. — Mam bardzo dużo siły i mogę przewrócić głową drzewo. Małe drzewo, bo jeszcze nie jestem dorosłym słoniem. Mój tatuś mógłby przewrócić duże drzewo.

— Może pokażesz tę sztukę? — podpowiedział Remigiusz.

Słoniątko bez namysłu podeszło do małego drzewka, popchnęło je głową i przewróciło tak, że całe korzenie wyszły z ziemi. Jedyną osobą, której się to nie podobało, był borsuk.

— Mam nadzieję, że poprzestaniesz na tej jednej demonstracji — powiedział karcąco. — Przynajmniej w tej okolicy. Chciałbym mieszkać w lesie, a nie na łysej polanie.

— Podobno bawiłeś się z dzikami tak, że one się huśtały — powiedziała prędko Marianna. — Jak to było? Czy możesz mi pokazać?

Małe dziki zaczęły się pchać na wyścigi, zanim słoniątko zdążyło się odezwać. Słoniątko ciągle było pełne dobrych chęci, ujęło trąbą pierwszego z brzegu, uniosło i zakołysało. Mały dziczek kwiknął radośnie, a Marianna aż pisnęła.

— Och! — wyrwało jej się. — Ja też chcę spróbować!

— No wiesz! — zgorszył się borsuk. — Myślałem, że jesteś dorosła!

— A co to ma do rzeczy? — rozgniewała się Marianna. — Tym bardziej chcę spróbować tej zabawy!

Słoniątko już nawet nie usiłowało nic mówić. Pokołysało wszystkie małe dziki po kolei, a potem wyciągnęło trąbę do Marianny. Uniosło wydrę, kiwnęło w prawo, w lewo i do góry, a Marianna znów pisnęła.

— Ależ to cudowne! — wykrzyknęła z zachwytem. — Co za prześliczna zabawa! Jeszcze trochę!

Zabawa w huśtawkę zaciekawiła wszystkich do tego stopnia, że zdecydował się nawet Remigiusz. Małe borsuczęta zrobiły się prawie nieprzytomne i niewiele brakowało, a pobiłyby się z małymi dzikami. Do kolejki wepchnęły się małe wilczki. Wszyscy pokwikiwali, piszczeli i wydawali radosne okrzyki i było to tak zachęcające, że stary borsuk poczuł zazdrość. Poprosiłby również słoniątko o pokołysanie, gdyby nie to, że absolutnie mu nie wypadało. Postanowił, że załatwi tę sprawę nieco później, w cztery oczy.

W końcu wszyscy poczuli się głodni i zwrócili uwagę, że słoniątko nie jadło obiadu, a było przecież gościem. Dziki popędziły kawałek dalej i w wielkim pośpiechu wygrzebały z grząskiego brzegu całą górę słodkich kłączy tataraku, które słoniątko zjadło z wyraźną przyjemnością.

— Czy nie macie marchwi? — zapytało. — Słonie bardzo lubią marchew. Chociaż muszę przyznać, że ta nowa potrawa jest również doskonała.

— Niestety, w lesie marchwi nie ma — odparły dziki, które znały marchew bardzo dobrze. — Strasznie nam przykro. Ale wiemy, gdzie rośnie.

— Blisko ludzi — zauważył Remigiusz. — Nie radzę wam tam chodzić, bo go ludzie złapią.

— Czy lubisz ciasteczka z miodem? — spytał Pafnucy.

— O, tak! — odparło żywo słoniątko. — Czy są tu gdzieś ciasteczka z miodem?

— W leśniczówce — powiedział Pafnucy.

— Ten sam problem — powiedział Remigiusz. — Leśniczy to też człowiek, chociaż, przyznaję, że wyjątkowo porządny. Ale słoniem w naszym lesie zainteresuje się z pewnością.

Pafnucy, który bardzo chciał poczęstować słoniątko czymś nadzwyczajnie dobrym, zakłopotał się troszeczkę.

— Ja bym mu te ciasteczka przyniósł — powiedział niepewnie. — Tylko leśniczy mi je daje do ust i wtedy... no, wtedy... no, rozumiecie...

— Rozumiemy — powiedział borsuk. — Pożerasz je, zanim się zdążysz obejrzeć.

— Może mógłby je przynieść kto inny — podpowiedziała Marianna. — Pafnucy, zastanów się nad tym.

— Wiewiórki — powiedziała z gałęzi kuna. — Jest ich dużo. Każda weźmie jedno i przyniesie, a potem pójdzie po następne. To jest do załatwienia, tylko musielibyście iść nieco bliżej leśniczówki.

— To nie teraz — powiedziała stanowczo Marianna. — Trochę później albo może jutro. Teraz chciałabym się nareszcie dowiedzieć, co to jest cyrk. I co ty potrafisz. I gdzie są twoi rodzice. I w ogóle skąd jesteś, bo przecież nie z naszego lasu!

Słoniątko zaczęło opowiadać od końca.

— Ja jestem z cyrku — powiedziało. — I moja mama i mój tatuś też są z cyrku. W cyrku uczą różnych rzeczy i ja już mnóstwo umiem.

Nie czekając, aż ktoś zapyta, co umie, zaczęło pokazywać. Stanęło na tylnych nogach, przeszło kawałek i pomachało przednimi. Potem stanęło na przednich nogach, a tylnymi oparło się wysoko o pień drzewa. Potem ujęło trąbą wielką szyszkę i rzuciło ją bardzo daleko.

— Umiem tak rzucać piłką — powiedziało.

— Co to jest piłka? — spytała natychmiast Marianna.

— Takie okrągłe — powiedziało słoniątko. — Może być duże albo małe. Podskakuje. Rzuca się to albo turla.

— I do czego to wszystko? — spytał borsuk.

— Dla cyrku — odpowiedziało słoniątko.

— To właściwie co to takiego jest ten cyrk? — zapytał Pafnucy.

Słoniątko z całej siły postarało się opowiedzieć, co to jest cyrk. Wyjaśniło, że jest to miejsce, gdzie się mieszka i pokazuje różne sztuczki. Są tam ludzie i zwierzęta i jedni ludzie, a także zwierzęta, pokazują te sztuczki, a inni ludzie przychodzą i przyglądają się im. Gra muzyka, którą wszyscy lubią, a najbardziej konie.

— Ejże! — zawołała z drzewa sroka. — Czy to nie jest przypadkiem to coś, co pojawia się w różnych ludzkich miejscach, takie wielkie! I wygląda jak ludzki dom, ale jest trochę inne, bo ma sam dach. I wchodzi tam potworna ilość ludzi. Czy to nie jest to?

— Tak — powiedziało słoniątko. — A to wielkie to jest namiot cyrkowy. Tak się nazywa.

— Czy ty rozumiesz ludzką mowę? — zainteresował się Remigiusz.

— Oczywiście — odparło słoniątko, zdziwione, że w ogóle można o to pytać. — Wszyscy rozumiemy. Od urodzenia.

— Chcesz przez to powiedzieć, że urodziłeś się w cyrku? — spytał podejrzliwie borsuk.

— Oczywiście — powtórzyło słoniątko. — Wszyscy urodziliśmy się w cyrku. Moja mama i mój tatuś też. Podobno tylko mój dziadek urodził się w dżungli, bardzo dawno temu.

— No nie! — powiedziała z lekką irytacją Marianna. — Za dużo tego. Ja to muszę zrozumieć! Co to jest dżungla?

— Taki las — powiedziało słoniątko i machnęło trąbą. — Taki jak ten, tylko większy i jest tam bardziej gorąco. Mój dziadek opowiadał o tym mojemu tatusiowi, a mój tatuś mnie. W dżungli jest bardzo dużo słoni.

Następnie postarało się wyjaśnić, co to są lwy, tygrysy, foki i małpy, ale miało z tym wielki kłopot. W końcu Remigiusz zrozumiał, że tygrysy to są po prostu wielkie koty, a Marianna zdołała wyobrazić sobie fokę, ponieważ było to zwierzę wodne. Podobne do niej samej, tylko o wiele większe. Wszyscy chcieli także zrozumieć, do czego służy ten cyrk.

— Do przedstawień — powiedziało słoniątko. — To jest dla ludzi. Przychodzą, siedzą i patrzą, a w środku konie biegają, ci cyrkowi ludzie skaczą i huśtają się wysoko nad ziemią i robią inne rzeczy, lwy i tygrysy też skaczą, niedźwiedzie grają w piłkę i jeżdżą na rowerze, foka i słonie też grają w piłkę, to bardzo zabawna rzecz, taka piłka. Ludzie przyglądają się i klaszczą w ręce, bo bardzo im się to podoba.

— I wszystko jest świecące — powiedziała z westchnieniem sroka. — Raz mi się udało zajrzeć do środka przez ten wielki dach. Ach, jak tam świeciło! Nawet sobie nie umiecie wyobrazić!

Remigiusz wziął udział w wyjaśnieniach. Widział kiedyś piłkę, kiedy bawiły się nią ludzkie dzieci. Opowiedział mniej więcej, jak się bawiły, a słoniątko przyświadczyło, że to prawda.

— Chcę zobaczyć taką piłkę! — zażądała Marianna.

— Znów zaczynasz? — fuknął na nią borsuk. — Od tych twoich zobaczeń już było tyle kłopotów, że chyba więcej nie potrzeba?

— Nie wiem, jaki kłopot może wyniknąć z oglądania piłki! — oburzyła się Marianna. — Chcę ją zobaczyć i już! Skąd się bierze piłkę?

— Od ludzi — powiedziało słoniątko. — Gdybym wiedział, że ktoś będzie chciał ją oglądać, przyniósłbym ją ze sobą. W cyrku jest bardzo dużo piłek.

— Niech ktoś tu przyniesie jedną! — powiedziała gwałtownie Marianna.

— Masz źle w głowie — skrzywił się Remigiusz. — Kto ma ją przynieść i w jaki sposób?

— To bardzo łatwe — powiedziało słoniątko. — Można ją przynieść albo przyturlać. A jeśli ktoś ma zęby, może ją wziąć w zęby, bo te piłki są w siatkach. Wiszą na ścianach wszędzie, także w naszym domu. Mógłbym po nią pójść, ale boję się, że mi każą zostać i drugi raz już nie ucieknę. Poza tym nie wiem, gdzie jest teraz nasz cyrk.

— Jak to nie wiesz? — zdziwił się Pafnucy. — Nie trafisz do domu?

— Nie, bo myśmy akurat byli w ruchu — powiedziało słoniątko. — I nie wiem, gdzie się cyrk zatrzymał.

Przez następne kilka minut musiało wyjaśniać, jak to jest z tym ruchem cyrku. Z wielkim wysiłkiem zdołało wytłumaczyć, że cyrk przenosi się z miejsca na miejsce co kilka miesięcy. Składa się namiot, umieszcza wszystko na wielkich wozach i jedzie gdzie indziej, do innego miasta.

— Co to jest miasto?! — wrzasnęła Marianna.

— To jest takie miejsce, gdzie mieszka wielkie mnóstwo ludzi — powiedziało cierpliwie słoniątko. — Stoją tam ich domy, ogromne, bardzo gęsto, jeden obok drugiego, i ludzie mieszkają w takich klatkach. Wystawiają z nich głowy.

— I nie mogą wychodzić? — przestraszyła się Klementyna.

— Mogą — uspokoiło ją słoniątko. — Wychodzą drzwiami. Plączą się po ulicach. Na ulicach są sklepy.

Wyjaśnienia robiły się coraz bardziej skomplikowane. Na szczęście ulice były trochę podobne do szosy, którą wszyscy znali, ale te sklepy i stojące gęsto domy wydawały się wprost nie do pojęcia.

— Potworne — powiedziała Klementyna ze zgrozą. — Jak w czymś takim można wytrzymać? Straszny hałas i cuchnie obrzydliwie! Jak wy to znosicie?

— O, my jesteśmy przyzwyczajeni — powiedziało słoniątko. — Oczywiście wolimy świeże powietrze, ale te wszystkie nieprzyjemności jakoś możemy znieść. Cyrk przeważnie ustawia się trochę za miastem albo na wielkich placach i tam już nie jest tak źle. Dziwimy się trochę ludziom.

— Trochę! — prychnęła Marianna. — Ja im się dziwię BARDZO!

— No owszem — przyznało słoniątko. — Można im się dziwić bardzo. Bo widzicie, jedne miasta są gorsze, a inne lepsze, i w jednych cuchnie strasznie, a w innych o wiele mniej, więc dziwimy się, że nie zrobią sobie tak, żeby wszędzie cuchnęło mniej. Bo te miasta robią ludzie i sami sobie robią nieprzyjemność. Wcale tego nie można zrozumieć.

— Ludzie to jest w ogóle okropność! — zawyrokował stanowczo borsuk.

Słoniątko zdziwiło się trochę.

— Nie, dlaczego? — powiedziało. — Ludzie są dobrzy. Opiekują się nami bardzo porządnie i lubią nas. I my ich lubimy. I lubimy robić te różne sztuki. Konie lubią biegać, a foka uwielbia grać w piłkę. Lwy i tygrysy może nie bardzo pchają się do skakania, bo muszą skakać przez ogień, ale za to potem wszyscy dostajemy bardzo dobre rzeczy do jedzenia.

— I nie wolałbyś mieszkać sobie na przykład tutaj, w lesie, i robić, co chcesz? — spytał z niedowierzaniem borsuk.

— Nie — powiedziało słoniątko. — W lesie jest zima.

— Zima jest wszędzie — poprawił Remigiusz.

— Ale u nas jest inna zima — powiedziało słoniątko. — Ja wiem, bo już widziałem zimę, i wiem, że ona przychodzi co roku. Nie ma wtedy nic, żadnej trawy, żadnych liści, nic do jedzenia, jest bardzo zimno i wszędzie leży śnieg. To nieprzyjemne. A u nas w domu jest ciepło i cały czas jest jedzenie, które przynoszą ludzie.

— Nie będę się wtrącał, bo nie znam dobrze zimy — powiedział borsuk. — W zimie śpię.

— Jak to? — zdziwiło się słoniątko. — Śpisz przez całą zimę?

Nagle okazało się, że słoniątko nie ma pojęcia o prawdziwym, dzikim lesie i leśnych, dzikich zwierzętach. Wszyscy zaczęli mu wszystko wyjaśniać i tłumaczyć. Przy okazji opowiedziano mu o bobrach i słoniątko bardzo chciało zobaczyć bobry. Nie znało innych zwierząt, jak tylko te cyrkowe i domowe, i wcale nie wiedziało, że istnieją sarny, wilki, lisy, borsuki i wydry. Widywało tylko czasem wiewiórki, bo wiewiórki żyją także w parkach. Chciało czym prędzej obejrzeć wszystko i zaprzyjaźnić się ze wszystkimi.

— Jedzenie tu jest trochę inne — powiedziało. — Nawet dobre, ale brakuje mi marchwi i jabłek. Do marchwi i jabłek jesteśmy przyzwyczajeni. Ale wy wszyscy bardzo mi się podobacie.

Sięgnęło trąbą, owinęło nią małego borsuka i pokołysało przez chwilę. Potem odstawiło borsuka i napiło się trochę wody.

— I wasza woda jest lepsza — powiedziało. — Bardzo smaczna woda. Nasza jest o wiele gorsza.

— Z tego, co słyszę, wynika, że ci ludzie są po prostu nienormalni — powiedziała z niesmakiem Klementyna. — Robią dla siebie miasta, w których strasznie cuchnie, i piją gorszą wodę. Żyją w hałasie, od którego można oszaleć. I to wszystko robią specjalnie sami dla siebie! Obłęd!

— O, ja bardzo dużo wiem o ludziach — powiedziało słoniątko. — Oni ze sobą rozmawiają, a my wszystko rozumiemy. Podobno są takie miasta, gdzie wcale nie cuchnie, powietrze jest czyste, a woda bardzo dobra. Nikt z nas nie może pojąć, dlaczego jedni ludzie robią dla siebie coś dobrego, a inni coś złego. Możliwe, że to są różne gatunki ludzi.

— Nie zajmujmy się teraz ludźmi! — zażądała Marianna. — Chciałabym wiedzieć, kto pójdzie do cyrku i przyniesie piłkę. Interesuje mnie ta rzecz.

— Najpierw trzeba wiedzieć, gdzie się zatrzymał cyrk — zwrócił uwagę Remigiusz. — Może by tak ptaki...

— Ja skoczę — zaofiarowała się sroka. — Słuchaj, Bingo, czy możesz mi przy okazji powiedzieć, gdzie trzymają w cyrku te wszystkie świecące rzeczy?

— Wszędzie — odparło uprzejmie słoniątko. — One służą do ubierania ludzi i zwierząt i znajdują się w garderobach. Dosłownie wszędzie.

Sroka nie wiedziała, co to jest garderoba, ale nabrała wielkich nadziei, że coś świecącego gdzieś się znajdzie.

— Doskonale — powiedziała i zwróciła się do innych ptaków. — Wy też lećcie, kto znajdzie cyrk, niech mi powie. No, już!

Z wielkim furkotem ptaki zerwały się z drzew i odfrunęły. Słoniątko grzecznie przypomniało o bobrach i poprosiło, żeby je do nich zaprowadzić. Pafnucy zawahał się odrobinę.

— Śniadanie było wprawdzie późno — powiedział troszeczkę niepewnie — ale wydaje mi się, że zbliża się pora obiadu. I w planach mamy deser, więc moglibyśmy najpierw pójść do leśniczego, a potem do bobrów. Co ty na to?

Marianna nie czekała, aż słoniątko odpowie, tylko od razu chlupnęła do wody. W błyskawicznym tempie wyłowiła obiad dla Pafnucego i usiadła obok na trawie. Pafnucy jadł, a ona wydawała zarządzenia.

— Po obiedzie pójdziecie na deser — mówiła. — Potem dowiemy się od ptaków, gdzie jest cyrk. Potem pójdziecie i przyniesiecie piłkę. A do bobrów pójdziecie jutro, bo to jest daleko i trzeba mieć na tę wizytę dużo czasu.

— Cyrk też znajduje się daleko — mruknął Remigiusz.

— Nie szkodzi — powiedziała stanowczo Marianna. — Na bobry potrzebne jest więcej czasu. Niech on je sobie dokładnie obejrzy i zaprzyjaźni się z nimi. Z cyrkiem się zaprzyjaźniać nie musi.

— Kochekne chą chechółky — powiedział Pafnucy.

Słoniątko spojrzało na niego z wielkim zainteresowaniem.

— Proszę? — spytało grzecznie.

Marianna już otworzyła usta, żeby wyjawić, co myśli, ale Pafnucy zdążył przełknąć.

— Potrzebne są wiewiórki — powiedział szybko. — Tak się umówiliśmy.

— Jesteśmy tutaj i czekamy — odezwały się równocześnie liczne wiewiórki ze wszystkich okolicznych drzew. Siedziały tam cały czas, przyglądały się i przysłuchiwały wszystkiemu, nadzwyczajnie zaciekawione.

— Proszę, jakie one porządne — pochwaliła Marianna. — Zdążycie zjeść ten deser, zanim ptaki wrócą. Wyślę je do was z informacjami.

Leśniczy właśnie skończył jeść obiad. Usłyszał szczekanie swoich psów, wyjrzał przez okno i zobaczył Pafnucego, stojącego przed furtką ogrodzenia. Ucieszył się, bo bardzo lubił wizyty Pafnucego, wziął wielką miskę ciasteczek i wyszedł przed dom.

Pafnucy otworzył usta i pierwsze ciasteczko zjadł. Potem jednakże, ku zdumieniu leśniczego, nie otwierał już paszczy, tylko usiadł na tylnych łapach, wyciągnął przednie i najwyraźniej prosił o więcej. Leśniczy nie miał gdzie wrzucić mu tego ciasteczka, więc położył je na słupku ogrodzenia.

Natychmiast pojawiła się wiewiórka, jak ruda błyskawica porwała ciasteczko ze słupka i zniknęła w gałęziach najbliższego drzewa. Pafnucy nadal prosił. Leśniczy położył drugie ciasteczko i w mgnieniu oka porwała je druga wiewiórka. Leśniczy zdziwił się ogromnie, zaciekawiło go to i położył trzecie ciasteczko. Trzecia wiewiórka uczyniła to samo, co dwie pierwsze i z taką samą szybkością.

— Pafnucy, co to ma znaczyć? — spytał zdumiony leśniczy. — Oddajesz swój deser wiewiórkom? Otwórz paszczę!

Pafnucy odgadł, że leśniczy się dziwi. Nie chciał, żeby dziwił się za bardzo, więc otworzył usta i z największą przyjemnością pożarł dwa następne ciasteczka. Po czym znów zaczął zachowywać się jak przedtem. Najwyraźniej prosił o ciasteczka dla wiewiórek.

Leśniczego to w końcu zaintrygowało. Kładł ciasteczka na słupku, a wiewiórki porywały je i unosiły gdzieś w las. Nie mógł oczywiście wiedzieć, że kawałek dalej stoi słoniątko, które z zachwytem zjada ten doskonały przysmak. Wiewiórki przynosiły ciasteczka, każde z nich było nadgryzione, upuszczały je na mech przed ruchliwą trąbą i pędziły po następne. Wiewiórkom ciasteczka również bardzo smakowały, ale wiewiórki są małe i każdej z nich wystarczało jedno ugryzienie, a całą resztę oddawały słoniątku, uważając to za doskonałą zabawę.

Leśniczego zainteresowało to tak bardzo, że postanowił zobaczyć, co się dzieje dalej w lesie. Postawił miskę z resztą ciasteczek na zewnątrz ogrodzenia i ruszył w las za wiewiórkami, pilnie śledząc ich drogę w gałęziach.

Nad głową słoniątka furknął dzięcioł.

— Bingo, uciekaj! — zawołał ostrzegawczo. — Leśniczy tu idzie!

Słoniątko pośpiesznie chwyciło trąbą trzy ostatnie ciasteczka, zawróciło i popędziło w las. Leśniczy zdążył ujrzeć z daleka coś, co wyglądało jak mały słoń, ale obecność słonia w tym lesie była zupełnie niemożliwa, pomyślał więc, że chyba mu się wydawało. Usłyszał także tętent i łomot i uznał, że pewnie spłoszyło się stado dzików. Na mchu znalazł okruszki ciasteczek i niczego więcej nie odkrył, tak że dziwne zachowanie Pafnucego i wiewiórek wciąż było dla niego niezrozumiałe. Wrócił do domu i pod ogrodzeniem znalazł pustą miskę. Zabrał ją i poprosił żonę o upieczenie nowych ciasteczek, bo był bardzo ciekaw, co te wszystkie zwierzęta zrobią nazajutrz.

Sroka przyleciała do Marianny i zawiadomiła ją, że cyrk znajduje się dość blisko. Jednym swoim końcem las ciągnął się i ciągnął aż do początków niedużego miasta. Zwierzęta nie znały tych stron. Nigdy tam nie bywały, bo ta wąska i długa część lasu służyła ludziom i była przez nich odwiedzana.

— Ptaki latają szybko — powiedziała sroka. — Ale gdybyś chciała wysłać tam Pafnucego, to jego podróż potrwa dwa dni. Co najmniej cały dzień w jedną stronę, a i to musiałby się pośpieszyć.

Marianna zastanowiła się.

— W takim razie po piłkę pójdzie Remigiusz — zdecydowała stanowczo.

— Akurat — mruknął Remigiusz. — Już się rozpędziłem włazić między ludzi.

— Możesz to zrobić w nocy, kiedy oni śpią — powiedziała sroka.

— Nie będziesz taki nieużyty! — zawołała równocześnie Marianna. — Biegasz szybko, zdążysz tam dojść przed wieczorem! A jutro wrócisz z piłką!

— Oszalałaś! — protestował Remigiusz. — Ja nie mam pojęcia, gdzie jest ta piłka!

— Zwierzęta z cyrku ci to powiedzą — uparła się Marianna. — Znajdziesz dom słoni i słonie ci ją pokażą. A przy okazji popatrzysz, jakiej one są wielkości, bo skoro Bingo jest dzieckiem, dorosłe słonie powinny być jeszcze większe. Trudno mi w to uwierzyć, więc niech je zobaczy ktoś z lasu. I niech powie, co widział.

Remigiusz zamierzał jeszcze protestować, ale przyszło mu do głowy, że właściwie sam też jest ciekaw, jakiej wielkości są dorosłe słonie, i chętnie by je obejrzał. Przestał się sprzeczać z Marianną.

— No dobrze — zgodził się. — W takim razie idę od razu. Niech oni jutro pójdą w moją stronę, Pafnucy z Bingiem, bo nie wiem, czy dam sobie radę z przedmiotem, który skacze.

Machnął ogonem i pomknął w las.

Pędził bardzo szybko i późnym wieczorem dotarł do skraju lasu. Sroka pożegnała go w połowie drogi, bo dzienne ptaki chodzą spać o zmroku. Pojawiła się za to sowa.

— Hej, Remigiusz, co tu robisz? — spytała, kiedy zdyszany nieco Remigiusz zatrzymał się przed wielką łąką i patrzył na widoczne z daleka oświetlone ludzkie domy. — Pierwszy raz cię widzę w tym miejscu. Czy coś się stało, że przybiegłeś aż tutaj?

— Cześć — powiedział Remigiusz. — A ty co tu robisz? Nie wiedziałem, że tu bywasz.

— Czasem bywam — powiedziała sowa. — Na tej łące jest dużo myszy.

— Myszy? — zainteresował się Remigiusz. — To mi przypomina, że nie jadłem kolacji. Mogłabyś mi pomóc? Mam interes w cyrku i nie wiem, gdzie to jest.

— Cyrk jest tam — powiedziała sowa i machnęła skrzydłem. — Takie wielkie coś, składa się z samego dachu, a obok dachu mieszkają różne zwierzęta. Widziałam tam mnóstwo ludzi. Co za interes możesz mieć do takiej ludzkiej rzeczy?

— Zdaje się, że zupełnie obłąkany — przyznał Remigiusz. — Dałem się namówić, jak półgłówek, ale trudno, skoro przyszedłem, muszę to załatwić. Powiem ci, w czym rzecz.

Odpoczywając po biegu, opowiedział sowie o słoniątku, o cyrkowych sztukach i o piłce. Sowę to bardzo rozśmieszyło i obiecała mu pomóc. W ciemnościach widziała doskonale, zobowiązała się przelecieć przez cały teren cyrku, odnaleźć dom słoni i zajrzeć w różne zakamarki. Śniadanie, które dla Remigiusza było kolacją, mogła zjeść trochę później.

Remigiusz od razu nabrał otuchy. Zanim sowa wróciła, zdążył się pożywić. Sowa udzieliła mu wskazówek.

— W ogrodzeniu jest dziura, w sam raz dla ciebie, łatwo ją znajdziesz — powiedziała. — Największa budowla to jest dom słoni. Mieszka ich tam cztery sztuki. W wejściu jest ruchoma deska, dla kotów, żeby sobie swobodnie przechodziły, możesz tamtędy przejść. Myślę, że dasz sobie radę. Powodzenia!

— Dziękuję bardzo! — zawołał Remigiusz i sowa bezszelestnie odpłynęła...

Słonie właśnie niedawno wróciły po swoim cyrkowym występie i jadły kolację. Kiedy Remigiusz przepchnął się przez ruchomą deskę, od razu poczuły, że do ich mieszkania wszedł ktoś obcy.

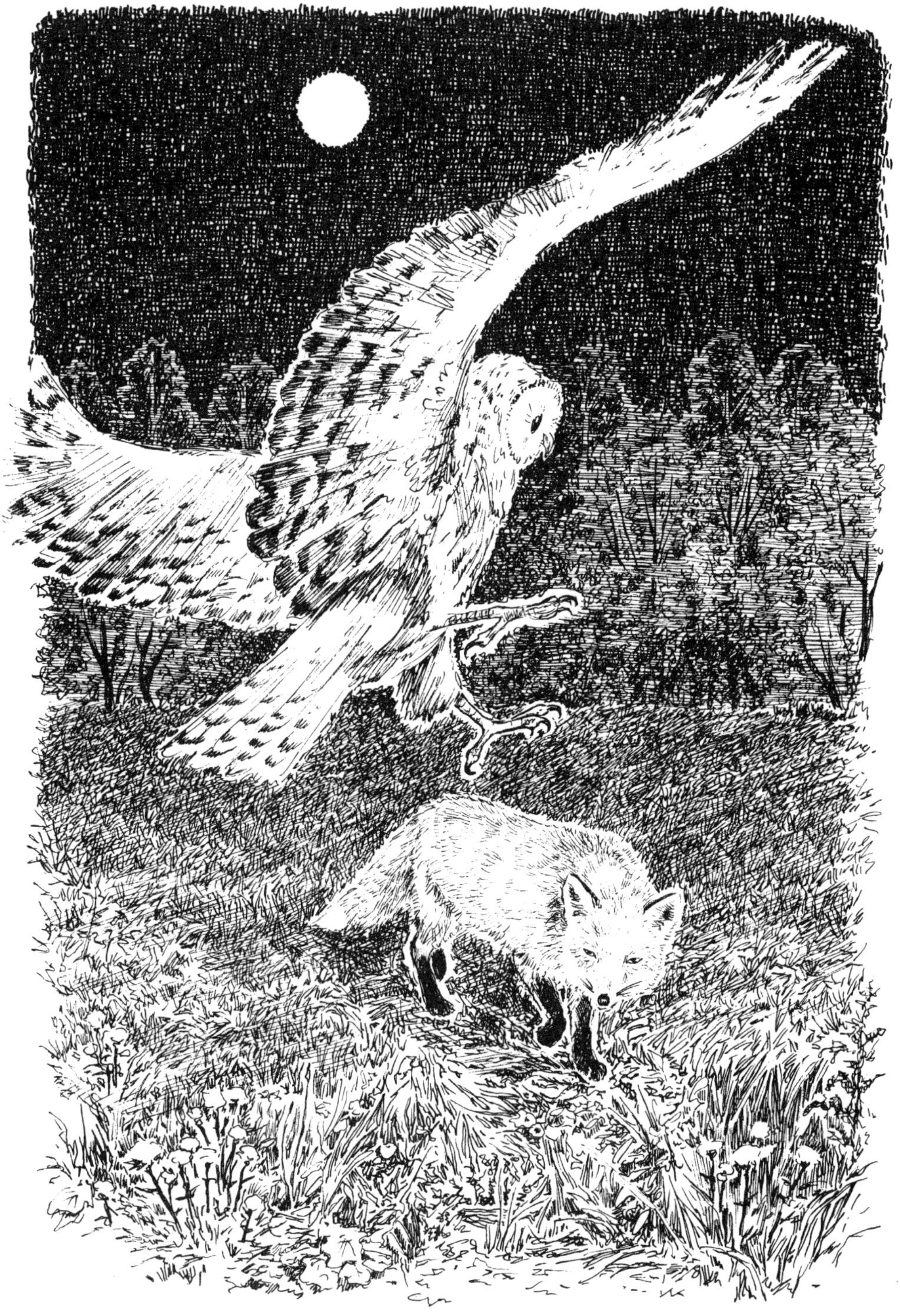

— Hej, kto tu jest? — spytała jedna słonica. — Czuję dzikie, leśne zwierzę.

— Nieszkodliwe — zapewnił ją Remigiusz. — Dobry wieczór. Czy nie zginęło wam przypadkiem słoniątko?

Druga słonica, która była matką Binga, poruszyła się gwałtownie.

— Bingo! — wykrzyknęła. — Mój synek! Wiesz może, gdzie on teraz jest? Kim jesteś?

— Zwyczajnym lisem — odparł uspokajająco Remigiusz. — Twój Bingo jest w naszym lesie i świetnie się bawi. Wszystko w porządku, nie musisz się martwić.

— Co za szczęście! — westchnęła mamusia Binga. — Uciekł nam w czasie transportu. Wiedziałam, że poszedł do lasu, ale ciągle się denerwuję. Jak to miło, że przyszedłeś o nim powiedzieć! Kiedy wróci do domu?

— Niedługo — powiedział Remigiusz. — Pozwiedza jeszcze trochę las, a potem wróci. Właściwie przyszedłem w innym celu. Podobno macie tu piłkę.

— Po co ci piłka? — zdziwił się słoń, tatuś Binga. — Chcesz ją zabrać do lasu?

— Oczywiście — odparł Remigiusz trochę zgryźliwie. — To wasze dziecko narobiło nam na nią apetytu. Wszyscy chcą zobaczyć, jak się można bawić piłką. Gdzie ona jest?

— Tutaj — powiedział słoń i pokazał trąbą.

Piłki słoni, duże i małe, wisiały w siatkach na ścianie małego pokoiku obok dużego pomieszczenia. Słoń sięgnął trąbą i zdjął jedną średnią, trochę większą od ludzkiej głowy.

— Proszę cię bardzo — powiedział i położył ją na ziemi.

— Czy on nie jest głodny? — spytała niespokojnie mamusia Binga. — Co on tam u was jada? Czy nie ma tam czegoś szkodliwego?

Remigiusz przyjrzał się słoniom, które były nieźle widoczne, bo przez okno wpadało światło latarni. Pomyślał, że Marianna mu chyba nie uwierzy. Słonie były wręcz strasznie wielkie, dwa razy większe niż Bingo. Tak wielkich zwierząt nie widział jeszcze nigdy w życiu.

— Mówię przecież, że wszystko w porządku — powiedział trochę niecierpliwie. — Bingo jada to samo, co i wszyscy, rośliny. Nie znajdzie nic szkodliwego, nawet gdyby się specjalnie starał.

— Niech on jednak lepiej wróci do domu — powiedział słoń. — Ludzie się denerwują, że zginął. Poza tym idzie zmiana pogody, jeśli zrobi się zimno, on się może zaziębić.

— Niech wraca natychmiast! — wykrzyknęła słonica.

— Dobrze, dobrze — powiedział Remigiusz. — Nic mu nie będzie. Pozwolicie, że was pożegnam, bo atmosfera nie bardzo mi odpowiada. Za dużo tu ludzi.

Wziął w zęby siatkę piłki, ale, niestety, wziął ją z nieodpowiedniej strony i piłka od razu wypadła. Zakłopotał się. Pojęcia nie miał, jak sobie z nią poradzić, bo chwytanie jej w zęby bez siatki powodowało, że wymykała się, odskakiwała i turlała się w różne strony.

— A cóż to za uciążliwy przedmiot! — zawołał z irytacją.

— Pomożemy ci — powiedziały słonie.

Były wytresowane, więc z łatwością dały sobie radę. Dwa rozchyliły trąbami siatkę, a trzeci włożył do niej piłkę i podały ją Remigiuszowi we właściwej pozycji. Remigiusz podziękował i przepchnął się ze swoim bagażem przez ruchomą deskę.

Było mu bardzo niewygodnie biec z tą dużą rzeczą, która obijała się o niego i przeszkadzała. Na szczęście, zanim dotarł do dziury w ogrodzeniu, pojawiła się sowa.

— Przyleciałam popatrzeć, jak sobie dajesz radę — powiedziała. — Więc to jest piłka? Interesujący pakunek.

— Zamiast się natrząsać, mogłabyś pomóc! — rozzłościł się Remigiusz. — Całego zająca potrafisz złapać, a nie tylko takie byle co! Wynieś to stąd! Niech raz będzie z ciebie jakiś pożytek, bo nawet do jedzenia się nie nadajesz. Sam puch!

— Obawiam się, że mylisz mnie z jastrzębiem — powiedziała sowa spokojnie. — Ale dobrze, spróbuję.

Chwyciła siatkę pazurami i uniosła ją w powietrze. Uwolniony od ciężaru Remigiusz pomknął do dziury i popędził za sową aż do skraju lasu.

Sowa upuściła piłkę wśród pierwszych drzew.

— Niezbyt ciężkie, ale niewygodne — rzekła. — Jakoś tak się plącze i majta. Co teraz zrobisz?

— Teraz poproszę cię uprzejmie, żebyś to przeniosła kawałek dalej, aż do naszego lasu — powiedział Remigiusz. — Potem to jakoś przewlokę. Tu jest niedobrze, to jest ludzki las.

— No dobrze — zgodziła się sowa. — Tylko pamiętaj, że robię to wyłącznie dla Pafnucego. Wprawdzie żyję nocą, a w dzień śpię, ale dobrze wiem, co się dzieje w lesie. Jestem pewna, że Marianna kazała Pafnucemu przynieść piłkę. Zgadłam?

— Prawie — przyznał Remigiusz. — Ściśle biorąc, kazała to przynieść mnie, ale rzeczywiście Pafnucy ma po nią przyjść. Razem z tym koszmarnym słoniątkiem.

— No więc dobrze, przeniosę ją, ile zdołam — powiedziała sowa.

Znów zaczepiła pazury o siatkę i pofrunęła daleko, aż do prawdziwego lasu. Tam położyła ją na ziemi i odmówiła dalszej współpracy. Remigiusz miał zęby i powinien dać sobie radę sam.

Razem z niewygodną piłką nie mógł biec tak szybko, jak zwykle, i do jeziorka Marianny dotarł dopiero rankiem. Pafnucy i Bingo wrócili już od bobrów i właśnie jedli śniadanie.

— Ach, więc to jest piłka? — wykrzyknęła Marianna. — I co się z tym robi? Jedzcie prędzej!

— Uspokój się, jeszcze się udławią z pośpiechu — powiedział Remigiusz, zły i zmęczony. — Bingo, kazali mi powiedzieć, że masz wracać do domu. Ostrzegają przed ludźmi. Zwracam wszystkim uwagę, że szukają go cały czas.

Słoniątko nie przejęło się tym wcale. Skończyło jeść, wytrząsnęło piłkę z siatki i zaczęła się zabawa.

Piłka turlała się, skakała i pływała po wodzie, co zachwyciło Mariannę. Popychała ją pyszczkiem i łapkami, wskakiwała na nią, spadała z niej i wypychała ją na brzeg. Wszystkie zwierzęta chciały przynajmniej dotknąć zabawki i wszystkie bardzo szybko nauczyły się ją popychać, chociaż nie zawsze we właściwym kierunku. Z największym zapałem bawiły się małe wilczki. Słoniątko pokazało nową grę. Ujmowało piłkę trąbą i rzucało ją, a Pafnucy odbijał łapami. Kikuś pozazdrościł mu i zaczął odbijać głową. Marianna z radości chlapała wodą na wszystkie strony.

— Jaka szkoda, że nie mogę zobaczyć cyrku! — zawołała z wielkim żalem. — To musi być przepiękna zabawa!

— Nie spodziewasz się chyba, że ktoś ci przyniesie cały cyrk — powiedział Remigiusz jadowicie. — Już z samą piłką miałem dosyć kłopotów. Chociaż trzeba przyznać, że rozrywka jest warta wysiłku.

— Czy cały czas się tak bawicie? — spytała Marianna.

— Nie — odparło słoniątko. — Ale bardzo często. Z tym że nie możemy się bawić po swojemu, tylko tak, jak chce trener. On tam rządzi.

— Wygląda na to, że nie czujecie się tam źle? — powiedział ze zdziwieniem borsuk.

— Zależy kto — powiedziało słoniątko. — Teraz widzę, że na swobodzie jest przyjemniej, ale z drugiej strony już się troché stęskniłem do naszego jedzenia i do rodziny. I w ogóle zadowolone są tylko te zwierzęta, które urodziły się w cyrku, inne nie. Był u nas jeden tygrys, który przyszedł z lasu, i musieli go odesłać z powrotem, bo się prawie pochorował ze zmartwienia. Ale te nasze mówią, że już wcale nie umiałyby żyć w dzikim lesie.

Nabrało wody w trąbę i wylało ją na dziki. Zabawa trwała i trwała bez końca.

Następnego dnia do Pafnucego przyleciał dzięcioł.

— Hej, Pafnucy! — zawołał. — Pucek na ciebie czeka! Mówi, że ma jakiś pilny interes.

Pafnucy obejrzał się na słoniątko, które właśnie bawiło się z wiewiórkami.

— Bingo, czy chcesz zobaczyć łąkę i mojego przyjaciela, psa Pucka? — zapytał. — To nie jest bardzo daleko.

Słoniątko chciało zobaczyć wszystko i wszystkich. Przeprosiło grzecznie wiewiórki i pomaszerowało z Pafnucym w stronę łąki. Wkrótce tam dotarli.

Pucek czekał pod lasem i na widok słoniątka aż usiadł.

— No tak — powiedział. — Więc jednak to prawda!

— Co prawda? — zaciekawił się Pafnucy.

Pucek zerwał się i obiegł ich dookoła.

— Słyszałem różne plotki, że macie tam w lesie słonia — oznajmił. — Myślałem, że ci ludzie kompletnie oszaleli, ale okazuje się, że nie. Rzeczywiście macie słonia! Jak się miewasz i jak się czujesz w tym lesie?

— Doskonale, dziękuję bardzo — odpowiedziało słoniątko. — Ogromnie mi się tu podoba.

— No więc bardzo mi przykro, ale będę musiał was zmartwić — powiedział Pucek. — Rozeszło się, że w lesie przebywa słoń, który uciekł z cyrku. Uciekłeś z cyrku?

— Z cyrku — przyświadczył Bingo.

— Zamierzają zrobić obławę, żeby cię złapać — powiedział Pucek.

— Czy zrobią mu coś złego? — zaniepokoił się Pafnucy.

— A skąd! — zawołał Pucek. — Przeciwnie! Boją się o niego potwornie. Boją się, że zje coś nieodpowiedniego, boją się, że zmarznie i zaziębi się, jeśli pogoda się popsuje, boją się, że zabłądzi i wpadnie w bagno, boją się wszystkiego. Chcą go złapać i odprowadzić do cyrku, dla jego własnego dobra. Poza tym, zdaje się, że jego rodzice są zdenerwowani. Tak ludzie mówili.

— Och, rodzice! — zmartwiło się słoniątko. — Ale przecież Remigiusz ich uspokoił?

— Tylko trochę — powiedział Pucek. — Nie stracili apetytu, ale wolą, żebyś wrócił. I ciągle jest jakieś gadanie o zimnie. Czy ty pochodzisz z jakiegoś ciepłego kraju? O ile wiem, istnieją gdzieś ciepłe kraje.

— Tak — powiedziało słoniątko. — Słonie żyją w bardzo gorących krajach, to prawda. No dobrze, wygląda na to, że będę musiał wrócić do domu.

— Raczej tak — powiedział Pucek. — Zanim zaczną tę nagonkę. Nie ma pośpiechu o tyle, że jutro będzie wielka burza, a ludzie w czasie burzy siedzą w domach. Będą szukali dopiero potem.

— Szkoda! — westchnęło słoniątko. — Gdyby nie ludzie, zostałbym dłużej, bo z tym zimnem to przesada. Przecież nie przyjdzie mróz. Ale nie mogę narażać wszystkich na to, że ludzie zrobią zamieszanie w lesie. Wrócę zaraz po burzy.

— Wiecie, gdzie jest cyrk? — spytał Pucek.

— Wiemy — odparł Pafnucy. — Odprowadzimy go tam, żeby nie zabłądził. Dziękujemy ci za wiadomość.

— Drobnostka, nie ma za co! — zawołał Pucek.

Pafnucy ze słoniątkiem wrócili nad jeziorko i powtórzyli wszystko, co usłyszeli od Pucka. Wszyscy zmartwili się, że wizyta tak szybko się skończy, ale nie było rady. Słoniątko powolutku zaczęło się żegnać z nowymi przyjaciółmi.

Wielka burza nadeszła następnego dnia po południu. Niebo zasnuły czarne chmury, powiał potężny wicher, lunął deszcz i zaczęły walić pioruny. Zwierzęta pochowały się w domach albo pod różnymi krzakami i przeczekiwały cierpliwie. Pafnucy z Bingiem siedzieli nad jeziorkiem, bo deszcz im wcale nie przeszkadzał. Pafnucy miał gęste futro, a Bingo bardzo grubą skórę i żadne deszcze nie miały dla nich znaczenia. Trochę gorsze wydawały się pioruny.

Burza szalała i szalała i nagle jeden piorun ze strasznym hukiem trafił w bardzo bliskie drzewo. Drzewo było stare i spróchniałe i już po krótkiej chwili zaczęło się palić. Wszystkich dookoła ogarnęło śmiertelne przerażenie, bo takie palące się drzewo groziło pożarem lasu, a pożar lasu to jest największe nieszczęście, jakie może spotkać leśne zwierzęta.

Marianna wystawiła głowę z wody.

— Zróbcie coś! — wrzasnęła strasznym głosem. — Przecież się pali!

— O Boże, uciekajmy! — krzyknęła rozpaczliwie Klementyna, zrywając się spod krzaka. — Dzieci...! Pafnucy, ratuj Bingo!

— Pożar! — krzyknął ze zgrozą borsuk. — Czy nikt nie umie tego ugasić?! Ratunku!

Zamieszanie zapanowało straszliwe. Burza zaczynała się oddalać i to był już ostatni piorun, ale ciągle jeszcze grzmiało i błyskało się dookoła. Suche w środku drzewo, pomimo deszczu, paliło się coraz mocniej. Dziki z tupotem zaczęły zagarniać swoje dzieci, Remigiusz podkulił ogon i odskoczył na bezpieczną odległość, wiewiórki porzuciły dziuple i odbiegły po gałęziach. Wszyscy gotowi byli do natychmiastowej ucieczki w różne strony.

Jedynym stworzeniem, które nie przejęło się zbytnio, było słoniątko. Do ognia było przyzwyczajone, a w dodatku widziało już pożar w cyrku i doskonale wiedziało, jak się go gasi. Bez namysłu nabrało w trąbę mnóstwo wody i całą wylało na płonący pień.

Pień zadymił, zasyczał i przygasł. Słoniątko znów nabrało w trąbę wody i znów wylało. Cały ogień zgasł już kompletnie, a ono jeszcze lało i lało. Zwierzęta patrzyły na to z zapartym tchem.

— Bingo, uratowałeś las! — powiedział borsuk uroczyście. — Będziemy ci za to wdzięczni do końca życia!

— Co to za szczęście, że on uciekł z cyrku i przyszedł do nas z wizytą! — wykrzyknęła Marianna. — Bingo, jesteś nadzwyczajny! Czy słonie nie boją się ognia?

— Ależ tak, boją się — odparło słoniątko i wydmuchnęło z trąby resztki wody. — Ale w cyrku widujemy ogień bardzo często i wiemy, co z tym należy zrobić. Już zgaszone, a jeśli chcecie, mogę to jeszcze trochę rozdeptać.

Popchnęło głową nadpalony pień i przewróciło go z łatwością. Potem weszło na tę spaloną część i deptało tak, jak tylko słonie umieją deptać. O żadnym ogniu nie mogło już być mowy.

Z ulgą po prostu bezgraniczną wróciły na swoje miejsca wiewiórki, dziki, Klementyna i Remigiusz. Wszyscy patrzyli na

Bingo z zachwytem, podziwem i szacunkiem. Polubili słoniątko niezmiernie, a teraz jeszcze dodatkowo zaczęli je kochać. Rzeczywiście, uratowało las!

Słoniątko było bardzo dumne z siebie i tym bardziej żałowało, że musi wracać do domu. Na pociechę pomyślało, że czeka tam na niego marchew, jabłuszka i kilka innych rzeczy, których nie ma w lesie. Znów zaczęło się żegnać ze wszystkimi.

I zaraz następnego dnia wyruszyło w drogę, odprowadzali je zaś prawie wszyscy. Pafnucy, Klementyna z Perełką, Kikuś, Remigiusz, wielkie stado dzików, kuna, małe wilczki i wszystkie wiewiórki. Doszli aż do samego skraju lasu. Pożegnali się jeszcze raz i dalej już słoniątko poszło samo, a drogę pokazywały mu sroka, zięba i dzięcioł. Do cyrku trafiło z łatwością.

Zwierzęta nie wróciły od razu, tylko czekały, aż dojdzie do domu. Dowiedziały się, że to nastąpiło, ponieważ z daleka dobiegło ich uszu potężne, radosne, przeraźliwe trąbienie słoni.

W lesie zaś, na pociechę, została im duża, kolorowa piłka.

7. Balbina

Wczesną wiosną po następnej zimie Pafnucy obudził się ze swojego długiego snu. Wygrzebał się spod wielkiego stosu zeszłorocznych liści, wylazł z głębokiego dołu pod korzeniami drzewa, usiadł obok, przetarł oczy i ziewnął.

Mała szyszka spadła mu na głowę. Popatrzył do góry i ujrzał wiewiórkę, która miotała się wśród gałęzi i biegała po pniu we wszystkie strony jak szalona.

— Dzień dobry — powiedział grzecznie.

— Co? — odparła z roztargnieniem wiewiórka. — A, dzień dobry. A, Pafnucy! Jak się masz? Słuchaj, czy nie pamiętasz może... Czy nie zauważyłeś... Nie wiesz przypadkiem, gdzie schowałam na jesieni moje orzechy? Nie mogę ich znaleźć!

Pafnucy rozmyślał przez chwilę.

— Mam wrażenie, że szukasz tak swoich orzechów każdego roku? — powiedział ostrożnie, bo nie chciał być nieuprzejmy. — Czy nie powinnaś chować ich zawsze w tym samym miejscu?

— Chowam w różnych tych samych miejscach — zniecierpliwiła się wiewiórka. — Ale to się zapomina... Nigdzie ich nie ma... Muszę je znaleźć, bo jestem bardzo głodna!

— Może to było inne drzewo? — powiedział Pafnucy.

Wiewiórka spojrzała na niego i przeskoczyła na sąsiedni wielki dąb. Obiegła go szybko do góry, na dół i dookoła i wydała okrzyk radości.

— Są! Znalazłam! Dziękuję ci bardzo, Pafnucy!

I znikła w dziupli.

W tym momencie Pafnucy poczuł, że też jest bardzo głodny. Przed oczami zamajaczyły mu różne rzeczy, grube, soczyste kłącza tataraku, wielkie plastry świeżego miodu, kruche ciasteczka, słodkie czarne jagody i ryby. Całe stosy lśniących, srebrzystych, tłustych ryb. Rozbudził się dokładnie i pomyślał, że jego przyjaciółka Marianna z pewnością już na niego czeka i wyciąga z jeziorka śniadanie, obiad, podwieczorek i kolację. Na tę myśl aż mu zaburczało w brzuchu. Podniósł się, otrząsnął z resztek liści i już miał ruszyć w drogę, kiedy nagle nad jego głową zaszeleściło i na gałęzi pojawiła się druga wiewiórka. Była to obca wiewiórka, Pafnucy jej nie znał.

— Dzień dobry — powiedział. — Widzę cię chyba pierwszy raz? Czy też szukasz orzechów?

— Och, gdybym znalazła...! — wykrzyknęła wiewiórka smętnie. — Straciłam dom i w ogóle wszystko! Nie mam pojęcia, gdzie tu coś jest, i chyba umrę z głodu!

— Twoja koleżanka znalazła swoje zapasy tu obok, na tym dębie — powiedział pośpiesznie Pafnucy i też poczuł, że za chwilę umrze z głodu. — Może się z tobą podzieli. Przepraszam cię, ale jestem umówiony i muszę już iść.

— Nic nie szkodzi, dziękuję ci bardzo! — zawołała z wdzięcznością wiewiórka i czym prędzej przeskoczyła na sąsiedni dąb.

Pafnucy nie zwlekał już ani chwili. Ruszył w drogę.

Obok ścieżki dzików, którą maszerował, już dość blisko jeziorka, ujrzał znów nieznajomą osobę. Była to sarenka. Pafnucego głód popychał do przodu bardzo energicznie, ale dobre wychowanie kazało mu się zatrzymać.

— Dzień dobry — powiedział z westchnieniem. — Czy jesteś u nas gościem? Przyszłaś może z wizytą do Klementyny?

Sarenka drgnęła i odskoczyła malutki kawałeczek, ale nie rzuciła się do ucieczki. Z uwagą popatrzyła na Pafnucego.

— Witaj — rzekła uprzejmie. — Nie, jestem tu na stałe, bo straciłam swój dom. Nazywam się Patrycja. A ty pewnie jesteś Pafnucy? Słyszałam o tobie.

— Bardzo mi przyjemnie — powiedział pośpiesznie Pafnucy. — Skoro jesteś na stałe, to jeszcze się zobaczymy. Przepraszam...

...cię bardzo, ale jestem umówiony i muszę się śpieszyć — mówił już o wiele dalej, bo głód pchał go w stronę jeziorka coraz silniej. Zaczął patrzeć już tylko pod nogi i nie rozglądał się wcale na boki w obawie, że zobaczy jeszcze kogoś, z kim trzeba będzie porozmawiać.

Tylko dzięki temu patrzeniu pod nogi nie potknął się o młodego, nieznajomego borsuka, który fuknął gniewnie.

— Dzień dobry... — zaczął z rezygnacją Pafnucy.

— A tam, dobry! — prychnął wyraźnie rozzłoszczony borsuk. — Domu nie ma, zapasów nie ma, co ja tu znajdę...?

Szurnął w las i jeśli nawet mówił coś więcej, Pafnucy już tego nie słyszał, bo sam też bardzo przyśpieszył kroku.

Między drzewami ujrzał prześwitującą wodę, uszczęśliwiony wybiegł niecierpliwie na przybrzeżną trawę i zatrzymał się jak wryty. Przetarł oczy, zamknął je, otworzył i znów przetarł.

Marianna się rozdwoiła. Najwyraźniej w świecie Pafnucy widział dwie wydry, stojące słupka tuż nad wodą. Pomyślał, że z głodu pewnie mu się w oczach dwoi, i ani chwili dłużej nie powinien zwlekać z tymi rybami. Uczynił kilka kroków, obie wydry odwróciły się ku niemu i jedna z nich z całą pewnością okazała się Marianną.

— Pafnucy, jesteś! — wykrzyknęła i z radości fiknęła koziołka. — Jak się cieszę! Czekam tu na ciebie jak szalona, bo chcę ci przedstawić Łukasza! To jest Łukasz! Zdecydowałam się założyć rodzinę!

Wiadomość wydała się Pafnucemu ogromnie ważna i wiedział, że powinien teraz składać gratulacje i rozmaite najlepsze życzenia, ale w żołądku poczuł coś, co trochę zamąciło mu w głowie.

— Najserdeczniejsze ryby — powiedział szybko. — Bardzo mi pusto przyjemnie. Cieszę się coś zjeść... To znaczy, tego...

— O Boże, ty przecież jesteś głodny! — wykrzyknęła Marianna i chlupnęła do wody.

— Mnie też jest bardzo przyjemnie — powiedział Łukasz i z wielkim rozbawieniem przyglądał się, jak Pafnucy rozpoczyna swój pierwszy wiosenny posiłek. Marianna usiadła spokojnie na trawie dopiero po bardzo długiej chwili.

— Tylko nie próbuj teraz z nim rozmawiać — ostrzegła Łukasza. — Zwariować można od tego, co mówi z rybami w ustach. Skorzystam i opowiem mu o tobie. – Odwróciła się do Pafnucego i mówiła dalej: — Łukasz mieszkał dosyć daleko, nad rzeczką, ale ludzie, jak zwykle, zrobili jakieś okropieństwo, spaskudzili rzeczkę i wytępili wszystkie ryby. Byłby umarł z głodu. Zaczął szukać nowego, lepszego miejsca, ptaki mu powiedziały, że u nas jest nieźle, więc w końcu trafił tutaj. Widzisz sam, że jest sympatyczny, będziemy rodziną i wychowamy jakieś dzieci.

— Ja kech gyłgym umał ch głogu — powiedział z przejęciem Pafnucy.

— Proszę? — zainteresował się gwałtownie Łukasz.

— A mówiłam...! — zawołała Marianna.

Pafnucy pośpiesznie przełknął.

— Ja też byłbym umarł z głodu — przetłumaczył. — Myślałem, że nigdy tu nie dojdę, bo wszędzie były jakech ochke ochoky.

— Co było? — spytał szybko Łukasz z jeszcze większym zainteresowaniem.

— Zaczekaj chwilę, przecież widzisz, że już kończy! — zniecierpliwiła się Marianna. — To jest pierwsze śniadanie, drugie śniadanie wyłowię mu dopiero za pół godziny. Jest bardzo wygłodzony, nie powinien jeść za dużo na raz, bo jeszcze mu zaszkodzi.

— Ja myślę, że zaszkodzi mi zjeść za mało na raz — poprawił Pafnucy z głębokim przekonaniem i zjadł ostatnią rybę.

Łukasz przeczekał tę ostatnią rybę.

— To teraz powiedz, co było — poprosił. — Bardzo mnie zaciekawiłeś.

— Nic takiego — odparł Pafnucy. — Jakieś obce osoby. I ze wszystkimi musiałem...

— Jakie obce osoby? — przerwała podejrzliwie Marianna.

— Jedna wiewiórka — odparł Pafnucy. — Jedna sarenka, Patrycja. Jeden borsuk, nie zdążył się przedstawić. Wiewiórka szukała cudzych orzechów, bo nie miała własnych...

— Nie miała własnych? — zdziwiła się Marianna. — A cóż ona robiła na jesieni? No owszem, te głupie wiewiórki zapominają, gdzie wetknęły zapasy, ale niemożliwe, żeby wcale nie miały!

— Powiedziała, że straciła dom i wszystko — wyjaśnił Pafnucy. — Patrycja też straciła dom i przyszła do nas, żeby zostać na stałe. Ciekawa rzecz. Borsuk też powiedział, że nie ma domu.

Marianna milczała przez chwilę.

— Nie podoba mi się to — oznajmiła po namyśle. — Wszyscy stracili domy? A cóż to za jakiś kataklizm? Pafnucy, musisz się koniecznie dowiedzieć, co się stało i o co tu chodzi!

— Teraz, zaraz? — spytał Pafnucy trochę żałośnie. — Myślałem, że już minęło pół godziny i zbliża się czas na drugie śniadanie...

Drugie śniadanie było obfitsze niż pierwsze, bo w łowieniu ryb wziął udział także Łukasz i obydwoje z Marianną zrobili sobie konkurs, kto wyłowi więcej. Zachwycony konkursem, Pafnucy trochę przeszkodził w obliczaniu rezultatów, nie zdołał bowiem zapamiętać, ile zjadł od Marianny, a ile od Łukasza. W każdym razie okropna pustka w żołądku znikła i teraz mógł już spokojnie czekać obiadu.

— Jeżeli Patrycja jest sarenką, z pewnością zawarła już znajomość z Klementyną — powiedziała Marianna. — A także z Perełką, z Matyldą, z Kikusiem, Bobikiem i Klemensem...

— Cześć, jak się macie — odezwał się nagle z drzewa dzięcioł. — Klemensa możecie sobie darować, jest zajęty. Walczy właśnie z nowym jeleniem, aż łomot idzie po lesie.

— Witaj! — zawołała Marianna. — Z jakim nowym jeleniem?

— Obcym. Przyszedł z innego lasu i słowem się nie zdążył odezwać, bo od razu zabrali się do roboty. Zdaje się, że rządził u siebie, a tutaj rządzi Klemens, więc musieli rozstrzygnąć sprawę.

— Czy on też stracił dom? — spytał z namysłem Łukasz.

— Oczywiście — odparł dzięcioł. — Jak to? To wy nic nie wiecie?

— Co mamy wiedzieć? — zirytowała się Marianna. — Była zima, Pafnucy spał jak kamień i nie przynosił żadnych informacji! Nic nie wiem, nic nie słyszałam, co się stało, mów natychmiast!

— Był potworny pożar lasu duży kawałek od nas — powiedział dzięcioł ponuro. — Wszystkie zwierzęta musiały uciekać, istne nieszczęście, niektóre przyszły do nas, a niektóre do tej pory błąkają się po różnych zagajnikach. Pierwsze, oczywiście, przyleciały ptaki i mówiły nam o tym, więc już wiadomo było, czego się można spodziewać.

— Okropność — powiedziała Marianna, wstrząśnięta. — Od czego był ten pożar?

— Od ludzi. Palili sobie ognisko, był wiatr, zapaliły się suche sosenki...

Wszyscy zamilkli na bardzo długo, bo wiadomość była wprost przerażająca. Nic gorszego nie mogło spotkać zwierząt niż pożar lasu. Marianna zdenerwowała się straszliwie, nic nie mówiąc, zerwała się z trawy, skoczyła do wody i błyskawicznie wyciągnęła trzy wielkie ryby, jedną za drugą. Pafnucy, również bez słowa, pożarł je tak, jakby dotychczas nie miał nic w ustach.

— Dziwię ci się, że nie straciłeś apetytu — powiedział dzięcioł z drzewa z lekką naganą.

— Przeciwnie — powiedział Pafnucy smętnie. — Jak jestem zdenerwowany, robię się okropnie głodny. Tylko jedzenie mnie uspokaja.

— Tu się nie ma co uspokajać! — zawołała Marianna z gniewem. — To nieładnie ze strony Klemensa, walczyć z kimś, kogo spotkało takie nieszczęście! Przecież wiadomo, że wygra, jest najsilniejszym jeleniem na świecie! Mógł tamtego zostawić w spokoju!

— Bardzo słusznie — poparł ją Pafnucy z nagłą energią. — Tamtych wszystkich spotkała katastrofa i powinniśmy ich przyjąć przyzwoicie. Idę załatwić tę sprawę.

Odwrócił się i stanowczym krokiem pomaszerował w las.

— O ho, ho! — zdziwił się Łukasz. — A mówiłaś, że on jest taki łagodny i dobroduszny...?

— Był — poprawiła również nieco zaskoczona Marianna. — To znaczy, jest nadal, ale bardzo urósł przez zimę i coś mi się wydaje, że teraz jest już dorosłym niedźwiedziem...

Pafnucy sam był zdziwiony, skąd mu się wzięła ta energia i stanowczość. Czuł jednak wyraźnie, że musi pilnować jakiegoś porządku i nikt inny nie zdoła tego załatwić, tylko on. Był w tym lesie największy i najsilniejszy, wiedział o tym z całą pewnością i wszystko, co przeżył do tej pory, nagromadziło się w nim jakoś i umieściło w głowie. Strasznie dużo rozumiał, a przede wszystkim rozumiał to, że zrobił się dorosły.

Klemens i obcy jeleń wciąż jeszcze walczyli ze sobą na wielkiej leśnej polanie. Już z daleka Pafnucy usłyszał okropny łomot i tupanie, przyśpieszył kroku i natknął się nagle na Klementynę.

— Och, nie chodź tam — powiedziała nerwowo Klementyna. — Och, to ty, Pafnucy, witaj! Och, nie należy im przeszkadzać!

— Właśnie mam zamiar przeszkodzić — odparł Pafnucy stanowczo.

— Cześć, Pafnucy! — odezwał się lis Remigiusz, który siedział pod krzakiem i z wielkim zainteresowaniem obserwował walkę. — Nie wiem, czy trzeba. Coś mi się widzi, że ta bitwa przebiega nietypowo.

Pafnucy z uwagą przyjrzał się walczącym jeleniom, a potem popatrzył na Remigiusza.

— Co to znaczy? — spytał surowo. — Co chcesz przez to powiedzieć?

— To, że Klemens mógł go załatwić już dawno. Wcale się nie stara. Dziwnie się jakoś bije, jakby pod przymusem.

— W ogóle nie powinien się bić — rzekł Pafnucy, ciągle z tą samą stanowczością.

Wyszedł na polanę, usiadł na tylnych łapach, podniósł do góry przednie i ryknął potężnie. Siedząc w ten sposób, większy był od jeleni, a jego ryk zabrzmiał straszliwie. Oba jelenie przerwały walkę i odskoczyły od siebie, odwracając głowy ku niemu.

Klemens znał Pafnucego doskonale i nie bał się go zupełnie, zdumiał się tylko śmiertelnie tym przeraźliwym rykiem, obcy jeleń natomiast ujrzał rozwścieczonego niedźwiedzia i przeraził się tak, że nawet nie zdołał uciec. Stał jak wmurowany w ziemię i gapił się osłupiałym wzrokiem, ciężko dysząc.

— Jak ci nie wstyd — powiedział z wyrzutem Pafnucy do Klemensa. — Oni mieli pożar lasu, a ty się z nim bijesz!

Klemens zakłopotał się wyraźnie i uczynił krok do tyłu.

— No wiesz — powiedział niepewnie i odchrząknął. — Jakaś tradycja w końcu istnieje... Na wiosnę musimy się pobić. Poza tym chciałem mu wybić z głowy głupie pretensje... Poza tym sam widziałeś, że traktowałem go łagodnie!

Pafnucy opadł na przednie łapy, usiadł zwyczajnie i przestał wyglądać krwiożerczo i straszliwie. Obcy jeleń potrząsnął głową tak, jakby chciał sobie rozjaśnić wzrok.

— A poza tym, on zaczął — dodał jeszcze Klemens.

Pafnucy odwrócił się do nowego jelenia.

— Dzień dobry — powiedział grzecznie. — Mam nadzieję, że pozwolisz sobie wszystko wytłumaczyć bez tej całej awantury. Tu rządzi Klemens i musisz się z tym pogodzić, i zachowuj się jak dobrze wychowany gość, i w ogóle u nas jest bardzo przyjemnie, i możesz się tu zadomowić, i Kikuś też dorasta, i wszyscy rządzić nie mogą, i jest bezpiecznie, bo wilki znajomych nie jedzą...

W tym miejscu trochę go zatchnęło, więc przerwał swoje przemówienie i złapał oddech. Nowy jeleń przez ten czas oprzytomniał.

— W porządku — odezwał się głosem jeszcze trochę ochrypłym. — Uznaję Klemensa, jest lepszy ode mnie i nie muszę tu koniecznie leżeć i dogorywać, żeby się o tym przekonać. Tak bez niczego nie mogłem... No, rozumiesz... Dziewczyny by się ze mnie wyśmiewały...

— Nic podobnego! — wtrąciła się z krzaków Patrycja, która oglądała walkę z drugiej strony polanki. Zmieszała się zaraz potem tak, że czym prędzej uciekła, a Remigiusz zachichotał.

— To znaczy, że jest wszystko w porządku? — upewnił się Pafnucy.

— W porządku — powiedział Klemens i zwrócił się do nowego jelenia: — Nie zdążyłeś nawet powiedzieć, jak ci na imię?

— Gaweł — przedstawił się nowy jeleń. — Bardzo przepraszam.

— Bardzo mi miło. Pafnucy słusznie wspomniał o wilkach. Trzymaj się mnie przez jakiś czas, żeby się do ciebie przyzwyczaiły. Chodź, pokażę ci miejsce, gdzie najwcześniej zaczyna rosnąć świeża trawa...

Leśna polana opustoszała, a Remigiusz wylazł zza krzaka.

— Ho, ho, Pafnucy — powiedział z wielkim uznaniem. — Zdaje się, że zrobił się z ciebie dorosły niedźwiedź i wszystkich tu porozstawiasz po kątach. Zaczynasz rządzić w tym lesie.

Pafnucemu tajemnicze stany wewnętrzne już całkowicie przeszły. Znów poczuł się łagodny i dobroduszny, a do tego ogromnie głodny. Oba śniadania, pierwsze i drugie, gdzieś znikły i wypełniała go wyłącznie nieprzyjemna pustka.

— Wcale nie chcę rządzić — powiedział pośpiesznie. — Nie mam czasu. To znaczy, jestem zajęty. To znaczy, chciałem powiedzieć, jestem umówiony z Marianną...

Odwrócił się i szybkim krokiem pomaszerował w stronę jeziorka.

Nowych zwierząt, które uciekły przed pożarem, pojawiło się w lesie dosyć dużo, ale miejsca było mnóstwo, więc nikt nikomu nie przeszkadzał. Co jakiś czas przybywał jeszcze ktoś następny, niektóre zwierzęta miały bowiem do przebycia daleką drogę. Z płonącego lasu uciekały na wszystkie strony i czasem źle trafiały, niepotrzebnie zbliżały się do miast albo napo-

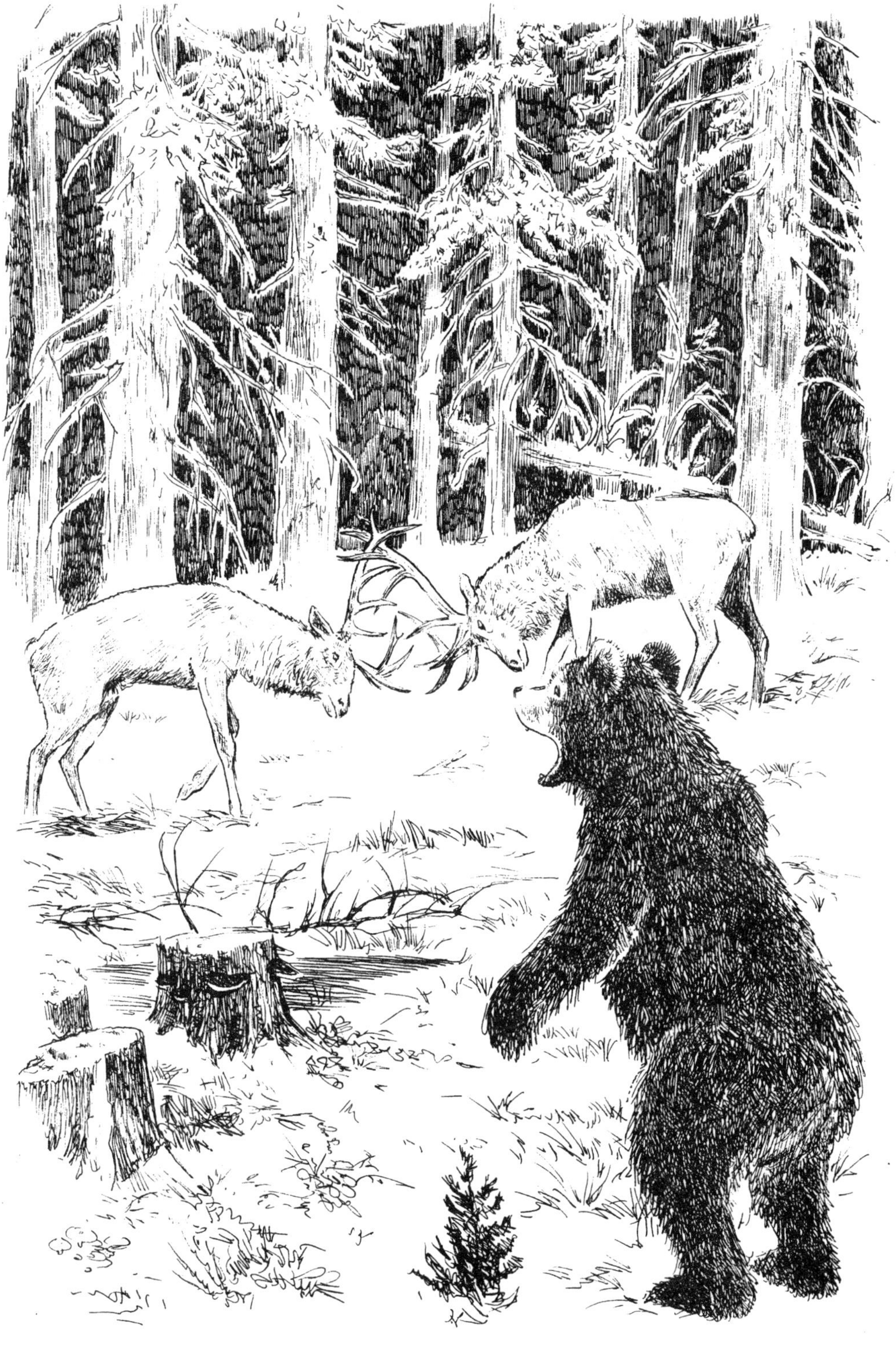

tykały rozmaite inne przeszkody. Musiały przejść wielki kawał drogi, żeby dostać się do tego właśnie, najpiękniejszego lasu.

Pierwsze dwa tygodnie Pafnucy spędził obok jeziorka Marianny, bo koniecznie musiał odremontować w sobie to, co utracił w czasie zimy. Marianna i Łukasz łowili ryby, a Pafnucy jadł i jadł, i jadł. Marianna z wielką troską pilnowała, żeby jej ukochany przyjaciel porządnie się pożywił, bo później mogła mieć trudności z zaopatrzeniem.

— Niedługo będę miała dzieci — ostrzegła Pafnucego. — Obawiam się, że z dziećmi są kłopoty. Zdaje się, że trzeba je karmić, pilnować, uczyć i tak dalej, więc sam rozumiesz, będę musiała trochę cię zaniedbać. Jedz na zapas!

Pafnucy jadł na zapas z największą przyjemnością i po dwóch tygodniach poczuł się doskonale. Wróciły mu wszystkie siły, a nawet miał ich znacznie więcej niż w ubiegłym roku. Postanowił wybrać się na bardzo daleki spacer, bo ciągle jeszcze istniał kawałek lasu, w którym go nigdy dotychczas nie było.

Ten nieznany kawałek lasu znajdował się za szosą i nie był to wcale mały kawałek, tylko wielki kawał. Przez całe życie Pafnucy miał mnóstwo interesów i spraw do załatwienia po tej jednej stronie szosy i na tamtą drugą stronę ani razu nie zdążył pójść. Wybrał się zatem teraz, korzystając z okazji, bo wszystkie inne zwierzęta były jakoś dziwnie mocno zajęte i nie miały czasu na spotkania towarzyskie.

Po szosie jeździły samochody. Pędziły bardzo szybko i Pafnucy zgadł, że nie należy im przeszkadzać. Poczekał, aż żadnego nie będzie widać, i szybko przebiegł na drugą stronę.

Dalej szedł sobie spokojnie i powoli, rozglądając się dookoła i wygrzebując rozmaite kłącza i korzenie, bo już tak się przyzwyczaił do jedzenia, że po prostu nie mógł przestać. Wynajdywał także młode, świeżutkie gałązki, żałując bardzo, że jeszcze nie ma grzybów ani jagód.

Był już bardzo daleko, kiedy w wielkim pędzie przebiegł obok niego młody jelonek, nieco młodszy od Kikusia. Podążał w przeciwną stronę.

— Hej! — zawołał za nim Pafnucy, bo chciał go poznać osobiście, ale jelonek nawet nie usłyszał. Błyskawicznie znikł za drzewami.

W chwilę później Pafnucy ujrzał dwie sarny, pędzące tak samo jak jelonek. Również nie zdążył się z nimi porozumieć. Poszedł dalej i natknął się na stado nieznajomych dzików. Dziki na szczęście nie pędziły, tylko szły normalnym krokiem, kierując się ku odległej szosie, odwrotnie niż Pafnucy.

— Dzień dobry — powiedział żywo Pafnucy. — Jestem Pafnucy i przyszedłem...

Dziki przerwały mu od razu.

— Wiemy, że jesteś Pafnucy — rzekł największy. — To znaczy, domyślamy się, bo słyszałyśmy o tobie. Wszystkie zwierzęta w lesie o tobie słyszały, jesteś sławny. Co tu robisz, po naszej stronie?

— Przyszedłem zobaczyć, jak tu jest — odparł Pafnucy. — Myślałem, że z kimś porozmawiam, widziałem sarny, ale uciekły...

— Wszyscy uciekli — przerwał znów dzik. — My też. Jakieś okropne zamieszanie hałasuje na skraju lasu. Ludzie dostali jakiegoś fioła czy co, latają, wrzeszczą, wytrzymać tego nie można. No więc oddalamy się w głąb.

— Na skraju lasu są ludzie? — zainteresował się Pafnucy.

— Tak, cała wieś. Na ogół zachowują się spokojnie, ale dzisiaj ich coś opętało. Od samego rana wyprawiają głupie sztuki i chyba nawet strzelali.

— Do siebie? — zaciekawił się Pafnucy.

— Nie wiemy. Ale do siebie chyba nie, to im się rzadko zdarza. W każdym razie ich wrzaski są okropnie denerwujące i nie chcemy ich słuchać. Tobie też nie radzimy.

— Dziękuję bardzo — powiedział Pafnucy. — Jednak pójdę popatrzeć, co się tam dzieje. Jeśli nie wytrzymam, też ucieknę.

Pożegnał dziki i poszedł nieco szybciej, bo był zaciekawiony ludzkimi awanturami. Pomyślał, że opowie o nich później Mariannie.

Ledwo przeszedł kilkadziesiąt kroków, ujrzał nagle jakieś zwierzę, najzupełniej obce i nieznajome. Było duże, większe od Klemensa, chociaż nieco do niego podobne, i miało inne rogi. Za nim szło drugie takie samo, a dalej jeszcze trzy, bez rogów i podobne troszeczkę do Klementyny, ale też inne. Pafnucy zatrzymał się, zachwycony, że widzi coś nowego.

— Dzień dobry! — zawołał pośpiesznie. — Kim jesteście? Jeszcze was nigdy nie widziałem. Ja jestem Pafnucy i mieszkam po tamtej...

— A, to ty! — przerwało pierwsze zwierzę. — Miło nam poznać cię osobiście. Wszyscy, jak łatwo zgadnąć, o tobie słyszeli. Trudno mi było uwierzyć, że jesteś łagodny i nieszkodliwy, ale widzę, że istotnie robisz bardzo sympatyczne wrażenie. My jesteśmy łosie.

— Bardzo mi przyjemnie — powiedział Pafnucy. — Gdzie mieszkacie?

— Ach, nie tu przecież — odparł łoś. — Tu jest dla nas za sucho, lubimy mokradła i bagna. Na końcu lasu mamy doskonałe, odpowiednie tereny i żyje nam się tam spokojnie, ale dzisiaj ludzie nas wypłoszyli.

— No właśnie — powiedział żywo Pafnucy. — Coś już słyszałem, dziki mówiły. Co się tam dzieje, u tych ludzi?

— Nie wiemy — odparł łoś niechętnie i gniewnie. — Drą się tak, że doniosło aż do nas, a odległość jest dość duża. Wrzeszczą i robią straszny bałagan, więc wolimy przeczekać gdzie indziej. Oczywiście wrócimy do domu, jak się już uspokoją.

Pafnucy poczuł się jeszcze bardziej zaciekawiony tym czymś, co wyprawiali ludzie. Obejrzał wszystkie łosie porządnie jeszcze raz, pożegnał je i pomaszerował szybkim krokiem. Chwilami nawet trochę podbiegał.

Dotarł wreszcie do końca lasu. Zwierzęta miały rację, już z daleka usłyszał różne nieznośne dźwięki, ludzkie krzyki i wrzaski, a oprócz tego jakieś łomoty i bębnienia, jakieś trzaski i gwizdy. Wyjrzał ostrożnie zza drzew i krzewów.

Niewiele mógł zobaczyć, chociaż wieś znajdowała się bardzo blisko. Od lasu odgradzała ją tylko malutka, wąska łączka, też porośnięta drzewami. Za tą łączką stały ludzkie domy i różne inne zabudowania, wśród budynków zaś widać było mnóstwo biegających we wszystkie strony ludzi. Wrzeszczeli, machali rękami, niektórzy trzymali jakieś przedmioty, z których Pafnucy mógł rozpoznać tylko drewniane drągi. Innych, takich, jak widły, łopaty, grabie i kosy, nie znał wcale. Razem z ludźmi biegały wszędzie i szczekały przeraźliwie liczne psy.

Pafnucy nic z tego wszystkiego nie mógł zrozumieć. Hałas jeszcze jakoś wytrzymywał, posiedział zatem przez chwilę na skraju lasu, a potem posunął się dalej. Posiedział za najbliższym drzewem, potem za następnym, trochę dalszym, potem za jeszcze dalszym i w rezultacie znalazł się prawie przy ludzkich domach, zaraz za tylną ścianą obory.

Ciągle nie rozumiał, co się dzieje i o co tym ludziom chodzi. Widywał już ludzi wielokrotnie, bywał na łące, za którą zaraz znajdowała się wieś, oglądał mycie samochodów, raz nawet ludzi straszył, ale nigdy dotychczas nie napotkał takiej dziwacznej awantury. Nie mógł wrócić do Marianny i powiedzieć, że nic nie rozumie i nie wie, co się stało, bo Marianna natychmiast wysłałaby go z powrotem. Musiał zbadać sprawę.

Ludzkie hałasy zaczęły się trochę oddalać i przenosić na drugi koniec wsi, a nawet nieco przycichać. Pafnucy podniósł się i ruszył za nimi. Ledwo postąpił dwa kroki, zza obory wyszedł jakiś człowiek.

Pafnucy zaniepokoił się poważnie. Wiedział już od dawna, że nie powinien pokazywać się ludziom, bo nie ma sposobu niczego im wytłumaczyć. Nie mają pojęcia o jego łagodności i nieszkodliwości i boją się go śmiertelnie. Nic na to nie można poradzić i należy po prostu unikać ich starannie.

Tu jednak nastąpiło nieszczęście, człowiek zobaczył go nagle z bliska i najwyraźniej w świecie zmartwiał. Na wszelki wypadek Pafnucy zrobił przyjemny wyraz twarzy i zamruczał uspokajająco.

Łagodny pomruk Pafnucego w uszach człowieka zabrzmiał jak ryk dzikiej trąby. Nogi, które przedtem wrosły mu w ziemię, teraz nagle same skoczyły. Ze strasznym krzykiem człowiek zawrócił i jak szaleniec popędził z powrotem za oborę.

Zaledwie chwila minęła, kiedy ludzkie wrzaski na nowo wybuchły i od razu zaczęły się zbliżać, a razem z nimi nadbiegało szczekanie psów. Pafnucy siedział spokojnie, bo nie bał się niczego na świecie, a koniecznie chciał jakoś wyjaśnić sytuację, zmartwiony był tylko tym okropnym przestrachem człowieka. Zamieszanie gdzieś za domami wybuchło jeszcze gorsze niż przedtem, kierowało się ku niemu i już po paru sekundach Pafnucy ujrzał psy. Na czele całej watahy pędził Karuś.

Pafnucy ucieszył się bardzo, że widzi kogoś znajomego. Karusia poznał u swojego przyjaciela, Pucka, zaprzyjaźnił się z nim i szybko nabrał teraz nadziei, że dzięki niemu zdoła dogadać się z ludźmi i uniknąć dalszych nieporozumień. Czekał spokojnie.

Karuś robił, co mógł, i dopadł go pierwszy.

— Uciekaj, Pafnucy! — wrzasnął strasznie. — Uciekaj! Oni cię zastrzelą, zgłupieli zupełnie! Uciekaj, ile sił!

Pafnucy zrozumiał, że nie pora teraz na wyjaśnienia. Zawrócił w miejscu i popędził do lasu najszybciej, jak potrafił. Karuś pędził za nim i cały czas wrzeszczał:

— Uciekaj aż do lasu! Nie zatrzymuj się! Uciekaj, aż im znikniesz z oczu! W nogi! Wszystko ci wyjaśnię przez Pucka! Uciekaj! Uciekaj!

Do lasu, na szczęście, było bardzo blisko. Ludzie ledwo zdążyli wypaść na łąkę, kiedy rozpędzony Pafnucy znikał już za drzewami. Nawet się nie zasapał i na wszelki wypadek pobiegł jeszcze kawałek w głąb, tyle że nieco już wolniej. Zakłopotany był i zmartwiony ogromnie, bo cała wyprawa jakoś źle wyszła, nie dowiedział się, skąd pochodziło i co oznaczało ludzkie zamieszanie, a w dodatku musiał uciekać, do czego zupełnie nie był przyzwyczajony. Nie widział nawet, że całą scenę oglądała sroka, siedząca na gałęzi na pierwszym drzewie lasu. Furknęła i odleciała, kiedy Pafnucy wpadł w gąszcz.

Oczywiście w głębi lasu przestał uciekać. Zwolnił bardzo, westchnął i rozejrzał się w poszukiwaniu czegoś do zjedzenia, bo na zmartwienie było to najlepsze lekarstwo.

Zażywał to lekarstwo przez całą drogę powrotną i nad jeziorko Marianny dotarł dopiero po długim czasie. Marianna już czekała, zdenerwowana do szaleństwa.

— Pafnucy, Boże drogi! — krzyknęła na jego widok. — Co się stało?! Podobno musiałeś uciekać! Co za okropności tam były, co to za jakaś okolica koszmarna, mów natychmiast, co to było?! Sroka przyleciała, wystraszyła mnie do obłędu! Żebyś ty uciekał, to nie do wiary, w pierwszej chwili myślałam, że ona jest nienormalna, przywidzenia ma jakieś, ale przysięgła, że to prawda! Mów, opowiadaj wszystko!

— Czy masz już dzieci? — spytał Pafnucy niepewnie i usiadł nad brzegiem wody.

— Co? — spytała Marianna. — Jakie dzieci? A, dzieci... Nie, jeszcze nie, będę miała za tydzień. Rozumiem, ryby, Łukasz, do roboty! Szczęście, że ptaki doniosły, że jesteś żywy i już idziesz, bobym chyba zwariowała z niepokoju! Mów wreszcie, nie, nie mów teraz, najpierw przełknij!

Ogłuszony bardziej Marianną niż poprzednim ludzkim zamieszaniem, Pafnucy był zdolny przez bardzo długą chwilę do

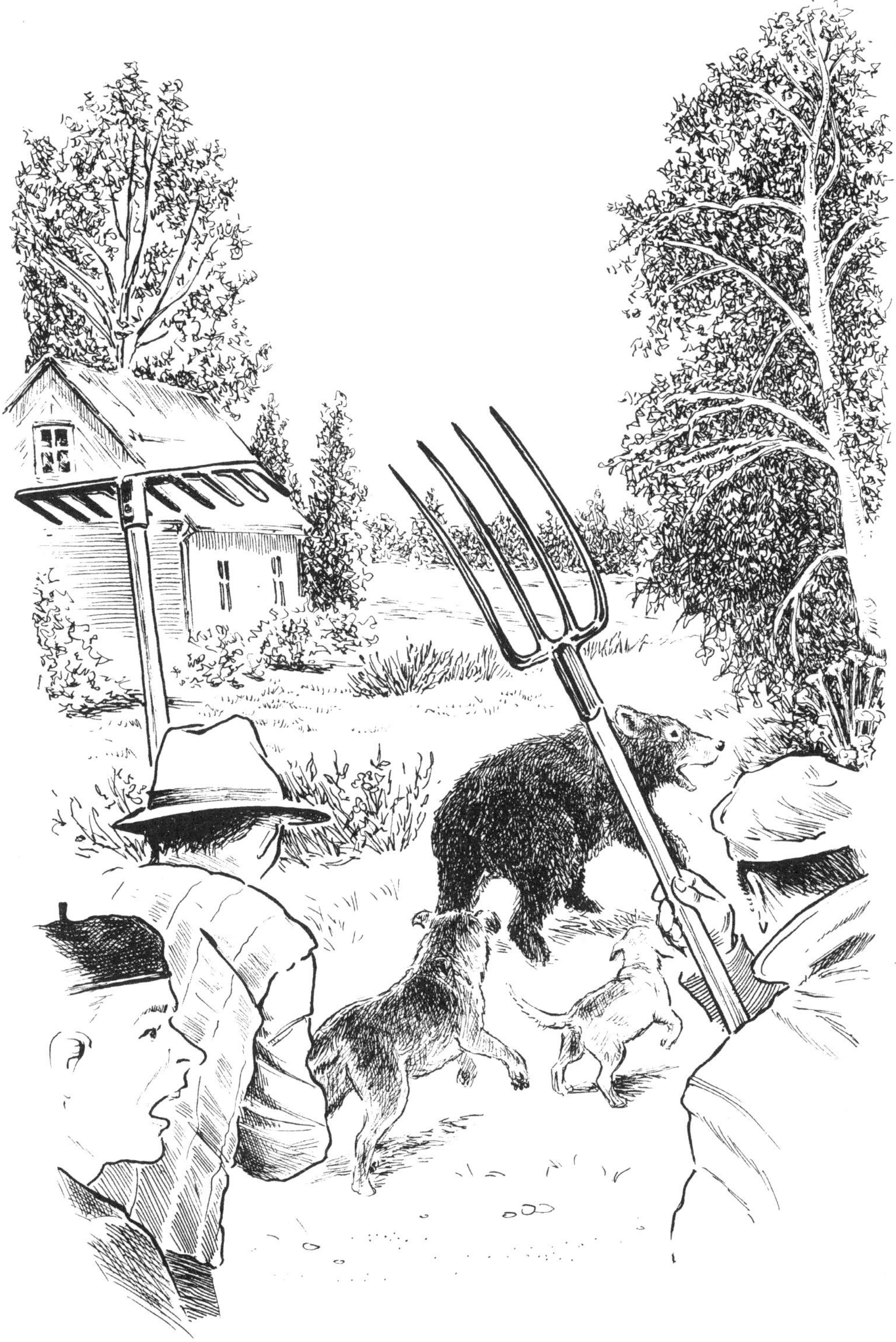

jednej tylko czynności. Łukasz ledwo nadążał z połowem, każda kolejna ryba znikała tak, jakby jej wcale nie było. Wreszcie połykanie stało się nieco rzadsze.

— No, teraz możesz opowiadać! — zarządziła Marianna.
— Od początku? — spytał Pafnucy.
— Czy uciekanie to będzie od początku?
— Nie, to będzie od końca.
— W takim razie opowiadaj od końca!
— Musiałem im zniknąć z oczu — zaczął Pafnucy od końca. — Tak kazał Karuś, nasz znajomy pies, przypuszczam, że on tam mieszka, ponieważ ten człowiek przestraszył się mnie niemożliwie, bo przedtem wyszedł, a wcale nie wiedział, że ja tam jestem, koło ludzkich domów to było, bo wszystko poszło dalej, bo nic nie mogłem zobaczyć...
— Nie — powiedziała Marianna. — Zmieniam zdanie. Od końca ci trochę źle wychodzi i nic nie rozumiem. Trudno, opowiadaj od początku.

Pafnucy zatem opowiedział porządnie wszystko od początku.

— No i co to było, ten ludzki bałagan? — spytała chciwie Marianna, kiedy skończył.

— Kłekech... — zaczął Pafnucy, ale zreflektował się i najpierw przełknął. — Przecież ci cały czas mówię, że nie wiem. I nikt nie wie.

— Może sroka...? — powiedział Łukasz.

Wszyscy spojrzeli w górę. Sroka siedziała na gałęzi.

— Bardzo mi przykro, też nie wiem — wyznała ze wstydem. — Ludzie zrobili taki hałas, że wszystkie ptaki pouciekały, zanim cokolwiek było widać. Żaden nie wrócił, dopóki się nie uspokoili.

— Co to mogło być? — zdenerwowała się na nowo Marianna. — Chora będę, jeśli się nie dowiem! I nie zgadnę, za mało wiem o ludziach! Kto ich zna? Nie ma Remigiusza? On jeden...

— Już naprawdę nie masz większych zmartwień, tylko to ludzkie zawracanie głowy? — zgorszył się borsuk pod krzakiem.

— Nie mam — odparła stanowczo Marianna. — Będę miała dopiero za tydzień. Pafnucy...

— Pucek będzie wiedział — przypomniał Pafnucy. — Karuś wykrzyczał, że wszystko mi wyjaśni przez Pucka.

Marianna zirytowała się tak, że chlupnęła do wody i sama nie wiedząc, co robi, wyłowiła jeszcze jedną rybę.

— I dopiero teraz to mówisz?! — krzyknęła. — Natychmiast ruszaj do Pucka!

— Bardzo chętnie — powiedział Pafnucy. — Jeszcze go w tym roku nie widziałem. Zaraz jutro do niego się wybiorę...

Sroka była tak ciekawa, co też się u tych wrzeszczących ludzi stało, że wręcz nie odrywała się od Pafnucego. Leciała mu nad głową, kiedy nazajutrz szedł do Pucka, bo chciała pierwsza posłuchać ich rozmowy. W rezultacie bardzo się przydała. Krowy nie wychodziły jeszcze na pastwisko i Pucka na łące nie było, biegał gdzieś koło domu i ktoś musiał go zawiadomić o przybyciu Pafnucego. Uczyniła to właśnie sroka. Furknęła tam i z powrotem i już po chwili wielki, biały, kudłaty pies pędził w kierunku lasu.

— Cześć, Pafnucy! — zawołał już z daleka. — Cieszę się, że cię widzę! Rany boskie, jak urosłeś! Nic dziwnego, że ci ludzie na twój widok głupieją!

— No właśnie, ci ludzie! — podchwycił żywo Pafnucy. — Witaj, jak się masz? Co to było, to wszystko z ludźmi?

— To ja ciebie chciałem o to zapytać — powiedział Pucek i usiadł obok Pafnucego. — Zdaje się, że narobiłeś niezłego zamieszania?

— Ja? — zdziwił się Pafnucy. — No, może trochę. Ale mnie się wydaje, że zamieszanie było już przede mną. Czy Karuś nic ci nie mówił?

— Mówił, owszem. W przelocie, bo mieliśmy mało czasu. Zrozumiałem, że wielki dziki niedźwiedź wystraszył całą wieś. Ganiali go jak obłąkańcy z różną bronią, aż w końcu uciekł do lasu. Niedźwiedź to chyba ty? Wielki jesteś z całą pewnością.

Pafnucy wyraźnie poczuł, że coś tu jest nie tak. Pucek mówił mu o tym, co sam wiedział lepiej. Karuś miał wyjaśnić całkiem co innego i wszystko razem robiło się coraz bardziej skomplikowane.

— Nie — powiedział stanowczo. — To znaczy tak, owszem, niedźwiedź to ja, ale nic nie rozumiem. Co właściwie Karuś powiedział?

Pucek kłapnął zębami na srokę, która podleciała zbyt blisko, i usiadł wygodniej.

— Może i służysz za posła, ale nie lataj mi tak przed nosem — powiedział do niej. — No więc, Pafnucy, ja też przestaję rozumieć. Sam nie wiesz, co robisz, czy jak? Karuś powiedział, że w ich wsi pokazał się niedźwiedź. Jakiś facet nadział się na niego, krzyku narobił i wszyscy ludzie razem z psami ruszyli niedźwiedzia odpędzać. Byłeś tam w końcu czy nie?

— Byłem — powiedział Pafnucy z zakłopotaniem. — Ale...

— Trafił na ciebie któryś człowiek?

— Trafił — przyznał Pafnucy. — Ale...

— Narobił krzyku?

— Narobił. Ale...

— No to o co chodzi? — zniecierpliwił się Pucek. — Ten niedźwiedź to ty! Co ci do głowy wpadło, żeby pokazywać się ludziom? Młodszy byłeś i nie miałeś takich głupich pomysłów, a za to teraz, jak jesteś dorosły...

— Wcale się nie czuję dorosły — powiedział doszczętnie skołowany Pafnucy. — Czuję się tak, jakbym się przed chwilą urodził. Czy Karuś powiedział, że to byłem ja?

— No przecież cię widział na własne oczy! Co prawda, dopiero pod koniec, ale nawet z tobą rozmawiał!

— Mówił do mnie — sprostował Pafnucy. — To znaczy, krzyczał. Ja się nie zdążyłem odezwać ani jednym słowem. Ale to było odwrotnie, wcale nie tak.

— Tylko jak?

— To nie było tak, że ja przyszedłem i zrobiło się zamieszanie — wyjaśnił Pafnucy. — Tylko najpierw było zamieszanie, a potem ja. Specjalnie poszedłem zobaczyć, co się tam dzieje, bo zamieszanie było, a mnie nie było.

Pucek przyjrzał mu się z niedowierzaniem i podrapał się za uchem.

— No, wiesz... — rzekł niepewnie. — Nie podnieśli chyba krzyku, ponieważ przeczuwali, że przyjdziesz...? Masz na myśli, że najpierw wrzeszczeli i latali, a dopiero potem zobaczyli niedźwiedzia?

Pafnucy zastanowił się porządnie.

— Tak — powiedział stanowczo. — Najpierw latali i wrzeszczeli, a potem zobaczyli niedźwiedzia. I Marianna chce wiedzieć, dlaczego latali i wrzeszczeli przedtem.

— Karuś mówił, że przez niedźwiedzia — stwierdził Pucek jeszcze bardziej niepewnie.

Pafnucy milczał przez chwilę.

— W takim razie nic nie rozumiem — oznajmił stanowczo.

Pucek również milczał przez chwilę.

— Jeżeli jesteś zupełnie pewien, że cię tam przedtem nie było — powiedział ostrożnie. — To wiesz... To tego... No, jak by tu... To w takim razie ja też nic nie rozumiem!

Nadzwyczajnie ucieszona komplikacjami, sroka poderwała się i odleciała z furkotem, bo nie wytrzymała, żeby nie zacząć od razu rozgłaszać wszystkiego. Pafnucy i Pucek w dalszym ciągu rozważali sprawę. Pucek przypomniał sobie dokładnie, co Karuś mówił.

— Powiedział, że zgłupieli ze strachu — mówił z namysłem. — Chcieli tego niedźwiedzia wypędzić. Złapali, co im pod rękę wpadło, różne widły i tak dalej, a jeden półgłówek nawet strzelał, ale rozumiem, że nie trafił. I hałas robili, walili w jakieś balie i patelnie...

Reszta rozmowy poświęcona została wyjaśnianiu, co to jest balia i patelnia, i w rezultacie Pafnucy ruszył w drogę powrotną niewiele mądrzejszy niż przedtem.

Sroka oczywiście już dawno siedziała na drzewie nad jeziorkiem. Zdążyła opowiedzieć, co mówił Pucek, co mówił Pafnucy, co mówił Karuś, co sama wymyśliła i odgadła i co ktoś inny jeszcze mógłby powiedzieć. Słuchały jej gadania różne zwierzęta, bo wszystkich w końcu ta dziwaczna historia zaciekawiła.

— Ganiali niedźwiedzia — powiedział w zadumie borsuk. — Pafnucy może sobie nie zdawał sprawy, że go widzą, pokazał się im bezwiednie i nie miał pojęcia, dlaczego wrzeszczą...

— Ale przecież ona sama mówi, że odleciała, bo wrzeszczeli, a Pafnucy jeszcze był w lesie — zauważył rozsądnie Łukasz.

— Szału dostanę, jeśli ktoś tego nie wyjaśni! — krzyknęła z gniewem Marianna i zaczęła raz po raz wskakiwać do wody.

— Przestań tak pryskać na wszystkie strony! — powiedział Remigiusz z niechęcią i odsunął się trochę dalej od brzegu. — Jak znam ludzi... Ktoś jeden mógł zobaczyć Pafnucego z daleka i od razu narobić paniki. Straszny niedźwiedź się na niego rzucał, głupota. Ludzie są zdolni do takich idiotyzmów.

— Na widok nas wrzeszczą z daleka — przyznał dzik Eudoksjusz. — Żałują nam tych swoich kartofli. Skąpiradła.

— Ale przecież Pafnucy nic tam nie jadł? — spytał podejrzliwie borsuk.

— A kto go tam wie — mruknął Remigiusz.

— Pafnucy powinien jeszcze raz to wszystko porządnie opowiedzieć! — zawołała Marianna. — Gdzie on w ogóle jest, dlaczego jeszcze nie wrócił?! Niech ktoś sprawdzi, czy nie idzie, bo mnie się coś zrobi!

Dzięcioł, który był bardzo uczynny, oderwał się od drzewa i pofrunął w las. Z tupotem nadbiegł Kikuś i powiedział, że spotkał kolegę, który uciekł od ludzkiego zamieszania, i widział Pafnucego w lesie. Pafnucy dopiero szedł w tamtą stronę. Nic się nikomu nie zgadzało. Dzięcioł wrócił i przyniósł wiadomość okropną.

— Przeleciałem całą trasę — oznajmił. — Tam i z powrotem. Na łące pusto, a Pafnucego nigdzie nie ma.

— Jak to, nie ma?! — krzyknęła z oburzeniem Marianna.

— No zwyczajnie, nie ma. Nigdzie go nie widać.

— Może wraca okrężną drogą...! — wrzasnęła Marianna. — Teraz kiedy wszyscy na niego czekamy...! Oszalał chyba...! Niech go ktoś znajdzie! Gdzie te ptaki?!

— No wiesz, o tej porze roku siedzą na gniazdach i nie bardzo mogą sobie pozwalać na dalekie wyprawy — zauważył dzięcioł. — Ja też muszę zaraz pomóc mojej żonie. Musisz poczekać cierpliwie.

— Cierpliwie...! — wysyczała dziko Marianna. — Cierpliwie...! Chyba pęknę!

Zaraziła swoją niecierpliwością innych i wszyscy zaczęli czekać w lekkim zdenerwowaniu. Czekali i czekali, a Pafnucego ciągle nie było...

Pafnucy bowiem pożegnał Pucka i ruszył do jeziorka najkrótszą drogą. Zboczył tylko odrobinę na samym skraju lasu, gdzie przebiegała ludzka droga. Krótko przedtem jechał tą drogą wóz, który wiózł marchew, trochę tej marchwi pogubił i Pafnucy nie mógł nie skorzystać z okazji. Rzadko jadał marchew, a bardzo ją lubił, poszedł zatem kawałeczek obok drogi aż do miejsca, gdzie wóz skręcił na łąkę i przestał gubić marchew, bo było tam równo i nie podskakiwał już na korzeniach i dołach. Pafnucy zjadł ostatnią zgubę i zawrócił, żeby podążyć prosto do Marianny.

I nagle coś poczuł. Było to coś tak niezwykłego, że zatrzymał się jak wryty. Stał, węszył i nie wierzył sam sobie.

Od lasu powiał wiatr i przyniósł mu zapach, który znał najlepiej na świecie. Był to jego własny zapach. Przez chwilę Pafnucy nie rozumiał, co się dzieje, nie mógł przecież znajdować się w dwóch miejscach równocześnie, tam, skąd wiał wiatr, i tu, gdzie stał i węszył. Jego własny zapach płynął z lasu i było to zjawisko tak wstrząsające, że absolutnie nie mógł go zostawić odłogiem. Wąchając pilnie i z bezgranicznym zdumieniem, powolutku ruszył w kierunku woni.

Wszedł głębiej w las, a zapach wciąż znajdował się przed nim. Do szaleństwa zaintrygowany i nadzwyczajnie przejęty, Pafnucy podążał przed siebie, zapominając kompletnie o jeziorku, czekającej Mariannie, rybach i ludzkim zamieszaniu. Nie obchodziło go w tej chwili nic, poza tym niezmiernie interesującym zapachem.

Nie pędził szybko, szedł powoli, wąchając w skupieniu i coraz bardziej oddalając się od ścieżki, prowadzącej do jeziorka. Szedł i szedł, przedarł się przez gąszcz dzikich malin, przelazł pod suchymi sosenkami, okrążył gęste jałowce i wreszcie, za tym ostatnim, wyraźnie poczuł, że zapach jest tuż tuż. Dogonił go.

Wychylił się zza krzaka, spojrzał i zobaczył taki widok, że usiadł.

Na malutkiej polance stała najpiękniejsza istota na całym świecie. Usłyszała zapewne za sobą Pafnucego, bo zatrzymała się, odwróciła ku niemu, stała i patrzyła. Była to młoda, zachwycająca, nieznajoma niedźwiedzica.

Pafnucemu prawie zabrakło tchu i w żaden sposób nie mógł wydobyć z siebie głosu. Nie zastanawiał się, skąd wzięła się tu niedźwiedzica, nie myślał w ogóle nic, tylko tonął w zachwycie. Dopiero po niesłychanie długiej chwili zdołał się poruszyć i stanąć na nogach. Ostrożnie uczynił kilka kroków i wyszedł na polankę.

— Nie... — powiedział słabo i odrobinę ochryple. — Niemoż... Nie wierzę... Nie, nie tak... Chciałem powie... Witaj u nas! Co za przyjem... Pozwól... Jestem Pafnucy...

— No, jeżeli ciebie widzę, to chyba tu jest spokój — powiedziała z ulgą niedźwiedzica. — Odczepiłam się wreszcie od tych upiornych ludzi!

— Od ludzi, tak — przyświadczył gorliwie Pafnucy i przeraźliwa pustka w głowie zaczęła mu się gwałtownie wypełniać. — Oczywiście, że tu jest spokój. Jestem zachwycony! Skąd się wzięłaś? Jak ci na imię?

— Balbina — odparła niedźwiedzica i westchnęła. — Ach, Boże, co ja przeżyłam!

— Jakie piękne imię! — zachwycił się Pafnucy.

Balbina potraktowała ten zachwyt dość łaskawie, chociaż lekceważąco, bo do swojego imienia była przyzwyczajona. Pafnucy spodobał jej się nadzwyczajnie, ale wcale nie miała zamiaru tego okazać, a przynajmniej nie tak od razu. Była bardzo dobrze wychowana i umiała się znaleźć w towarzystwie.

— Proszę, może usiądziesz — powiedziała grzecznie. — Jestem trochę zmęczona, bo miałam zupełnie okropne przygody i przeszłam koszmarną drogę. Do tej chwili nie byłam pewna, czy dobrze trafiłam, i dopiero teraz się uspokoiłam.

Pafnucy zaczynał już rozumieć, co się do niego mówi. Przejął się ogromnie.

— No właśnie, co przeżyłaś? — spytał z szalonym zainteresowaniem. — Pochodzisz chyba z daleka?

— Z tego lasu, który się spalił — odparła Balbina i westchnęła. — Błąkam się tak od jesieni, trochę mi się udało przespać, ale głównie wędruję. Słyszałam o tobie i o waszym lesie i chciałam tu przyjść, ale w pierwszej chwili uciekłam od ognia w niewłaściwą stronę i musiałam przedzierać się przez ludzi. To było po prostu potworne!

Pafnucy poczuł w sobie tak gwałtowną chęć wynagrodzenia jej tych przeżyć i potworności, że sam już nie wiedział, co zrobić. Uniósł się na tylnych nogach i ryknął potężnie, z wielkim współczuciem.

— Dziękuję ci bardzo — powiedziała Balbina i znów westchnęła. — Najgorsze nastąpiło na końcu. Tu, w okolicy.

Pafnucy coraz lepiej rozumiał, co się do niego mówi. Ryknięcie mu zdecydowanie pomogło. Coś zaczęło świtać w jego wracającym do równowagi umyśle.

— Opowiedz to wszystko — poprosił. — Każdemu zawsze dobrze robi, jeśli może opowiedzieć o swoich okropnych przeżyciach. Musiałaś mieć szalone trudności i kłopoty.

— Żeby nie ludzie, miałabym ich o połowę mniej — powiedziała Balbina z rozgoryczeniem. — Może pośpieszyłam się zanadto w ostatniej chwili, ale kiedy zobaczyłam wasz las i zorientowałam się, że to ten, do którego chcę się dostać, nie miałam już siły dłużej zwlekać. Straciłam rozsądek i poszłam wprost. Miałam nadzieję, że jakoś się przemknę, ale niestety, zobaczyli mnie ludzie. Nie wyobrażasz sobie, co się tam działo!

— Wyobrażam sobie — powiedział Pafnucy stanowczo. — Czy to było tam, za szosą?

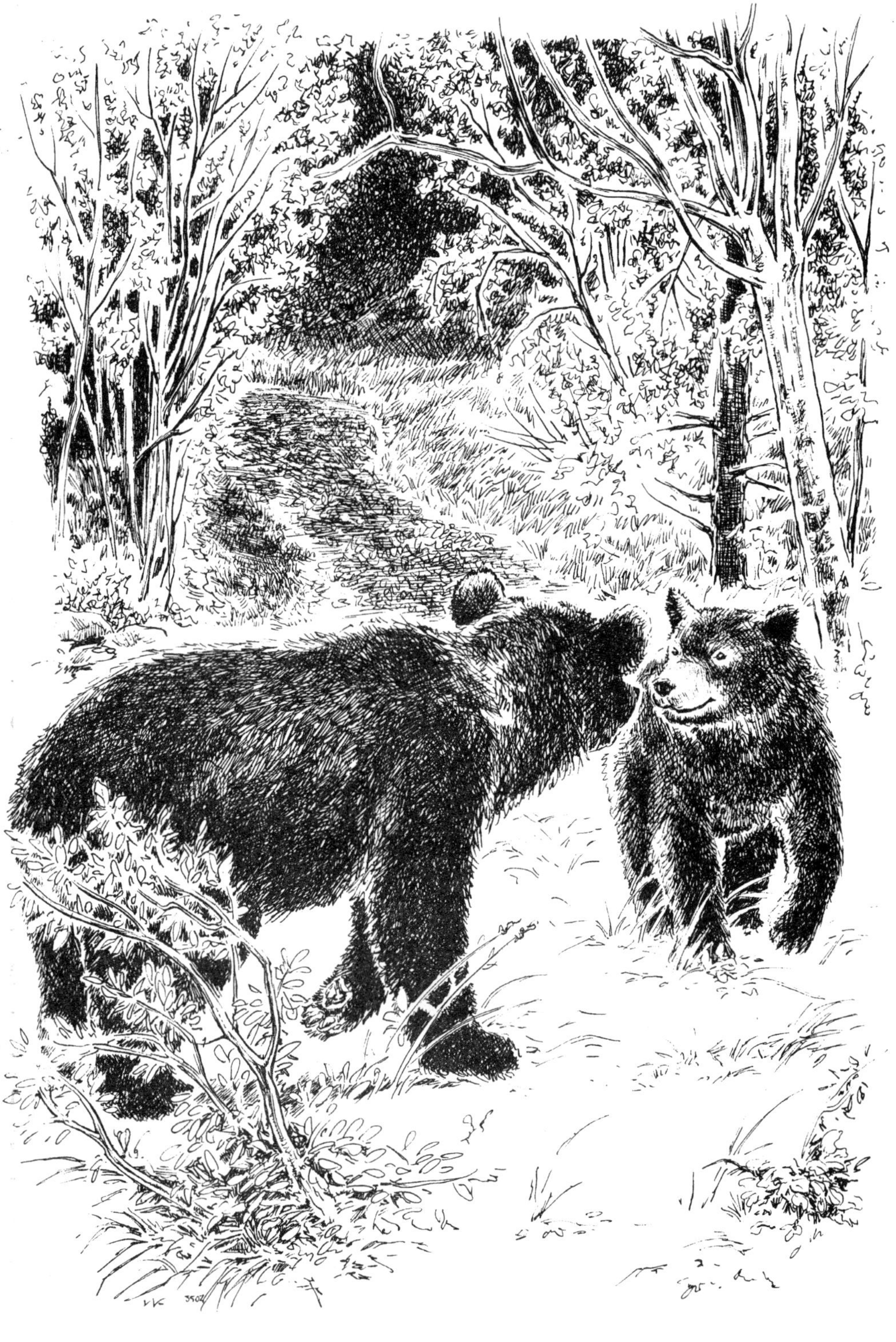

— Chyba tak — odparła Balbina z wahaniem. — No owszem, przechodziłam potem przez szosę...

— Coś podobnego! — wykrzyknął Pafnucy, który nagle zrozumiał wszystko. — I pomyśleć, że ja tam byłem! Mogłem cię poznać osobiście od razu!

— Gdzie byłeś? — zaciekawiła się Balbina.

— Za szosą. Słyszałem tę całą awanturę. I widziałem. Nikt nie rozumiał, co się dzieje, bo wszyscy myśleli, że to ja tam jestem...

— Przecież byłeś? — zdziwiła się Balbina. — Sam mówisz...

— Ale ja byłem z drugiej strony. I wcześniej. I to ciebie gonili na tych baliach. I do ciebie podobno jakiś głupi człowiek strzelał...!

Na myśl, że ten głupi człowiek mógł Balbinę trafić, Pafnucemu prawie zrobiło się słabo. Balbina potraktowała to pobłażliwie.

— Zawracanie głowy — rzekła. — Strzelał śrutem na kaczki. Znam się na tym, bo w tamtym lesie, który się spalił, często robili polowania. Zdenerwowała mnie tylko ta cała reszta, te hałasy i tak dalej, i zdaje się, że próbowali wepchnąć mnie do jakiejś klatki. Rzucali we mnie kamieniami, nie lubię tego. W końcu mnie tak zirytowali, że miałam wielką ochotę odwrócić się i kogoś z nich podrapać, ale powstrzymałam się, bo mówiono mi, że tego robić nie wolno. Jeden podrapany człowiek zatruje życie wszystkim niedźwiedziom, tak słyszałam, więc uważam, że nie warto się narażać.

Pafnucy z wielkim zapałem poparł jej zdanie. Nabierał właśnie przekonania, że ta cudowna istota jest nie tylko przepiękna, ale także bardzo mądra. A przy tym była nieszczęśliwa, pochodziła ze spalonego lasu, miała straszne przeżycia, więc absolutnie i bezwzględnie musiał się nią zaopiekować. W dodatku wyjaśniła zagadkę, która zdenerwowała cały las i nawet Pucka. Stanowczo była czymś w rodzaju bóstwa!

Siedział i patrzył na Balbinę z uwielbieniem. Balbina nie miała nic przeciwko temu, żeby ten wspaniały, potężny, wielki Pafnucy patrzył na nią z uwielbieniem, ale rzeczywiście była zmęczona, głodna i chciało jej się pić, a do leśnej wody jeszcze nie dotarła. Czuła ją nosem i szła w stronę rzeczki, z pewnością doszłaby do niej, ale Pafnucy mógł jej pokazać krótszą drogę. Widać było jednakże, że zostawiony sam sobie Pafnucy będzie tak siedział i patrzył z uwielbieniem jeszcze co najmniej przez trzy dni.

Westchnęła zatem i powiedziała:

— Bardzo mi się podoba ten las. Czy jest w nim woda?

— O, tak! — odparł Pafnucy. — Jest mnóstwo wody!

Balbina znów westchnęła.

— Chętnie bym ją zobaczyła — wyznała z lekkim naciskiem. — Chce mi się pić. I prawdę mówiąc, jestem bardzo głodna...

Pafnucy zerwał się na równe nogi. Nagle jakby nieco oprzytomniał i gdzieś w środku pojawiło mu się coś doskonale znane, a chwilowo jakby zapomniane nieco. Też był głodny, chociaż w obecności Balbiny nie miało to najmniejszego znaczenia, a może nawet nie wypadało, żeby był głodny. Ale skoro ona była głodna...

Nagle przypomniało mu się wszystko.

— Ależ tak! — zawołał. — Oczywiście! Marianna już czeka!

Balbina zesztywniała jak drewno.

— Kto to jest Marianna? — spytała sucho.

— Moja przyjaciółka — odparł pośpiesznie Pafnucy. — Będzie miała dzieci, musimy się pośpieszyć. To wydra. Łowi cudowne ryby!

— A, wydra... — powiedziała Balbina z ulgą. Zmiękła od razu i też się podniosła.

Pafnucy rozejrzał się, bo nie miał przedtem pojęcia, dokąd doszedł za niezwykłym zapachem i gdzie się teraz znajduje. Rozpoznał okolicę od jednego rzutu oka i ruszył w stronę jeziorka, pokazując drogę Balbinie.

Jakieś kłącza, korzenie i pędy znajdowały się wszędzie i tą małą przekąską można się było pożywić, ale świtające na horyzoncie ryby stanowiły coś znacznie lepszego. Balbina też bardzo lubiła ryby. Szli nawet dość szybko, kiedy zatrzymała ich nagle Matylda, siostra Klementyny.

Matylda przebywała do tej pory w innej stronie lasu i nic nie słyszała o ludzkiej awanturze, w której brał udział Pafnucy. Wracała właśnie do domu, wyskoczyła spomiędzy drzew i ujrzała Pafnucego z Balbiną. Zatrzymała się gwałtownie.

— Ach! — zawołała radośnie. — Witaj, Pafnucy! Co ja widzę! Najserdeczniejsze gratulacje!

— Dziękuję bardzo — odparł Pafnucy. — A co...?

Balbina doskonale wiedziała, co Matylda powie za chwilę. Zajęła się bardzo pilnie kępką wiosennych roślin, ale jednym okiem obserwowała Pafnucego.

— Skąd wziąłeś swoją prześliczną narzeczoną? — wykrzyknęła Matylda. — Urocza! Przyjmijcie moje powinszowania! Jak ci na imię?

— Balbina — odparła grzecznie Balbina. — Bardzo dziękujemy, jesteś pierwsza.

Pafnucy zbaraniał zupełnie i gapił się osłupiałym wzrokiem. W Balbinie zakochał się na śmierć i życie od pierwszego spojrzenia i ogłupiło go to tak, że nawet mu do głowy nie przyszło, żeby jej się oświadczyć. Nagle dowiedział się teraz od Matyldy, że ma narzeczoną. Było to coś tak wstrząsającego, że na chwilę zaniemiał...

Potem zrozumiał, że spotkało go wielkie, nadzwyczajne szczęście. Balbina jest jego narzeczoną, będzie miał żonę, też założy rodzinę, tak, jak Marianna z Łukaszem, jak borsuk, jak wilki, jak w ogóle wszyscy i z pewnością uszczęśliwi tym nie tylko siebie, ale także na przykład leśniczego. Ucieszył się wprost bezgranicznie i znów poczuł, że musi coś zrobić. Poderwał się na nogi i zaryczał radośnie, aż zatrzęsły się gałęzie na drzewie.

— O Boże, mógłbyś nie robić tego tak znienacka i bez uprzedzenia! — zawołała Matylda z wyrzutem. — Wszystko rozumiem, ale mi się coś w środku wzdryga! Nie będę wam przeszkadzać, pędzę do domu!

— Moja najdroższa Balbino — powiedział Pafnucy z zachwytem. — Dlaczego mi od razu nie powiedziałaś, że jesteś moją narzeczoną?

— Wydawało mi się, że powinieneś to sam odgadnąć — odparła Balbina skromnie.

Pafnucy poczuł, że ona ma rację i że właściwie był tego pewien, to znaczy może niezupełnie pewien...

— Odgadłem to od pierwszej chwili — powiedział stanowczo. — Tylko nie wiedziałem, co ty o tym myślisz, i tak właśnie myślałem, żeby cię zapytać, i w ogóle chodźmy prędzej, bo chcę się wszystkim pochwalić, że zakładamy rodzinę...

Zbliżał się już wieczór i Marianna nad jeziorkiem zrobiła się prawie nieprzytomna. Pafnucego ciągle nie było i nikt nie przynosił jej żadnych informacji. Łukasz uspokajał ją, jak mógł, ale niewiele to pomagało, bo sam zaczynał być zdenerwowany. Wszyscy czekali, odchodząc, wracając i pytając się wzajemnie, czy ktoś coś wie.

Tylko ptaki nie odzywały się wcale. Nie szły jeszcze spać, ale od długiej już chwili nic nie mówiły. Siedziały na drzewach i najwyżej szeptały coś pomiędzy sobą.

Nagle z chichotem i skrzeczeniem nadleciała sroka.

— Marianno, nie wyo... — zaczęła.

— Cicho bądź! — wrzasnął na nią dzięcioł.

— ...brażasz sobie — wybełkotała sroka znacznie ciszej, okropnie zaskoczona.

— Zamknij ten głupi dziób! — zgromiła ją ostro zięba. — Wszyscy wiemy, ale nikt nic nie mówi. Niech ona ma niespodziankę!

Sroka umilkła, prawie udławiona własnymi słowami, które musiała wepchnąć w siebie z powrotem. Marianna zerwała się z zeszłorocznej trawy, na której leżała, beznadziejnie znękana, przygnębiona i zdenerwowana zniknięciem Pafnucego tak, że kompletnie straciła siły. Ponurym wzrokiem patrzyła na wielki stos już dawno wyłowionych ryb. Teraz, prawie podskoczywszy, podejrzliwie popatrzyła na dzięcioła, ziębę, srokę, obejrzała inne ptaki i prychnęła z gniewem. Siły zaczęły jej wracać.

— Co to ma znaczyć?! — krzyknęła. — Wy coś wiecie?!

Ptaki popatrzyły na siebie i milczały. Kuna na najbliższym drzewie zachichotała cichutko.

— Łobuzy! — wrzasnęła Marianna. — Łajdaki! Podłe stwory! Wy coś wiecie! Wszystko wiecie! Mówcie, wy wstrętne straszydła, mówcie, bo was... bo was... bo was ugryzę!!!

— Masz mieć niespodziankę — pisnęła cichutko wiewiórka.

— Zamknij gębę — powiedziała do niej kuna stanowczo.

— W nosie mam niespodziankę! — rozszalała się Marianna. — Chcę wiedzieć wszystko natychmiast! Co się stało z Pafnucym, dlaczego on nie wraca?! Wypchajcie się niespodziankami! Mówcie!!!

— Na litość boską, powiedzcie jej cokolwiek, bo ja tu obłędu dostanę! — poprosił znękany Łukasz.

Rozwścieczona na nowo Marianna rzuciła się na niego i wepchnęła go do wody. Nadbiegł Remigiusz, zobaczył, co się dzieje, zatrzymał się gwałtownie i usiadł na ogonie. Kuna zbiegła po pniu i poszeptała mu coś do ucha. Remigiusz najpierw się strasznie zdziwił, a potem zachichotał i odsunął się odrobinę dalej od Marianny. Z drugiej strony przybiegły sarny, Klementyna, Perełka i Patrycja, zatrzymały się wśród drzew i patrzyły ciekawie. Marianna wepchnęła Łukasza do wody drugi raz, powpychałaby zapewne wszystkich, gdyby nie to, że nikt się do niej przezornie nie zbliżał. Wskoczyła sama, wyciągnęła rybę, pogryzła ją, resztkami rzuciła w Remigiusza, znów wyczerpała siły i padła na zwiędniętą trawę.

— To jest zmowa i spisek — powiedziała ponuro i z oburzeniem. — Przeciwko mnie. I jeśli Pafnucy też w tym bierze udział...

W tym momencie zaszeleściły najbliższe krzaki, trzasnęły gałązki i wszyscy spojrzeli w tamtą stronę. Tylko Marianna wpatrywała się w ryby. Popatrzyła w kierunku szelestu dopiero po długiej chwili.

Na nadbrzeżnej polance stały dwa niedźwiedzie.

Marianna leżała tak nieruchomo, jakby była sztuczna. Inne zwierzęta zachowały się normalnie.

— Serdeczne życzenia! — wołały jedno przez drugie. — Pafnucy, najserdeczniejsze gratulacje! Balbino, witamy cię w naszym lesie! Cieszymy się wszyscy!

— Bardzo cię przepraszam, że mnie przez chwilę nie było — usprawiedliwił się Pafnucy przed Marianną. — Zatrzymałem się na moment, bo spotkałem Balbinę. Pozwolisz, że ją poczęstuję, ona nic nie jadła od pożaru lasu, więc proszę cię bardzo, Balbino, kochanie, Marianna przygotowała to dla nas...

Właściwie wszystkie te słowa mówił nie do Marianny, tylko do wielkiego stosu ryb, od których nie mógł oczu oderwać. Balbina ukłoniła się grzecznie, ale i dla niej również widok ulubionego pożywienia był wyjątkowo piękny. Rozpoczęła posiłek równocześnie z Pafnucym.

Marianna powoli podniosła się z trawy i usiadła. Przyglądała się długą chwilę w milczeniu.

— No tak — powiedziała wreszcie. — Już wszystko rozumiem. Dwa niedźwiedzie i dzieci... Ale będę miała wesołe lato...!

A potem okazało się, że Pafnucy i Balbina utworzyli bardzo szczęśliwą rodzinę, w lesie pojawiły się małe niedźwiadki, a wszystkie dzieci Marianny, zaprzyjaźnione z nimi, z wielką radością łowiły dla nich ryby.

Wyjaśnienie

Wszyscy doskonale wiemy, że tak naprawdę żoną jelenia jest łania, a mężem sarny jest kozioł. Ale utarło się mówić "sarny i jelenie", kozioł zaś, wedle ogólnych poglądów, należy do kozy. Gdybym napisała "kozioł", każdy oczyma duszy ujrzałby rogate i brodate stworzenie na wielkim polu kapusty, względnie Koziołka Matołka w czerwonych porteczkach. "Jeleń" natomiast i "sarna" od razu kojarzą się z właściwym obrazem.

Wyjaśniwszy sobie zatem, że w przyrodzie istnieją jeleń i łania, oraz kozioł i sarna, ponadto łania stanowi także parę z danielem, pozostańmy przy określeniach nieprawidłowych, ale za to bliskich naszemu sercu. A mały jeleń to przecież jelonek...?

Aczkolwiek wszyscy doskonale wiemy, że prawdziwy jelonek jest chrząszczem i należy do świata owadów...

Spis treści

1. Skarb w lesie 5
2. Wielkie sprzątanie 42
3. Katastrofa leśniczego 91
4. Piknik 143
5. Zabłąkana dziewczynka 201
6. Gość w lesie 253
7. Balbina 303

Bibliografia dotychczasowej twórczości Joanny Chmielewskiej

Klin 1964

Wszyscy jesteśmy podejrzani 1966

Krokodyl z Kraju Karoliny 1969

Całe zdanie nieboszczyka 1972

Lesio 1973

Zwyczajne życie 1974

Wszystko czerwone 1974

Romans wszechczasów 1975

Większy kawałek świata 1976

Boczne drogi 1976

Upiorny legat 1977

Studnie przodków 1979

Nawiedzony dom 1979

Wielkie zasługi 1981

Skarby 1988

Szajka bez końca 1990

2/3 sukcesu 1991

Dzikie białko 1992

Wyścigi 1992

Ślepe szczęście 1992

Tajemnica 1993

Wszelki wypadek 1993

Florencja, córka Diabła 1993

Drugi wątek 1993

Zbieg okoliczności 1993
Jeden kierunek ruchu 1994
Autobiografia 1994
Pafnucy 1994
Lądowanie w Garwolinie 1995
Duża polka 1995
Dwie głowy i jedna noga 1996
Jak wytrzymać z mężczyzną 1996
Jak wytrzymać ze współczesną kobietą 1996
Wielki Diament t. I/II 1996
Krowa niebiańska 1997
Hazard 1997
Harpie 1998
Złota mucha 1998
Najstarsza prawnuczka 1999
Depozyt 1999
Przeklęta bariera 2000
Książka poniekąd kucharska 2000
Trudny trup 2001
Jak wytrzymać ze sobą nawzajem 2001